普通高等院校经济管理专业系列规划教材

财务管理理论与实务

主　编　赵立韦

西南交通大学出版社
·成　都·

本书以我国颁布的《企业财务通则》及各项财务管理制度为依据，主要介绍了财务管理基础理论（财务管理的概念、目标、环境等）；财务管理价值观念（资金的时间价值、投资风险价值）；财务活动管理（筹资、投资、营运和分配活动的管理）以及财务管理环节（贯穿于各项财务活动中的预测、决策、计划、控制、分析）等。

本书内容难度适中，将理论与实践相结合，叙述深入浅出，所选练习、案例参考了近年的专业技术资格考试试题，具有一定的时效性和应用性。

本书既可作为高等院校应用型本科经济管理类专业学生的教材，也可作为会计职称考试、广大经济工作者的学习参考书。

图书在版编目（CIP）数据

财务管理理论与实务 / 赵立韦主编. —成都：西南交通大学出版社，2018.2
普通高等院校经济管理专业系列规划教材
ISBN 978-7-5643-6070-2

Ⅰ. ①财… Ⅱ. ①赵… Ⅲ. ①财务管理－高等学校－教材 Ⅳ. ①F275

中国版本图书馆 CIP 数据核字（2018）第 030201 号

普通高等院校经济管理专业系列规划教材

财务管理理论与实务　　主编　赵立韦

责任编辑	罗爱林		
特邀编辑	罗　旋		
封面设计	何东琳设计工作室		
出版发行	西南交通大学出版社 （四川省成都市二环路北一段 111 号 西南交通大学创新大厦 21 楼）		
发行部电话	028-87600564　028-87600533		
邮政编码	610031		
网址	http://www.xnjdcbs.com		
印刷	成都中永印务有限责任公司		
成品尺寸	185 mm × 260 mm		
印张	16.5	字数	389 千
版次	2018 年 2 月第 1 版	印次	2018 年 2 月第 1 次
书号	ISBN 978-7-5643-6070-2		
定价	38.00 元		

课件咨询电话：028-87600533

前　言

财务管理是经济类、管理类学生的主要专业核心课。它一方面具有理论研究深度，涉及公司治理、投融资决策、定价理论等经济学研究的课题；另一方面也是一门应用性较强的学科，贴近现实社会经济生活，体现在企业管理实践之中。

本书是为了满足地方本科院校应用型人才的培养需要而编写的，主要具有以下一些特点：

一是思路清晰，内容适量。本书以股份制公司的财务管理为主线，讲述了企业融资、投资、营运和分配管理四大模块。之前有基础理论、价值观念做铺垫，之后有财务预算、财务控制、财务分析做延伸。

二是难度适中，重在应用。编写时，本书尽量做到与取得会计专业相关证书的各种考试联系起来，所选练习、案例均参考了近年的专业技术资格考试试题，以帮助学生顺利通过考试，尽快适应社会岗位的就业需要。

三是体例新颖。各章前设有学习目标，以帮助学生在预习时有全局概念；各章后附有本章小结，使学生在复习时有系统概念。

本书由河西学院赵立韦老师独立编写完成。本书是在学习研究财务管理领域已有研究成果的基础上编写而成的，所引资料均在参考文献中注明，在此向所有参考文献的作者、编辑、出版者表示衷心感谢！

由于编者水平有限，加之时间仓促，不足之处在所难免，恳请读者和同行专家批评指正！

编　者

2017 年 10 月

目　录

第一章　财务管理概述

【学习目标】

1. 了解资金运动过程，掌握财务活动、财务关系，理解财务管理的概念；

2. 理解财务管理目标的主要观点，掌握不同利益主体间的冲突及协调；

3. 了解财务管理的环节；

4. 了解财务管理的环境，掌握经济环境、法律环境对财务管理的影响，掌握金融市场与财务管理的关系及其构成要素，熟悉利率的影响因素。

【开篇案例】

会计学专业大学生小张在学校学习了财务管理，放暑假回家，到叔叔的公司参观。叔叔告诉他，自己的公司出现了一些问题，主要体现为：① 公司是生产纺织品的企业，由于出口下降，生产开工不足；② 许多客户虽然采购了公司的产品，但迟迟不肯支付货款；③ 工厂的生产设备老化，但由于没有足够的资金更新设备，所以经常停工；④ 产品积压，资金周转困难，而供应商又在催讨货款；⑤ 公司的股东提出现金分红建议，但目前公司资金短缺。叔叔认为小张学过财务管理，能为他提供解决方案。确实，小张也为叔叔做出了满意的答复。

请思考，如果你是小张，你认为公司出现的这些问题，哪些属于财务管理问题？这些财务管理问题具体属于哪个方面的财务问题？应如何解决？

资料来源：叶青. 财务管理[M]. 成都：西南交通大学出版社，2014.

第一节　财务管理相关概念

一、资金运动

财务管理的对象是财务管理工作的客体，即企业的资金及其运动过程。资金运动是企业再生产过程中客观存在的经济现象，其存在的基础是商品经济。企业的再生产过程由使用价值的生产过程和价值的生产过程组成。其中，使用价值的生产过程指物资的生产和交换过程，又称为物资的实物运动过程；价值的生产过程即物资的价值运动过程，指价值的形成与实现过程，通常用货币来表现。物资的价值运动过程实际上就是资金运动过程，从货币资金形态开始，依次经过储备资金、生产资金、成品资金、结算资金，最终又回到货币资金形态。

具体来讲，企业资金的运动过程表现为：① 筹资资金，通过各种渠道、采取恰当的方式取得货币资金；② 支付货币资金，购建厂房、设备和原材料，形成生产能力和换取生产资料，货币资金转化为固定资金和储备资金；③ 通过生产，原材料依次形成在产品、产成品，储备资金转变为生产资金和成品资金；④ 销售产成品，形成结算性债权，收回货币资金；⑤ 以部分货币资金缴纳税金和分配利润。企业再生产过程不断进行，资金运动也周而复始，这便形成了资金循环。

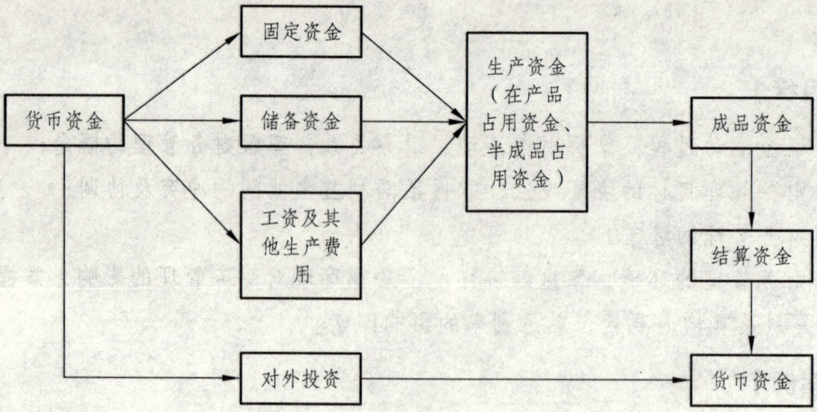

图 1-1　企业的资金运动过程

企业资金运动具有特殊的规律，从总体上考察主要有以下两方面：

（1）资金运动具有空间上的并存性和时间上的继起性，即在空间上同时并存于货币资金和采购、存储、生产、销售、分配阶段的各种资金，在时间上各阶段的资金相继向下一阶段转换。如果资金过多地集中于某一阶段，而其他阶段的资金出现短缺或空白，循环过程就会出现障碍。因此，财务管理要求进行资金的合理配置，保证资金周转畅通无阻。

（2）资金运动同物资运动存在是既相一致又相背离的关系。一方面，物资运动是资金运动的基础，资金运动反映着物资运动，两者具有相互一致的关系，体现了再生产过程的实物形态和价值形态本质上的必然联系；另一方面，资金运动又可能背离物资运动，呈现一定的独立性。比如，赊购、赊销商品等结算原因造成的实物和货币资金在流量上的不一致，固定资产折旧等物质损耗原因造成的价值单方面减值等。因此，从事财务管理工作既要着眼于物资运动，保证供产销活动的顺利进行；又要充分利用上述背离性，合理组织资金运动，以较少的价值投入获取较多的使用价值，提高企业经济效益。

二、财务活动

财务管理的对象决定着财务管理的内容，财务管理的内容是财务管理对象的具体化。由于财务管理对象是企业再生产过程中的资金运动，所以，财务管理的内容就是管理企业资金运动中所表现出来的各个具体方面，通常有资金的筹集、运用、收回及分配等一系列行为，这便是财务活动。从整体上讲，它包括：筹资活动、投资活动、营运活动和分配活动。

1. 筹资活动

资金是企业的推动力，筹集资金是企业资金运动的起点，是企业投资的必要前提。企业取得资金以及由此而产生的一系列经济活动便构成了企业的筹资活动。在筹资过程中，企业一方面要确定合理的筹资规模；另一方面还要通过对筹资渠道、筹资方式的选择，确定合理的资本结构，从而降低筹资成本。

企业取得的资金从性质上来讲，不外乎有两种：一种是通过向投资者吸收直接投资、发行股票、利用内部留存收益等方式取得资金，该种资金为权益资金；另一种则是通过从银行贷款、发行债券、利用商业信用等方式取得资金，即负债资金。

2. 投资活动

企业筹集的资金只有投入使用，才能与劳动者相结合创造效益，增加企业的价值。企业对资金的运用包含两方面的内容，即将资金投放于长期资产或短期资产。企业将资金投放于长期资产，便是投资活动；而将资金用于短期资产则为营运活动。财务管理中的投资活动有广义和狭义之分。广义的投资活动既包括企业内部使用资金的过程（如购置固定资产、无形资产等），也包括对外投放资金的过程（如购买其他企业的股票、债券或与其他企业联营等）；狭义的投资活动仅指对外投资。无论是对内投资，还是对外投资，都会有资金的流出；当企业收回投资时，如处置固定资产、转让债券等，又会引起资金的流入。这种由资金的投放而引发的资金的收支活动就是投资活动。

3. 营运活动

企业短期资金的周转是伴随着日常生产经营循环而实现的。企业在日常经营活动中，会发生一系列的资金收付业务。这些收付业务具体表现为：企业运用资金购买原材料并组织劳动者对其进行加工，直至加工成可供销售的商品，同时又向劳动者支付劳务报酬以及支付各种期间费用。当企业用资金来偿付这些料、工、费的消耗时会引起资金的流出；当产品销售出去后，取得收入又会形成资金的流入。这种因企业日常经营活动而引起的各种资金收支活动就是资金营运活动。

4. 分配活动

企业通过对内外投资、销售商品等活动取得收益，即表明企业获得了利润，企业的利润要按规定的程序进行分配。首先，要依法纳税；其次，要用来弥补亏损，提取盈余公积金、公益金；最后，要向投资者分配利润。这种因实现利润并对其进行分配而引起的各种资金收支活动就是分配活动。

三、财务关系

财务关系是企业在组织财务活动过程中与各有关方面发生的经济利益关系。通常情况下，企业存在以下七类基本的财务关系：

1. 企业与投资者之间的财务关系

企业与投资者之间的财务关系主要是投资者要按照投资合同、协议、章程约定，履行出资义务，形成企业的资本金。企业利用资本金进行经营，实现利润后，按照出资比例或合同、章程规定，向投资者支付报酬。投资者的出资不同，对企业承担的责任也不同，在企业享有的权益也不同。

2. 企业与债权人之间的财务关系

企业与债权人之间的财务关系主要指企业向债权人借入资金，并按借款合同的规定，按时支付利息和归还本金所形成的经济关系。企业的债权人主要有债券持有人、贷款机构、商业信用提供者以及其他出借资金给企业的单位和个人。

3. 企业与受资者之间的财务关系

企业与受资者之间的财务关系主要是企业以购买股票或直接投资的形式向其他企业投资所形成的经济关系。企业向其他单位投资，应按约定履行出资义务，并依据其出资份额参与受资企业的经营管理和利润分配。企业之所以将资金投给其他企业，而不是借给它们，主要着眼于受资者所提供的高额回报。

4. 企业与债务人之间的财务关系

企业与债务人之间的财务关系主要是指企业将资金购买债券、提供借款或商业信用等形式，出借给其他单位所形成的经济关系。企业出借资金，而不是投放资金，主要着眼于资金的安全性。

5. 企业内部各单位之间的财务关系

企业内部各单位之间的财务关系主要是指企业内部各单位之间，在生产经营各环节中相互提供产品或劳务所形成的经济关系。这种在企业内部形成的资金结算关系，体现了企业内部各单位之间的经济利益关系。

6.企业与职工之间的财务关系

企业与职工之间的财务关系主要是指企业向职工支付劳动报酬所形成的经济关系。职工以自身提供的劳动作为参加企业分配的依据，企业根据劳动者的劳动情况，向职工支付工资、津贴和奖金，体现了职工个人和企业在劳动成果上的按劳分配关系。

7.企业与政府之间的财务关系

企业与政府之间的财务关系表现为企业必须按照税法规定，向政府缴纳各种税款，包括所得税、流转税、资源税、财产税和行为税等。这一关系体现了依法纳税和依法征税的税收权利义务关系，并蕴含着强制性、无偿性的特点。

综上所述，由于财务管理的对象是企业的资金运动，财务管理的内容是组织财务活动、处理财务关系，因此从这个角度来讲，财务管理实质上就是组织好财务活动、处理好财务关系的一项经济管理工作。

第二节　财务管理目标

财务管理目标是企业进行财务活动所要达到的根本目的，它决定着企业财务管理的基本方向。目前，最具代表性的财务管理目标主要有以下几种：

一、利润最大化

利润是企业一定时期的收入补偿成本费用后的余额，是衡量企业经济效益和社会效益的重要指标。一方面，在市场竞争环境下，利润水平较高的企业可以在资本市场占据更有利的竞争位置，进而为企业获取更多的资源；另一方面，利润又是企业补偿资本的重要来源，企业通过留存部分利润实现资本增资和扩大生产规模。

利润最大化虽然可以作为财务管理目标，但在实践中也存在着一些难以解决的问题：

（1）没有考虑资金的时间价值。比如今年获利 300 万元和明年获利 300 万元显然对企业的影响是不同的。

（2）没有考虑风险问题。在复杂的市场经济条件下，忽视获利与风险并存可能会导致企业管理当局不顾风险大小而盲目追求利润最大化。例如，两家企业年初都投入 10 万元，本年也都获利 1 万元，其中，一家企业获利为现金形式，而另一家企业的获利则为应收账款。如果不考虑风险大小，就难以正确地判断哪一家更符合企业的目标。

（3）没有反映创造的利润与投入资本之间的关系。比如，同样获得 10 万元的利润，一家企业投入资本 100 万元，而另一家企业则投入 200 万元，若不与投入的资本额相联系，就难以判断哪家企业的效益更好。

（4）可能导致企业短期财务决策倾向，影响企业长远发展。追求利润最大化很容易导致企业对自然资源采用“掠夺式经营”或对商业行为使用“一锤子买卖”等短期行为，以牺牲长期利益来换取短期利润的增加。例如，企业放弃战略发展性投资，一味地只顾使用现有设备而不注意其维护与更新，使设备的完好状态受到影响。这样做的结果是，虽然短期内能增加利润，但丧失了长远持久的竞争力。更有甚者，为了多出利润以美化自己任期内的业绩，拿到任职奖励或达到其他目的，采取少提折旧、少摊各种费用损失、多计收入或收益等手段，使企业形成虚盈实亏的有害局面。

二、股东财富最大化

以股东财富最大化作为财务管理目标，是近年来较为流行的一种观点。在股份制经济条件下，股东财富由其所拥有的股票数量和股票市场价格两方面来决定。在股票数量一定的前提下，当股票价格最高时，股东财富也就达到了最大化。所以，股东财富最大化，又演变为股票价格最大化。

以股东财富最大化作为财务管理目标存在以下一些缺点：

（1）通常只适用于上市公司，非上市公司难以应用；

（2）股价受众多因素影响，不能完全准确地反映企业财务管理状况；

（3）它更多的是强调股东利益，而对其他相关者的利益重视不够。

三、企业价值最大化

企业价值是指企业能在市场上实现的价值，即企业资产未来预期现金流的现值（该现值是以资金的时间价值为基础对未来现金流量进行折现计算得出的），而并非企业的账面价值总额。

该目标要求企业应采用最优财务政策，充分考虑资金的时间价值、风险与报酬的关系，在保证企业长期稳定发展的基础上，满足各方利益关系，只有这样，才能使企业总价值达到最大。

以企业价值最大化作为财务管理目标，具有以下一些优点：

（1）考虑了资金的时间价值；

（2）考虑了风险与报酬的关系；

（3）克服了企业在追求利润上的短期行为，因为不仅过去和目前的利润会影响企业的价值，而且预期未来现金性利润的多少对企业价值的影响将更大；

（4）用价值代替价格，克服了外界市场因素的过多干扰，有效地规避了企业的短期行为。

但该目标也存在以下一些缺点：

（1）过于理论化，不易操作。

（2）对于非上市公司而言，只有对企业进行专门的评估才能确定其价值；而在评估企业价值时，由于受评估标准和评估方式的影响，很难做到客观、准确。

四、相关者利益最大化

在市场经济中，企业的理财主体更加细化和多元化。股东作为企业所有者，在企业中承担着最大的权利、义务、风险和报酬，但是债权人、员工、企业经营者、客户、供应商和政府也要承担相应风险。因此，在确定企业财务管理目标时，不能忽视这些相关利益群体的利益。

在衡量相关者利益时，股东的评价指标可以使用股票市价；债权人可以寻求风险最小、利息最大；工人可以确保工资福利；政府可考虑社会效益等。

相关者利益最大化目标的具体内容见图 1-2。

可见，以相关者利益最大化为目标，站在企业的角度进行投资研究，避免只站在股东的角度进行投资可能导致的一系列问题，有利于企业长期稳定发展。由于兼顾了企业、股东、政府、客户等多方面的利益，也就是将企业财富这块“蛋糕”做到最大的同时，确保每个利益主体所分得的“蛋糕”也最多，有利于实现企业经济效益和社会效益的统一。

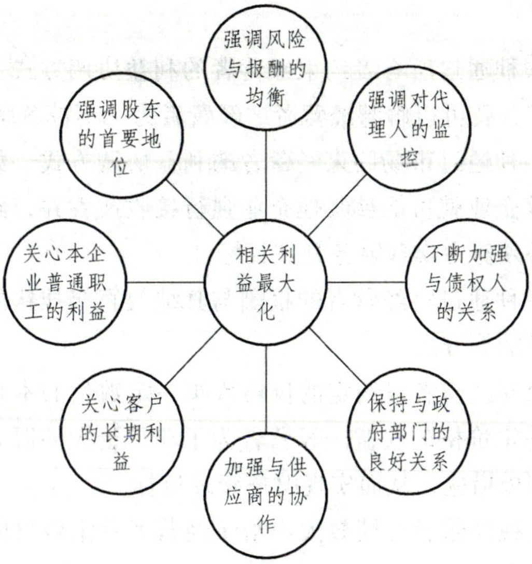

图 1-2 相关者利益最大化目标图

因此，我们认为相关者利益最大化才是企业财务管理最理想的目标。但该指标不易量化或者说不能简单量化，它需要人事、销售甚至工会等企业内部各部门间的相互配合，才能共同实现利益最大化。

五、不同利益主体间的冲突及协调

现代企业制度安排的中心议题之一是代理问题。代理问题的存在，会使财务管理目标出现分歧与冲突，这就需要进行有效协调来消除这些分歧与冲突，以期实现其理财目标。在所有的利益冲突协调中，所有者与经营者、所有者与债权人的利益冲突与协调最为重要。

（一）所有者与经营者的利益冲突与协调

在所有权与经营权分离之后，股东的目标是实现财富最大化，千方百计地会要求经营管理者以最大的努力去实现这一目标。但经营管理者通常会偏离这一目标，他们的努力方向是：① 增加报酬，包括物质和非物质的，如工资、奖金、荣誉和社会地位等；② 增加闲暇时间和舒适享受；③ 避免风险，不愿意为股东财富最大化冒决策风险。

概括而言，经营管理者对股东目标的背离主要表现为如下两方面：

（1）道德风险。经营管理者从自身利益考虑认为没必要为提高股价而冒风险，“多一事不如少一事”，四平八稳地力保不出大错就行。这样做不会形成法律和行政责任问题，只是道德问题而已，股东很难追究他们的责任，甚至也无法从道德上予以谴责。

（2）逆向选择。经营管理者从自身利益出发借口工作需要而乱花股东的钱。例如，装修豪华办公室、购置高档小汽车等，甚至采用不正当手段蓄意压低股票价格，以隐蔽的方式进行投机买卖，从中获利，致使股东利益受到损害。

面对经营管理者的上述做法，为了协调这一利益冲突，所有者通常会采用以下方式进行解决：

（1）解聘。解聘是一种通过所有者约束经营者的利益协调方式。所有者对经营者予以监管，如果经营者绩效不佳，就可以解聘经营者。经营者为了不被解聘就需要努力工作。

（2）接收。接收是一种通过市场约束经营者的利益协调方式。如果经营者决策失误、经营不力、绩效不佳，则该企业就可能被其他企业强行接收或吞并，经营者也会被解聘。经营者为了避免被接收，就必须努力实现财务管理目标。

（3）激励。激励是一种通过将经营者的报酬与其绩效直接挂钩的利益协调方式。激励通常有股票期权、绩效股激励等方式。

①股票期权激励是允许经营者以约定的价格购买一定数量的本企业股票，使经营者能够获得股票市场价格高于约定价格的收益。经营者为了获得更大的股票溢价收益，就必然会主动采取能够提高股价的积极措施，从而实现财务管理目标。

②绩效股激励是企业视经营者的绩效大小给予经营者一定数量的股票作为报酬，如果经营者的绩效未能达到规定的目标，经营者将失去原来持有的部分绩效股。经营者为了获得更多的绩效股而不断采取措施提高经营绩效，并使股票市价稳步上升，从而增加所有者权益。

（二）所有者与债权人的利益冲突与协调

在企业向债权人借入资金后，委托代理关系就在股东与债权人之间形成了。债权人将资金贷给企业，其目的是到期收回本金，并得到约定的利息收入。所以，安全地收回本息是债权人的目标。企业借款的目的是扩大经营，增加股东财富，为此企业通常会将借入的资金投入高风险的项目。可见，二者的目标并不一致。

为协调所有者与债权人的上述矛盾，通常可采用以下方式：

（1）限制性借债。限制性借债是指在借款合同中加入某些限制性条款，如规定借款的用途、借款的担保条款和借款的信用条件等。

（2）收回借款或停止借款。收回借款或停止借款是指当债权人发现公司有侵蚀其债权价值的意图时，采取收回债权和不给予公司增加放款，从而保护自身的权益。

第三节　财务管理环节

财务管理环节是指财务管理的工作步骤和一般程序。企业财务管理一般包括以下环节：

一、财务预测

财务预测是企业根据财务活动的历史资料（如往年的财务分析等），考虑现实条件与要求，运用特定方法对企业未来的财务活动和财务成果做出科学的预计或测算。财务预测是进行财务决策的基础，是编制财务预算的前提。

财务预测所采用的方法主要有两种：一是定性预测，是指企业缺乏完整的历史资料或有关变量之间不存在较为明显的数量关系时，专业人员进行的主观判断与推测；二是定量预测，是指企业根据比较完备的资料，运用数学方法建立数学模型，对事物的未来进行的预测。实际工作中，通常将两者结合起来进行财务预测。

二、财务决策

决策即决定。财务决策是企业财务人员按照企业财务管理目标，利用专门方法对各种被选方案进行比较分析，并从中选出最优方案的过程。它不是拍板决定的瞬间行为，而是提出问题、分析问题和解决问题的全过程。正确的决策可使企业起死回生，错误的决策可导致企业毁于一旦，所以财务决策是企业财务管理的核心，其成功与否直接关系到企业的兴衰成败。

三、财务预算

财务预算是指企业运用科学的技术手段和数量方法，对未来财务活动的内容及指标进行综合平衡与协调的具体规划。财务预算是以财务决策确立的方案和财务预测提供的信息为基础编制的，是财务预测和财务决策的具体化，是财务控制和财务分析的依据，贯穿于企业财务活动的全过程。

四、财务控制

财务控制是在财务管理过程中，利用有关信息和特定手段，对企业财务活动所施加的影响和进行的调节。实行财务控制是落实财务预算、保证预算实现的有效措施，也是责任绩效考评与奖惩的重要依据。

五、财务分析

财务分析是根据企业核算资料，运用特定方法，对企业财务活动过程及其结果进行分析和评价的一项工作。财务分析既是本期财务活动的总结，也是下期财务预测的前提，具有承上启下的作用。通过财务分析，相关人员既可以掌握企业财务预算的完成情况、评价财务状况，又可以研究和掌握企业财务活动的规律，改善财务预测、财务决策、财务预算和财务控制，提高企业财务管理水平。

第四节　财务管理环境

财务管理环境又称理财环境，是指对企业财务管理产生影响作用的内外各种条件和因素的统称。按其存在的空间可分为内部财务环境和外部财务环境。内部财务环境主要包括：企业资本实力、生产技术条件、经营管理水平和决策者的素质等。这些内容将会在后续章节中涉及，所以此处不再赘述。

外部财务环境是企业财务决策难以改变的外部约束条件，企业应提高财务行为对环境的适应能力、应变能力和利用能力，企业财务决策更多的是适应它们的要求和变化，更好地实现企业财务管理目标。财务管理的外部环境涉及的范围很广，下面主要介绍法律环境、经济环境和金融市场环境。

一、法律环境

财务管理的法律环境是指企业进行财务活动，处理与各方经济关系时应遵守的各种法律、法规和规章。财务管理是一种社会行为，必然要受到法律规范的约束。与企业理财活动关系密切的法律法规包括以下几方面：

（一）企业组织法律规范

企业组织必须依法成立。组建不同的企业，要依照不同的法律规范。按组织形式，可将企业分为独资企业、合伙企业和公司，它们分别要遵守《中华人民共和国公司法》（以下简称《公司法》）、《中华人民共和国中外合资企业法》、《中华人民共和国外资企业法》、《中华人民共和国个人独资企业法》、《中华人民共和国合伙企业法》、《中华人民共和国合同法》（以下简称《合同法》）等。这些法律规范既是企业的组织法，又是企业的行为法。

（二）税务法律规范

税法是税收法律制度的总称，是调整税收征纳关系的法律规范。任何企业都有法定的纳税义务，与企业相关的税种主要有以下五种：

（1）所得税类：企业所得税、个人所得税；

（2）流转税类：增值税、消费税、营业税、城市维护建设税；

（3）资源税类：资源税、土地使用税、土地增值税；

（4）财产税类：财产税；

（5）行为税类：印花税、车船使用税等。

（三）财务法规

财务法规主要有财务通则和分行业的财务制度，是专门规范企业财务活动的法规。《企业财务通则》是各类企业进行财务活动、实施财务管理的基本规范。对建立资本金制度、固定资产折旧、成本开支范围和利润分配等方面做出了规定。行业财务制度是为适应不同行业的特点和管理要求，依据《企业财务通则》，由财政部制定的行业规范。

总体而言，法律环境对企业财务管理的影响和制约主要表现为以下三方面：

（1）在筹资活动中，国家通过法律规定了筹资的最低规模和结构，如《公司法》规定股份有限公司注册资本的最低限额为人民币 1000 万元；规定了筹资的前提条件和基本程序，如《公司法》就对公司发行债券和股票的条件做出了严格的规定。

（2）在投资活动中，国家通过法律规定了投资的方式和条件，如《公司法》规定股份公司的发起人可以用货币资金出资，也可以用实物、工业产权、非专利技术、土地使用权作价出资；规定了投资的基本程序、投资方向和投资者的出资期限及违约责任，如企业进行证券投资必须按照《证券法》所规定的程序来进行，企业投资必须符合国家的产业政策，符合公平竞争的原则。

（3）在经营、分配活动中，国家通过法律如《税法》《公司法》等规定了企业成本开支的范围和标准，企业应缴纳的税种及计算方法，利润分配的前提条件、利润分配的去向、一般程序及重大比例等。

二、经济环境

经济环境是指影响企业财务管理的各种经济因素，它在影响财务管理的各种外部环境中是较为重要的。经济环境的内容十分广泛，主要包括经济周期、经济发展水平、经济政策和通货膨胀水平等。

1. 经济周期

经济周期又称商业周期、景气循环，是指经济运行中周期性出现的经济扩张与经济紧缩交替更迭、循环往复的一种现象。经济周期一般分为复苏、繁荣、衰退和萧条四个阶段，处于不同阶段的企业，其财务管理也不尽相同。（见表 1-1）

表 1-1 经济周期中不同阶段的财务管理战略

复苏	繁荣	衰退	萧条
1. 增加厂房设备	1. 扩充厂房设备	1. 停止扩张	1. 建立投资标准
2. 实行长期租赁	2. 继续建立存货	2. 出售多余设备	2. 保持市场份额
3. 建立存货储备	3. 提高产品价格	3. 停产不利产品	3. 压缩管理费用
4. 开发新产品	4. 开展营销规划	4. 停止长期采购	4. 放弃次要利益
5. 增加劳动力	5. 增加劳动力	5. 削减存货	5. 削减存货
		6. 停止扩招雇员	6. 裁减雇员

2. 经济发展水平

一国或某一经济体的经济发展速度对企业财务管理也有重大影响。当一国经济飞速发展时，能为企业扩大规模、调整方向、打开市场以及拓宽财务活动的领域带来许多机遇。同时，经济快速发展与资金紧张又是一对长期存在的矛盾，这又给企业财务管理带来了严峻的挑战。

3. 经济政策

经济政策是国家或政府制定的解决经济问题的一系列指导原则和措施。经济政策包括经济和社会发展战略、方针，如产业政策、财税政策、货币政策、收入分配政策等。经济政策直接或间接地影响着企业的发展和财务活动的运行。例如，财税政策会影响企业的资本结构和投资项目的选择；金融货币政策会影响企业投资的资金来源和投资的预期收益；会计制度的改革会影响会计要素的确认和计量，进而影响企业财务预测、决策、分析等。

4. 通货膨胀水平

通货膨胀是指在一段时间内物价水平普遍上涨、单位货币的购买力下降的经济现象。通货膨胀形成的原因一般是，投入流通中的货币数量大大超过流通实际需要的数量，以致引起货币贬值。通货膨胀对企业财务活动的影响主要表现为：资金占用大量增加，资金需求压力增大；企业利润虚增，资金由于利润分配而流失；利润上升加大企业权益资本成本；有价证券价格下降，资金供应紧张，增加企业筹资难度。

企业应在通货膨胀的不同阶段，采取相应的财务策略减轻和防范通货膨胀对企业造成的不利影响。（见表 1-2）

表 1-2　通货膨胀不同阶段的财务策略

阶段	影响	对策
初期	货币贬值	进行投资，实现保值增值
	物价上涨（采购成本增加）	签订长期购货合同，锁定价格
	资本成本上升	取得长期负债，保持成本稳定
持续期	对债权人不利	采用严格信用条件，减少企业债权
	利润虚增	调整财务政策，减少资本流失

三、金融市场环境

金融市场是指资金供求双方交易的场所。它有广义和狭义之分。广义的金融市场既是实物资本流动的场所，也是货币资本流动的场所。其业务包括货币借贷、票据的承兑和贴现、有价证券的买卖、黄金和外汇的买卖、办理国内外保险、生产资料的产权交换等。狭义的金融市场仅指有价证券市场，即证券的发行和买卖市场。企业筹资、投资活动是在一定的环境约束下进行的。金融市场是企业财务管理的直接环境，它不仅为企业筹资和投资提供场所，而且促进资本的合理流动和优化配置。

（一）金融市场与企业财务管理的关系

1. 金融市场是企业筹资和投资的场所

金融市场集合了资金供应者和需求者，并提供各种金融工具和选择机会，使双方能够自由灵活地调度资金。对融资者来说，金融市场为其提供多种融资渠道，使融资者根据自己的需要适时有效地融通所需资金。对资金供应者来说，金融市场为其提供了各种投资工具，投资者可从中选择合适的投资方式，达到灵活使用资金并取得最大收益的目的。

2. 企业通过金融市场实现长短期资金的相互转化

企业持有的股票、债券在企业急需资金时，可在金融市场上转手变现，成为短期资金；

远期票据通过贴现，可变为现金；大额可转让定期存单，可在金融市场卖出，成为短期资金。与此相反，短期资金也可以在金融市场上转变为股票、债券等长期资金。

3. 金融市场为企业理财提供有用的信息

金融市场的利率变动，反映资本的供求状况；有价证券市场的行市反映投资人对企业的经营状况和盈利水平的评价。这些都是企业经营和投资的重要依据。总之，金融市场作为资金融通的场所，是企业向社会融通资金必不可少的条件。企业财务人员必须熟悉金融市场的类型和管理规则，有效地利用金融市场来组织资金的供应和使用，发挥金融市场的积极作用。

（二）金融市场的种类

1. 金融市场按交易的期限，分为短期资本市场和长期资本市场

短期资本市场是指期限不超过一年的资本交易市场。由于短期有价证券易于变成货币或作为货币使用，所以该市场也叫货币市场。短期资本市场主要有拆借市场、票据市场、大额定期存单市场和短期债券市场等。

长期资本市场是指期限在一年以上的股票和债券交易市场。由于发行股票和债券的资金主要用于固定资产等资本货物的购置，所以这一市场也叫资本市场。长期资本市场上的交易活动由发行市场和流通市场构成，其交易组织形式主要有证券交易所和柜台交易两种。其具体交易方式主要有现货交易、期货交易、期权交易和信用交易。

2. 金融市场按交割的时间，分为现货市场和期货市场

现货市场是指买卖双方成交后，当场或几天之内买方付款、卖方交出证券的交易市场；期货市场是指买卖双方成交后，在约定的未来某一特定时日才交割的交易市场。

3. 金融市场按交易的性质，分为发行市场和流通市场

发行市场是指从事新证券和票据等金融工具买卖的转让市场，也叫初级市场或一级市场；流通市场是指从事已上市的旧证券或票据等金融工具买卖的转让市场，也叫次级市场或二级市场。

（三）金融市场的构成要素

金融市场由主体、客体、参与人和调节机制组成。

1. 金融市场的主体

金融市场的主体即连接资金供应者和需求者的中介机构，由银行性质的金融机构和非银行性质的金融机构组成。目前，我国银行性质的金融机构主要有以下几种：① 中国人民银行，它是我国的中央银行，代表政府管理全国的金融机构和金融活动，主要负责制定货币政策，履行相关职责及经营国库业务；② 政策性银行，是由政府设立，以贯彻国家产业政策、区域发展政策为目的，不以盈利为目的的金融机构，如国家开发银行、中国进出口银行、中国农业发展银行；③ 商业银行，是以经营存款、贷款、办理转账结算为主要业务，以盈利为主要

经营目标的金融企业，如国有独资商业银行、股份制商业银行、外资商业银行。

而非银行性质的金融机构则通过经营保险业务、证券业务、代人理财业务和融资租赁业务等方式为企业投融资活动充当桥梁，如保险公司、信托投资公司、证券机构、财务公司、金融租赁公司等。

2. 金融市场的客体

金融市场的客体是指金融市场上的买卖对象，即金融资产，如票据、债券、股票等。金融资产通常具有流动性、收益性、风险性等特点。

3. 金融市场的参与人

金融市场的参与人即资金的供应者和需求者。

4. 金融市场的调节机制

金融市场主要借助利率来实现资本的优化配置。利率是资本的价格，它主要取决于资本的供求关系。作为资本价格，它对资本供应方来说属于收益，对资本需求方而言则属于成本。在金融市场中，利率的构成可用下式表示：

$$利率=纯利率+通货膨胀补偿率+风险补偿率$$

其中，纯利率与通货膨胀补偿率构成基础利率，风险补偿率又分为违约风险补偿率、流动性风险补偿率和到期风险补偿率三种。因此，影响利率构成的主要因素有如下五种：

（1）纯利率。

纯利率是指没有风险、没有通货膨胀情况下的平均利率。例如，在没有通货膨胀时，国库券的利率可视为纯利率。纯利率的高低，受平均利润率、资本供求关系和国家调节的影响。首先，利息是利润的一部分，所以利息率依存于利润率，并受平均利润率的制约。一般利息率会随平均利润率的提高而提高。利息率的最高限不能超过平均利润率，否则企业无利可图，不会借入款项；利息率的最低界限应大于零。其次，在平均利润率不变的情况下，金融市场上的供求关系决定市场利率水平。在经济高涨时，资本需求量上升，若供应量不变，则利率上升；在经济衰退时，则利率下降。最后，政府为防止经济过热，通过中央银行减少货币供应量来抑制资本需求量，从而使利率上升；政府为刺激经济发展，常常会增加货币发行量，情况则恰恰相反。

（2）通货膨胀补偿率。

通货膨胀使货币贬值，从而使投资者或资本供应者的真实报酬率下降。因此，为弥补通货膨胀造成的购买力损失，利率确定要视通胀状况而给予一定的补偿。例如，政府发行的短期无风险证券（如国库券）的利率就是由纯利率和通货膨胀补偿率两部分组成的。

（3）违约风险补偿率。

违约风险是指借款人无法按时支付利息或偿还本金而给投资者或资本供应者带来的风险。违约风险越大，投资者或资本供应者要求的利率就越高，反之则相反。

（4）流动性风险补偿率。

流动性是指资产在短期内出售并转换为现金的能力。资产流动性强弱的标志有两个：一是时间因素；二是变现价格。对于金融市场而言，金融资产的流动性视金融证券发行主体的财务实力而定。例如，小公司的债券流动性相对于大公司要差，作为小公司债券的购买者，就会要求提高利率作为补偿。

（5）到期风险补偿率。

到期风险补偿率是因到期时间长短不同而形成的利率差别。从理论上讲，持有不同时间的金融资产利率不同。其原因就在于长期金融资产的风险要高于短期资产风险，从而相应体现收益率差异。

本章小结

本章主要介绍了有关财务管理的基本概念、财务活动和财务关系、财务环境和财务管理目标、财务管理环节等基本内容。

企业财务管理是组织企业财务活动和处理财务关系的一项经济管理工作，是企业管理的一个重要组成部分；企业的财务活动是企业组织生产和经营的必要条件，资金筹集、资金投放、资金营运和收益分配是企业财务活动的主要内容。企业的各项财务活动必然要与有关各方发生财务关系，这些关系包括企业与政府之间的关系、企业与投资者之间的关系、企业与债权人之间的关系、企业与债务人之间的关系、企业与受资者之间的关系、企业内部各单位之间的关系和企业与职工之间的关系等。

财务管理环境又称理财环境，是指对企业财务管理产生影响作用的内外各种条件和因素的统称。企业财务管理环境分内部环境和外部环境。内部环境贯穿在后续章节中，所以本章主要涉及外部环境。外部环境主要包括法律环境、经济环境和金融市场环境。财务管理目标是在特定的财务管理环境中，通过组织财务活动、处理财务关系所要达到的目的。目前，学术界主要以相关者利益最大化作为财务管理目标。

要做好财务管理工作，实现财务管理的任务，必须掌握好财务管理的基本环节。财务管理的基本环节：进行财务预测和决策、编制财务预算、加强财务控制、开展财务分析等。这些管理环节相互配合，密切联系，形成周而复始的财务管理循环过程，构成完整的财务工作体系。

思考与讨论

1. 财务管理的内容有哪些？其功能是什么？
2. 财务活动包括哪些内容？
3. 企业在组织财务活动过程中需处理哪些财务关系？这些财务关系有何特点？
4. 财务管理目标目前有哪几种代表性观点？各有哪些优缺点？
5. 不同利益主体间的冲突有哪些？如何进行协调？
6. 财务管理工作需要经过哪几个环节？
7. 经济环境、法律环境如何影响财务管理？

8. 金融市场与财务管理的关系是什么？其构成要素有哪些？

9. 利率的本质是什么？其影响因素有哪些？

案例分析

SD 公司是一家从事网络游戏产品开发的企业，由李×、赵×和张×三位志同道合的朋友共同出资 180 万元，于 2010 年设立。三人平分股权比例，企业发展初期，创始股东都以企业的长远发展为目标，关注企业的持续增长能力，所以，他们注重加大研发投入，不断开发新产品，这些措施有力地提高了企业的竞争力，使企业实现了收入的高速增长。在开始的几年间，销售业绩以年均 70%的速度提升。然而，随着利润的不断快速增长，三位创始股东开始在收益分配上产生了分歧。股东李×、赵×主张分红，股东张×认为应将企业取得的收益用于扩大规模，以提高企业的持续发展能力，实现长远利益的最大化。由于三位股东矛盾不断升级，最终张×被动出让其持有的 1/3 股份而离开企业。

但是，这件事引起了与企业有密切联系的广大供应商和分销商的不满，因为他们中很多人的业务发展与 SD 公司密切相关，SD 公司的持续增长将会给他们带来更多的机会。于是他们声称，如果张×离开企业，将断绝与 SD 公司的业务来往。面对这样的局面，股东李×、赵×提出他们自己可以离开公司，条件是张×必须收购他们的股份。最终，在广大供应商和分销商的帮助下，张×重新回到公司，成为公司的掌门人。

经历了股份变更的风波后，SD 公司在张×的带领下不断加大投入，规模越来越大，业绩在同行业中成为佼佼者，企业的竞争力和价值也不断提升。

问题：

（1）张×坚持企业长远发展，其他两位股东则要求更多分红，请分析张×的目标是否与股东财富最大化的目标相矛盾？

（2）拥有控制权的大股东与供应商和分销商等利益相关者之间的利益是否矛盾，如何协调？

（3）以 SD 公司为例，谈谈所有权与经营权合二为一的企业，在发展过程中有何利弊？

（4）重要的利益相关者能否对企业的控制权产生影响？

资料来源：张庆程，朱泉中. 财务管理实训[M]. 北京：经济管理出版社，2015.

第二章　财务管理的基本观念

【学习目标】

1. 了解资金时间价值的概念，掌握资金时间价值的计算；
2. 掌握资产收益的含义、类型及计算；
3. 了解风险的含义，掌握风险的类别和衡量方法；
4. 掌握组合风险收益的衡量方法；
5. 熟悉资金时间价值和风险价值在财务管理决策中的运用。

【开篇案例】

甲公司购置一台设备，付款方案有五种：

方案 1：第一年年初付款 10 万元，以后每间隔半年付款一次，每次支付 15 万元，连续支付 8 次；

方案 2：第三年年初付款 50 万元，第八年年末付款 100 万元；

方案 3：从第五年年初开始，每年付款 30 万元，连续支付 4 次；

方案 4：第一年年初付款 10 万元，从第二年开始，每年年末付款 28 万元，连续支付 5 次；

方案 5：第一年年初付款 5 万元，从第二年开始，每年年初付款 25 万元，连续支付 6 次。

假设年利息率为 10%，试选择最合理的方案。

第一节　资金时间价值

一、资金时间价值的概念

1. 资金时间价值的含义

日常生活中，我们经常会遇到这样一种现象，例如现在有 1000 元，存入银行，银行的年利率为 5%，1 年后可得到 1050 元。1000 元经过 1 年的时间增值了 50 元，增值的 50 元就是资金经过 1 年时间产生的价值。因此，资金的时间价值是指一定量的资金经历一定时间的投资和再投资所增加的价值，也称为货币时间价值。一定量的资金在不同时点上具有不同的价值，人们将资金在使用过程中随时间的推移而发生增值的现象，称为资金具有时间价值的属性。资金时间价值的实质是资金周转使用后的增值额，是资金所有者让渡资金使用权而参与社会财富分配的一种形式。

2. 资金时间价值的表示

资金时间价值的大小通常有两种表现形式，一种是绝对数形式即资金时间价值额，资金在生产经营中带来的真实增值额；另一种是相对数形式即资金时间价值率。为了便于不同数量货币资金之间时间价值大小的比较，在实务中，人们常使用相对数表示资金的时间价值。由于资金时间价值率经常以利率的形式表示，很多人认为它与一般的市场利率相同，实际上资金时间价值率与市场利率是有区别的。市场利率除了包括时间价值因素外，还包括风险价值和通货膨胀因素。

在资金时间价值的学习过程中还应注意以下几点：

（1）时间价值产生于生产领域、流通领域，消费领域不产生时间价值。因此，企业应将更多的资金或资源投入生产领域和流通领域而非消费领域。

（2）时间价值产生于资金运动中。只有运动着的资金才能产生时间价值，处于停滞状态的资金不会产生时间价值，因此企业应尽量减少资金的停滞时间和数量。

（3）时间价值的大小取决于资金周转速度的快慢。时间价值与资金周转速度同方向变动，因此企业应采取各种有效措施加速资金周转，提高资金使用效率。

二、资金时间价值的计算

（一）利息的计息方式

1. 单利计息

单利计息是指每期仅按初始本金计算利息，当期利息即使不取出也不计入下期本金，因此每期产生的利息额均相等。

2. 复利计息

复利计息是指以当期期末本利和作为下期计息基础来计算利息，由于计息基础在逐年增长，所以每期产生的利息额也呈递增趋势，俗称“利滚利”或“驴打滚”。根据经济人假设，人们都是理性的，会用赚取的收益进行再投资，企业的资金使用也是如此。因此，财务管理中一般都按照复利方式计算资金的时间价值。

（二）款项的收付方式

1. 一次性款项收付

一次性款项收付是指在某一特定时点上发生的某项一次性付款（或收款）业务，经过一段时间后发生与此相关的一次性收款（或付款）业务。银行整存整取的储蓄方式就是典型的一次性款项收付方式。例如，现在将一笔 10 000 元的现金存入银行，5 年后连本带利将其取出。

2. 系列性款项收付

系列性款项收付是指在某一特定时点上发生某项一次性付款（或收款）业务，然后在未来一段时间内多次发生与之相同的业务，最后一次收付款业务与起点业务恰好相反。银行零存整取的储蓄方式就是典型的系列性款项收付方式。例如，新入职的小王从领工资的第一个月开始，每个月从其工资中拿出1000元存入银行，5年后连本带利将其取出。

资金时间价值的计算，涉及两个重要的概念：现值和终值。现值又称本金，是指未来某一时点上的一定量资金折算到现在的价值。终值又称将来值或本利和，是指现在一定量的资金在将来某一时点上的价值。由于终值与现值的计算与款项的收付方式有关，因此资金时间价值的计算实际上就是一次性款项收付的终现值计算及系列性款项收付的终现值计算。

（三）一次性款项收付的终值、现值计算

1. 一次性款项收付的终值计算

一次性款项收付的终值，又称复利的终值，是指一定量的本金按复利计算的若干期后的本利和。复利终值的计算公式为：

$$F=P\times(1+i)^n=P\times(F/P,\ i,\ n)$$

式中：F 代表复利终值，P 代表复利现值；i 代表利息率；n 代表计息期数；$(1+i)^n$ 代表复利终值系数，可用 $(F/P,\ i,\ n)$ 来表示。

【例 2-1】小王存入3年定期存款10 000元，复利年利率为2%，5年后的本利和是多少？

解：$F=10\ 000\times(F/P,\ 2\%,\ 5)=10\ 000\times1.1041=11\ 041$（元）

2.一次性款项收付的现值计算

一次性款项收付的现值，又称复利的现值，是指未来一定时期的资金按复利计算的现在价值，或者说是为取得将来一定的本利和在现在需要投入的本金量，它是复利终值的逆运算，也叫贴现。复利现值的计算公式为：

$$P=F/(1+i)^n=F\times(1+i)^{-n}$$
$$=F\times(P/F,\ i,\ n)$$

式中：P 代表复利现值；F 代表复利终值；i 代表利息率；n 代表计息期数；$(1+i)^{-n}$ 代表复利现值系数，可用 $(P/F,\ i,\ n)$ 来表示。

【例 2-2】小王为了3年后能从银行取出10 000元，在复利年利率为2%的情况下，当前应存入的金额是多少？

解：$P=10\ 000\times(P/F,\ 2\%,\ 3)=10\ 000\times0.942=9420$（元）

（四）系列性款项收付终值、现值计算

系列性款项收付中有一种特殊类型，即年金，这里我们重点讨论年金的终值、现值计算。年金是指一定时期内，每隔相同的时间，收入或支出相同金额的系列性款项收付。例如，折旧、租金、等额分期付款、养老金、保险费、零存整取等都属于年金问题。

年金具有定期性和等额性特点。定期性要求在一定时间内，间隔相等时间就要发生一次收支业务，中间不得中断，必须形成系列；等额性要求每期收、付款项的金额必须相等。

年金根据每次收付款发生的时点不同，可分为普通年金、预付年金、递延年金和永续年金四种。（见图 2-1）

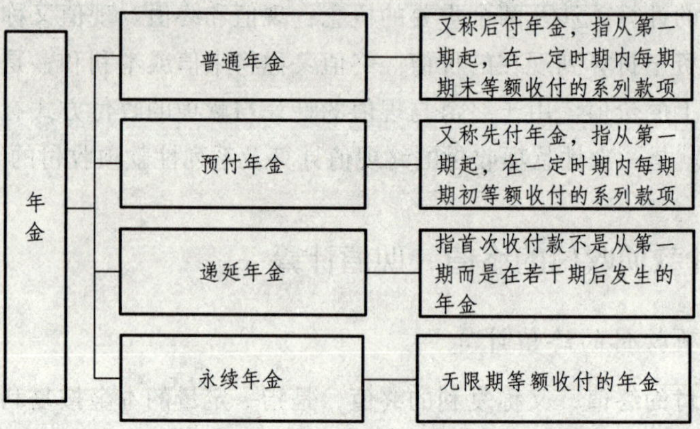

图 2-1　年金的分类

从图 2-1 中不难看出，普通年金实际上处于基础地位，其他三种年金在一定程度上都可转化为普通年金，是普通年金的特殊形式。所以，只要掌握了普通年金的终值、现值计算，其他年金终值、现值计算便可迎刃而解。

在财务管理中，当未明确说明是何种年金时，通常是指普通年金。

1. 普通年金终值、现值计算

（1）普通年金终值计算。

普通年金的终值是一定时期内每期期末等额收付款项的复利终值之和，记作 F_A。

根据其定义，n 期普通年金的终值可表示为：

$$F_A=A+A（1+i）+A（1+i）^2+\cdots+A（1+i）^{n-1}$$

$$=A\times\frac{(1+i)^n-1}{i}$$

$$=A\times（F/A，i，n）$$

式中：A 表示普通年金，$\frac{(1+i)^n-1}{i}$ 代表普通年金终值系数，可用（F/A，i，n）表示。

【例 2-3】小张自 2008 年 12 月底开始，每年年末都要向一位家庭困难学生捐款 10 000 元，帮助其完成学业。假设每年定期存款利率均为 2%，则小张 9 年的捐款在 2016 年年底相当于多少钱？

解：F=10 000×（F/A，2%，9）=10 000×9.7546=97 546（元）

（2）普通年金现值计算。

普通年金现值是指每期期末等额系列收付款项的复利现值之和，记作 P_A。

根据其定义，n 期普通年金的现值可表示为：

$$P_A=A（1+i）^{-1}+A（1+i）^{-2}+\cdots+A（1+i）^{-n}$$

$$=A\times\frac{1-(1+i)^{-n}}{i}$$

$$=A\times(P/A, i, n)$$

式中：A 表示普通年金，$\frac{1-(1+i)^{-n}}{i}$ 代表普通年金现值系数，可用（P/A，i，n）表示。

【例 2-4】某投资项目于 2016 年年初动工，假设当年投产，从投产之日起每年年末可得收益 40 000 元。按年利率 6%计算，预期 10 年收益的现值是多少？

解：P=40 000×（P/A，6%，10）=40 000×7.3601=294 404（元）

2. 预付年金终值值、现值计算

（1）预付年金终值计算。

预付年金终值是指每期期初等额收付款项的复利终值之和。根据其定义，我们可知 n 期预付年金与 n 期普通年金的付款次数相同，只是付款的时间不同而已，n 期预付年金终值比 n 期普通年金终值多计算一期利息。因此，在 n 期普通年金终值的基础上乘以（$1+i$）就是 n 期预付年金的终值。其计算公式为：

$$F_A=A\times\frac{(1+i)^n-1}{i}\times(1+i)=A\times(F/A, i, n)\times(1+i)$$

【例 2-5】小明计划在今后 5 年内每年年初存 10 000 元到银行，年利率为 2%。在第 5 年末，该笔存款的终值为多少？

解：F_A=10 000×（F/A，2%，5）×（1+2%）=10 000×5.204×1.02=53 080.8（元）

（2）预付年金现值计算。

预付年金现值是指每期期初等额收付款项的复利现值之和。如前所述，n 期预付年金与 n 期普通年金的期限相同，但由于其付款的时间不同，n 期预付年金比 n 期普通年金少付现一期。因此，在 n 期普通年金现值的基础上乘以（$1+i$），便可求出 n 期预付年金的现值。其计算公式为：

$$P_A=A\times\frac{1-(1+i)^{-n}}{i}\times(1+i)=A\times(P/A, i, n)\times(1+i)$$

【例 2-6】小王采用分期付款方式购入商品房一套，每年年初付款 20 000 元，分 10 年付清。若银行利率为 5%，该项分期付款相当于一次现金支付的购买价格是多少？

解：P_A=20 000×（P/A，5%，10）×（1+5%）=20 000×7.7217×1.05=162 155.7（元）

3. 递延年金终值、现值计算

（1）递延年金终值计算。

凡不是从第一期开始的普通年金皆是递延年金，其中没有收付款项的若干期称为递延期。

递延年金终值的大小，与递延期无关，只与年金共收到或支付了多少期有关，只要将一共收到或支付 n 期的年金折算到期末，即可得到递延年金终值。它的计算方法与普通年金相同。其计算公式为：

$$F_A=A\times(F/A, i, n)$$

式中：n 表示的是收付款的期数，与递延期无关。

【例 2-7】小刘投资了一个项目，估计从第 3 年开始到第 8 年，每年年末可得收益 10 000 元，假设年利率为 5%，计算该项目年收益的终值。

解：F_A=10 000×（F/A，5%，6）=10 000×6.8019=68 019（元）

（2）递延年金现值计算。

先假设递延期也发生收支，则变成一个（$m+n$）期的普通年金，算出（$m+n$）期的年金现值，再扣除并未发生年金收支的 m 期递延期的年金现值，即可求得递延年金的现值。其计算公式为：

$$P_A=A\times(P/A,i,m+n)-A\times(P/A,i,m)$$

【例 2-8】小赵年初在银行存入一笔资金，打算存满 3 年后，从第 4 年年末开始连续 3 年每年年末从银行提取 10 000 元。若银行存款年利率为 10%，则他年初要存入多少才能实现计划？

解：P_A=10 000×（P/A，10%，3+3）−A×（P/A，10%，3）=18 684（元）

4. 永续年金现值计算

由于永续年金的期限趋于无限，没有终止时间，因而没有终值，只有现值。

永续年金现值的计算可以等同为无限期的普通年金现值的计算：

$$P_A=A\times\frac{1-(1+i)^{-n}}{i}$$

式中：当 $n\to\infty$时，$(1+i)^{-n}\to0$。

所以，永续年金现值的计算公式为：

$$P_A=A/i$$

【例 2-9】某热心人士要建立一项永久性帮困基金，计划每年拿出 50 000 元帮助失学儿童，假设年利率为 5%，那么现在要筹集多少资金？

解：P_A=50 000/5%=1 000 000（元）

（五）资金时间价值计算中特殊问题的处理

1. 年偿债基金与年资本回收额的计算

（1）年偿债基金的计算。

年偿债基金是为了在约定的未来某一时点清偿某笔债务或者积聚一定数额的资金而必须分次等额形成的存款准备金。年偿债基金的计算实际上是已知普通年金终值 F_A，求年金 A。其计算公式为：

$$A=F_A/(F/A,i,n)=F_A\times(A/F,i,n)$$

式中：（A/F，i，n）称为偿债基金系数。

【例 2-10】某企业拟在 5 年后还清 10 000 元债务，从现在起每年年末等额存入银行一笔款项。假设银行利率为 10%，则每年需存入多少元？

解：A=10 000/（F/A，10%，5）=10 000/6.1051=1637.97（元）

（2）年资本回收额的计算。

年资本回收额是指在约定年限内等额回收初始投入资本的金额。年资本回收额的计算实际上是已知普通年金现值 P_A，求年金 A。其计算公式为：

$$A=P_A/(P/A,i,n)=P_A\times(A/P,i,n)$$

式中：（A/P，i，n）称为年资本回收额系数。

【例 2-11】某企业借得 1000 万元的贷款，在 10 年内以年利率 12%等额偿还，则每年应付的金额为多少？

解：A=1000/（P/A，12%，10）=1000/5.6502=176.98（万元）

【注意】

系数之间的关系：

复利终值系数×复利现值系数=1

年金终值系数×偿债基金系数=1

年金现值系数×资本回收系数=1

2. 名义利率与实际利率的换算

实际上，复利的计息期不一定都是以年作为单位，有可能是季度、月份或日。当每年复利次数超过一次时，这样的年利率就叫作名义利率；而每年只复利一次的利率才是实际利率。两者之间的换算关系如下：

$$i=\left(1+\frac{r}{m}\right)-1$$

式中：i 为实际利率；r 为名义利率；m 为每年复利次数。

【例 2-12】某企业年初存入 10 万元，在年利率为 10%，半年复利一次的情况下，到第 10 年年末，该企业的实际利率是多少？

解：$i=\left(1+\frac{10\%}{2}\right)-1=10.25\%$

3. 利率、期限的计算

（1）利率的计算。

利率的计算采用插值法，即若已知现值（或者终值）系数以及期数，则可倒查"现值（或者终值）系数表"，找出与已知现值（或者终值）系数最接近的两个系数及其对应的利率，按比例关系式便可计算出准确的利率。

【例 2-13】赵先生下岗获得 50 000 元现金补助，他决定趁现在还有劳动能力，先找工作养家糊口，将款项存起来。郑先生预计，如果 20 年后这笔款项连本带利达到 250 000 元，那就可以解决自己的养老问题。问银行存款的年利率为多少，郑先生的预计才能变成现实？

解：50 000×（F/P，i，20）=250 000

（F/P，i，20）=5

查表复利终值系数表：

当 i=8%时，（F/P，8%，20）=4.6610

当 i=？时，（F/P，i，20）=5

当 i=9%时，（F/P，9%，20）=5.6044

因此，i 在 8%和 9%之间。运用插值法有：

$$\frac{i-9\%}{8\%-9\%}=\frac{5-5.6044}{4.6610-5.6044}$$

解之得：i=8.36%

如果银行存款的年利率为 8.36%，则郑先生的预计可以变成现实。

（2）期限的计算。

期限的计算方法与利率的计算方法相同，也采用插值法。

第二节 风险价值

一、资产的收益

（一）资产收益的含义与计算

资产的收益是指资产的价值在一定时期的增值。一般情况下，有两种表述方式：

1. 资产的收益额

通常以资产价值在一定期限内的增值量来表示，该增值量来源于两部分：

（1）期限内资产的现金净收入（利息、红利或股息收入）；

（2）期末资产的价值（或市场价格）相对于期初价值（价格）的升值，即资本利得。

2. 资产的收益率或报酬率

它是资产增值量与期初资产价值（价格）的比值，该收益率也包括两部分：

（1）利息（股息）的收益率=利息（股息）收益/期初资产价值（价格）；

（2）资本利得的收益率=资本利得/期初资产价值（价格）。

【注意】

① 以金额表示的收益不利于不同规模资产之间收益的比较，通常情况下，我们都是用收益率的方式来表示资产的收益；

② 如果不做特殊说明的话，资产的收益指的是资产的年收益。

【例 2-14】某股票一年前的价格为 10 元，一年中的税后股息为 0.25 元，现在的市价为 12 元，那么，在不考虑交易费用的情况下，一年内该股票的收益率是多少？

解：一年中资产的收益为 0.25+（12-10）=2.25（元）

其中，股息收益为 0.25 元，资本利得为 2 元。

股票的收益率=（0.25+12-10）÷10=2.5%+20%=22.5%

其中股息收益率为 2.5%，资本利得收益率为 20%。

（二）资产收益的类型

资产收益的类型详见表 2-1。

表 2-1　资产收益类型

实际收益率	① 表示已经实现或者确定可以实现的资产收益率； ② 当存在通货膨胀时，还应当扣除通货膨胀率的影响，才是真实的收益率
预期收益率	① 预期收益率也称为期望收益率，是指在不确定的条件下，预测的某资产未来可能实现的收益率； ② 预期收益率通常采用加权平均法计算： 预期收益率 $E(R)=\sum P_i \times R_i$ 其中：P_i 表示情况 i 可能出现的概率；R_i 表示情况 i 出现时的收益率
必要收益率	① 必要收益率也称最低必要报酬率或最低要求的收益率，表示投资者对某资产合理要求的最低收益率； ② 必要收益率=无风险收益率+风险收益率 其中：无风险收益率是由纯利率（资金时间价值）和通货膨胀补偿率两部分组成，现实生活中常用短期国债利率近似替代； 风险收益率是某资产持有者因承担该项资产的风险而要求的超过无风险收益率的额外收益，其大小受风险程度和投资者对风险偏好的影响。 必要收益率=纯粹利率+通货膨胀补偿率+风险收益率

【例 2-15】某企业投资某种股票，预计未来的收益与金融危机的未来演变情况有关。如果演变趋势呈现“V”字形态，收益率为 60%；如果呈现“U”字形态，收益率为 20%；如果呈现“L”字形态，收益率为-30%。假设金融危机呈现三种形态的概率预计分别为 30%、40%、30%。要求计算预期收益率。

解：预期收益率=30%×60%+40%×20%+30%×（-30%）=17%

二、资产的风险及其衡量

（一）风险的概念

风险是指收益的不确定性。虽然风险的存在可能意味着收益的增加，但人们考虑更多的是损失发生的可能性。

从财务管理的角度看，风险就是企业在各项财务活动过程中，由于各种难以预料或无法控制的因素作用，使企业的实际收益与预计收益发生背离，从而蒙受经济损失的可能性。

（二）风险的类型

企业面临的风险主要有两种：市场风险和企业特有风险。

1. 市场风险

市场风险是指影响所有企业的风险，它由企业的外部因素引起，企业无法控制、无法分散，故又称系统性风险或不可分散风险，如战争、自然灾害、利率的变化、经济周期的变化等。

2. 企业特有风险

企业特有风险是指个别企业的特有事件所造成的风险，又称非系统性风险和可分散风险。

它是随机发生的，只与个别企业和个别投资项目有关，如产品开发失败、销售份额减少、工人罢工等。公司特有风险根据风险形成的原因不同，又可分为经营风险和财务风险。

（1）经营风险是指由于企业生产经营条件的变化给企业收益带来的不确定性，又称商业风险。生产经营条件的变化既可能来自于企业内部，也可能来自企业外部。如顾客购买力发生变化、竞争对手增加、政策变化、产品生产方向不对路、生产组织不合理等，这些内外因素的变化，使企业的生产经营产生不确定性，最终引起收益变化。

（2）财务风险是指由于企业举债而给财务成果带来的不确定性，又称筹资风险。企业举债经营，虽可以解决资金短缺的困难，但也会对自有资金的获利能力产生影响；同时，借入资金还需还本付息，一旦无力偿付到期债务，企业便会陷入财务困境甚至破产。当企业息税前资金利润率高于借入资金利息率时，使用借入资金获得的利润除了补偿利息外还有剩余，因而可使自有资金利润率提高；反之，则会降低自有资金利润率。因此，必须要确定合理的资本结构，既要提高自有资金的盈利能力，又要防止财务风险加大。

（三）风险的衡量

资产的风险是资产收益率的不确定性，其大小可用资产收益率的离散程度来衡量。离散程度是指资产收益率的各种可能结果与预期收益率的偏差。衡量风险的指标主要有收益率的方差、标准差和标准离差率等。

1. 概率分布

在现实生活中，某一事件在完全相同条件下既可能发生也可能不发生，既可能出现这种结果也可能出现那种结果，我们称这类事件为随机事件。随机事件发生可能性的大小常用概率进行衡量。若用 X 表示随机事件，X_i 表示随机事件的第 i 种结果，P_i 表示第 i 种结果发生的概率。则 X_i 出现，$P_i=1$；X_i 不出现，$P_i=0$，同时，所有可能结果出现的概率之和必定为 1。因此，概率必须符合下列要求：

（1）$0 \leqslant P_i \leqslant 1$；

（2）$\sum_{i=1}^{n} P_i = 1$。

2. 期望值

期望值是随机事件的各种可能结果，以其相应的概率为权数计算的加权平均数。它反映了随机事件取值的平均化，但不能直接用来衡量风险。其计算公式为：

$$\overline{E} = \sum_{i=1}^{n} X_i P_i$$

式中：$\overline{E}$ 表示期望值，其他同前。

【例 2-16】某企业准备投资开发新产品，现有甲、乙两个方案可供选择，经预测，甲乙两个方案的收益率及其概率分布如表 2-2 所示。

表 2-2　甲乙两方案收益的概率分布表

市场状况	概　率（P_i）	收益率（X_i）	
		甲方案	乙方案
繁　荣	0.4	32%	40%
一　般	0.4	17%	15%
衰　退	0.2	−3%	−15%

根据上式，甲、乙方案的期望收益率分别为：

甲方案期望收益率=32%×0.4+17%×0.4+（−3%）×0.2=19%

乙方案期望收益率=40%×0.4+15%×0.4+（−15%）×0.2=19%

3. 离散程度

离散程度是用以衡量风险大小的统计指标。一般来说，离散程度越大，随机事件的可能结果偏离其平均状况的程度就越大，随机事件面临的风险就越高，反之亦然。统计学中反映随机事件离散程度的指标包括方差、标准差、标准离差率、全距等，这里主要介绍标准差、和标准离差率，因为这两个指标在衡量投资风险程度上使用频率较高。

（1）标准差。

标准差也叫均方差，是方差的平方根，其计算公式为：

$$\sigma = \sqrt{\sum_{i=1}^{n}(\bar{E} - X_i)^2 P_i}$$

式中：σ 表示标准差，其他同前。

根据上式，甲、乙方案的标准差分别为：

甲方案标准差=$\sqrt{(32\%-19\%)\times 0.4+(17\%-19\%)^2\times 0.4+(-3\%-19\%)^2\times 0.2}$ =12.88%

乙方案标准差=$\sqrt{(40\%-19\%)^2\times 0.4+(15\%-19\%)^2\times 0.4+(-15\%-19\%)^2\times 0.2}$ =20.35%

标准差越小，表明离散程度越小，风险也就越小。但标准差是反映随机变量离散程度的绝对指标，只能适用于期望值相同时方案间风险的比较；若期望值不同，只能借助于标准离差率。例 2-16 中，甲、乙方案的期望值相同，甲方案的标准差小于乙方案的，由此可断定甲方案的风险小于乙方案。

（2）标准离差率。

标准离差率是标准差与期望值的比值，该指标越大，说明投资者为获得随机事件一单位平均状况所承担的风险就越大。由于标准离差率是一个相对数指标，所以可用于期望值不同方案之间的比较。其计算公式为：

$$V = \frac{\sigma}{E}$$

式中：V 表示标准离差率，其他同前。

三、证券资产组合的风险与收益

两个或两个以上的资产所构成的集合，称为资产组合。如果资产组合中的资产均为有价证券，则该资产组合也称证券资产组合或证券组合。证券资产组合的风险与收益与单个资产的有所不同。尽管方差、标准离差、标准离差率是衡量风险的有效工具，但当某项资产或证券成为投资组合的一部分时，这些指标就可能不再是衡量风险的有效工具。下面首先讨论证券资产组合的预期收益率的计算，然后再进一步讨论组合的风险及衡量。

（一）证券资产组合的预期收益率

证券资产组合的预期收益率就是组成证券资产组合的各种资产收益率的加权平均数，其权数为各种资产在组合中的价值比例。即：

$$E(R_p)=\sum_{i=1}^{n}W_i\times E(R)$$

式中：$E(R_p)$表示证券资产组合的预期收益率；$E(R_i)$表示组合内第 i 项资产的预期收益率；W_i表示第 i 项资产在整个组合中所占的价值比例。

【例 2-17】某投资公司的一项投资组合中包含 A、B、C 三种股票，权重分别为 30%、40% 和 30%，三种股票的预期收益率分别为 15%、12%、10%。要求计算该投资组合的预期收益率。

解：组合的预期收益率 $E(R_p)$=30%×15%+40%×12%+30%×10%=12.3%

（二）证券资产组合的风险及其衡量

1. 证券资产组合的风险衡量

资产组合的风险也可用标准差进行衡量，但它并不是单项资产标准差的简单加权平均。组合风险不仅取决于组合内的各资产的风险，还取决于各个资产之间的关系。就两项资产组合来讲，其收益率的标准差满足以下关系式：

$$\sigma_p=\sqrt{w_1^2\sigma_1^1+w_2^2\sigma_2^1+2w_1w_2\rho_{1,2}\sigma_1\sigma_2}$$

式中：σ_p表示证券资产组合的标准差，衡量组合的风险；σ_1和σ_2分别表示组合中两项资产的标准差；w_1和w_2分别表示组合中两项资产所占的价值比例；$\rho_{1,2}$反映两项资产收益率的相关程度，即两项资产收益率之间的相对运动状态，称为相关系数或协方差，相关系数总是在-1 到+1 之间的范围内变动，-1 代表完全负相关，+1 代表完全正相关。相关系数与组合风险的关系见表 2-3。

一般来讲，随着证券资产组合中资产个数的增加，单项资产的标准差对组合总体的标准差形成的影响程度越来越小；而各种资产之间的相关系数形成的影响程度则越来越大。当组合中包含资产的数目趋向于无穷大时，单项资产的标准差对组合总体的标准差形成的影响程度趋向于零。这就意味着，通过多项资产的组合，可以使隐含在单项资产中的风险得以分散（即非系统性风险），从而降低资产组合的总体风险。

表 2-3　相关系数与组合风险的关系

相关系数	风险衡量	分散效果
$\rho_{1,2}=1$（表示两项资产收益率的变化方向和变化幅度完全相同）	$\sigma_p = w_1\sigma_1 + w_2\sigma_2$（组合风险最大）	这样的组合不能降低任何风险
$\rho_{1,2}=-1$（表示两项资产收益率的变化方向和变化幅度完全相反）	$\sigma_p = \left\|w_1\sigma_1 - w_2\sigma_2\right\|$（组合风险最小）	这样的组合能够最大限度地降低风险
在实际工作中，相关系数小于 1 且大于 −1（多数情况下大于 0）	$0<\sigma_p<w_1\sigma_1 - w_2\sigma_2$	可以分散风险，但不能完全分散风险

2. 系统性风险的衡量

系统性风险虽不能通过资产组合将其分散，但可以通过系统风险系数加以衡量。

（1）单项资产的系统风险系数。

单项资产的 β 系数是指可以反映单项资产收益率与市场平均收益率之间变动关系的一个量化指标，它表示单项资产收益率的变动受市场平均收益率变动的影响程度（见表 2-4），其计算公式如下：

$$\beta_i = \frac{\mathrm{COV}(R_i, R_m)}{\sigma_m^2} = \frac{\rho_{i,m}\sigma_i\sigma_m}{\sigma_m^2} = \rho_{i,m}\frac{\sigma_i}{\sigma_m}$$

式中：$\rho_{i,m}$ 表示第 i 项资产的收益率与市场组合收益率的相关系数；σ_i 是该项资产收益率的标准差，反映该项资产的风险大小；σ_m 是市场组合收益率的标准差，反映市场组合的风险；$\rho_{i,m}\sigma_i\sigma_m$ 表示该资产收益率与市场组合收益率的协方差。

【注意】市场组合，是指由市场上所有资产组成的组合。由于市场组合中包含了所有资产，因此，市场组合中的非系统性风险已经被分散，所以，市场组合的风险只剩系统性风险。

表 2-4　单项资产的 β 系数

β 系数等于 1	该资产的收益率与市场平均收益率呈同方向、同比例的变化，该资产所含的系统风险与市场组合的风险一致
β 系数小于 1	该资产收益率的变动幅度小于市场组合收益率的变动幅度，因此其所含的系统风险小于市场组合的风险
β 系数大于 1	该资产收益率的变动幅度大于市场组合收益率的变动幅度，因此其所含的系统风险大于市场组合风险

注意：

① 大多数资产的 β 系数是大于零的，也就是说，它们收益率的变化方向与市场平均收益率的变化方向是一致的，只是变化幅度不同而导致 β 系数的不同；

② 极个别的资产的 β 系数是负数，表明该类资产与市场平均收益的变化方向相反，当市场平均收益增加时，该类资产的收益却在减少

（2）证券资产组合的系统风险系数。

对于证券资产组合来说，其所含的系统风险的大小也可以用组合的 β 系数来衡量。证券

资产组合的 β 系数是所有单项资产 β 系数的加权平均数，权数为各种资产在证券资产组合中所占的价值比例。其计算公式为：

$$\beta_p=\sum_{i=1}^{n}W_i\beta_i$$

式中：β_p 是证券资产组合的系统性风险系数；W_i 是第 i 项资产在组合中所占的价值比重；β_i 表示第 i 项资产的 β 系数。

由于组合中单项资产的 β 系数不尽相同，因此可通过替换资产组合中的资产或改变不同资产在组合中的价值比例，改变组合的风险特性。

【例 2-18】某证券资产组合中有三只股票，相关的信息如表 2-5 所示，要求计算证券资产组合的 β 系数。

表 2-5　某证券资产组合的相关信息

股票	β 系数	股票的每股市价（元）	股票的数量
A	0.7	4	200
B	1.1	2	100
C	1.7	10	100

解：首先计算 A、B、C 三种股票所占的价值比例：

A 股票比例：（4×200）/（4×200+2×100+10×100）=40%

B 股票比例：（2×100）/（4×200+2×100+10×100）=10%

C 股票比例：（10×100）/（4×200+2×100+10×100）=50%

然后计算加权平均 β 系数，即为证券资产组合的 β 系数：

β_p=40%×0.7+10%×1.1+50%×1.7=1.24

四、资本资产定价模型（CAPM）

（一）资本资产定价模型的基本原理

根据风险与收益的一般关系，某资产的必要收益率是由无风险收益率和资产的风险收益率决定的，这便是资本资产定价模型。必要收益率的计算公式为：

必要收益率=无风险收益率+风险收益率

即　$R=R_f+\beta\times(R_m-R_f)$

式中：R 表示某资产的必要收益率；R_f 表示无风险收益率，通常以短期国债的利率来近似替代；β 表示该资产的系统风险系数；R_m 表示市场组合收益率，通常用股票价格指数收益率的平均值或所有股票的平均收益率来代替，R_m-R_f 表示市场风险溢酬，若市场整体对风险越是厌恶和回避，要求的补偿就越高，因此，市场风险溢酬的数值就越大。$\beta\times(R_m-R_f)$ 表示风险收益率。

（二）证券市场线（SML）

如果把资本资产定价模型公式中的 β 看作自变量（横坐标），必要收益率 R 作为因变量（纵坐标)，无风险利率（R_f）和市场风险溢酬（R_m-R_f）作为已知系数，那么这个关系式在数学上就是一个直线方程，叫作证券市场线，简称 SML，即以下关系式所代表的直线：

$$R=R_f+\beta\times(R_m-R_f)$$

【注意】证券市场线对任何公司、任何资产都是适合的。只要将该公司或资产的 β 系数代入到上述直线方程中，就能得到该公司或资产的必要收益率。

在均衡状态下，每项资产的预期收益率都应等于其必要收益率。假设市场均衡（或资本资产定价模型成立)，则有：

$$预期收益率=必要收益率=R_f+\beta\times(R_m-R_f)$$

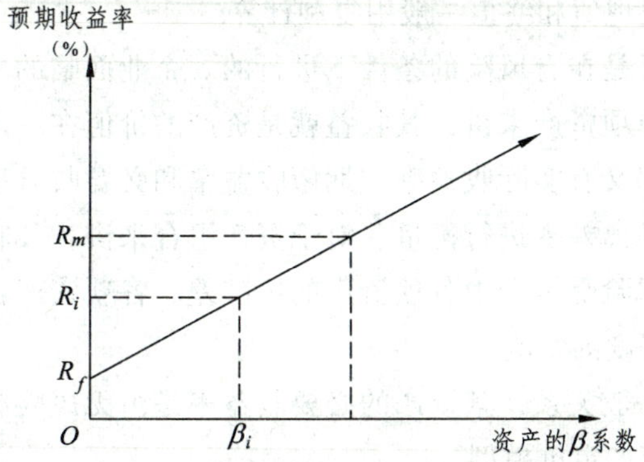

图 2-1　证券市场线

（三）证券资产组合的必要收益率

证券资产组合的必要收益率也可以通过证券市场线来描述：

$$证券资产组合的必要收益率=R_f+\beta\times(R_m-R_f)$$

此公式与前面的资产资本定价模型公式非常相似，它们的右侧唯一不同的是 β 系数的主体，前面的 β 系数是单项资产或个别公司的 β 系数；而这里的 β 则是证券资产组合的 β 系数。

（四）资本资产定价模型的作用与局限性

资本资产定价模型和证券市场线最大的贡献在于其提供了对风险和收益之间的一种实质性的表述，CAPM 和 SML 首次将“高收益伴随着高风险”这样一种直观认识，用简单的关系式表达出来。到目前为止，CAPM 和 SML 是对现实中风险与收益关系最为贴切的表述，因此长期以来，它们被作为处理风险问题的主要工具。

尽管 CAPM 已经得到了广泛的认可，但在实际应用中，仍存在着一些明显的局限，主要表现在：① 某些企业与资产的 β 值难以估计，特别是对一些缺乏历史数据的新兴行业；② 由于经济环境的不确定性和不断变化，使依据历史数据估算出来的 β 值对未来的指导作用必然要打折扣；③ CAPM 是建立在一系列严格的假设之上的，有些假设与现实情况偏差较大，使 CAPM 的有效性受到质疑。这些假设包括市场是均衡的、市场不存在摩擦、市场参与者都是理性的、不存在交易费用、税收不影响资产的选择和交易等。

由于以上局限，CAPM 只能大体描绘出证券市场运行的基本情况，而不能完全确切地揭示证券市场的一切。因此，在运用这一模型时，应该更注重它所揭示的规律。

本章小结

本章主要介绍了资金时间价值和风险价值的有关内容。资金时间价值是资金在不同时点上价值量的计量，资金时间价值一般用利率来表示。计算资金的时间价值涉及终值和现值两个概念，它们是同一资金在不同时点上的价值表现。现值也称本金，一般是指现在的价值；终值一般是指将来的价值；根据收付款情况的不同，分为一次性收付款的终值和现值以及系列性收付款的终值和现值。作为系列性收付款特例的年金又有普通年金、预付年金、递延年金和永续年金四种形式。现值和终值一般用复利计算。

企业的财务活动经常是在有风险的条件下进行的。企业面临的主要风险有市场风险和企业特有风险两种。对于单项资产来讲，其收益就是资产的价值在一定时期的增值，通常可用收益率来表示，而收益率又有实际收益率、期望收益率和必要收益率之分；其风险可用收益率的方差、标准差和标准离差率进行衡量。对于资产组合来讲，其收益是组合中各项资产收益率的加权平均数，其风险受组合中各项资产的标准差、各项资产在组合中所占的比重以及各项资产收益率的相关程度的影响。

根据风险与收益的一般关系，某资产的必要收益率是由无风险收益率和资产的风险收益率决定的，这便是资本资产定价模型。

思考与讨论

1. 如何理解资金时间价值？其与利率的关系是什么？
2. 如何计算复利的终值、现值？
3. 什么是年金？年金的种类有哪些？如何计算其终值、现值？
4. 什么是资产的收益？其类型有哪些？如何进行计算？
5. 试比较系统性风险与非系统性风险。
6. 衡量风险的指标有哪些？如何计算及应用？
7. 组合的风险及收益如何计算？
8. 资本资产定价模型给我们哪些启示？

练习与自测

1. 某公司拟购置一处房产，房主提出两种付款方案：

（1）从现在起，每年年初支付 20 万元，连续支付 10 次，共 200 万元；

（2）从第 5 年开始，每年年初支付 25 万元，连续支付 10 次，共 250 万元。

假设该公司的资金成本率（即最低报酬率）为 10%，你认为该公司应选择哪个方案。

2. 某企业向保险公司借款一笔，预计 10 年后还本付息总额为 200 000 元，为归还这笔借款，拟在各年年末提取相等数额的基金，假定银行的借款利率为 12%，请计算年偿债基金额。

3. 某企业拟购买设备一台以更新旧设备，新设备价格较旧设备价格高出 12 000 元，但每年可节约动力费用 4000 元，若利率为 10%。请计算新设备至少应使用多少年对企业而言才有利？

4. 某人六年后准备一次性付款180万元购买一套住房，他现在已经积累了70万元，若银行存款利率为10%，为了顺利实现购房计划，他每年还应积累多少钱？

5. 甲公司2008年年初对A设备投资1 000 000元，该项目2010年年初完工投产，2010年、2011年、2012年年末预期收益分别为200 000元、300 000元、500 000元，银行存款利率为12%。

要求：

（1）按单利计算，2010年年初投资额的终值；

（2）按复利计算，并按年计息，2010年年初投资额的终值；

（3）按复利计算，并按季计息，2010年年初投资额的终值；

（4）按单利计算，2010年年初各年预期收益的现值之和；

（5）按复利计算，并按年计息，2010年年初各年预期收益的现值之和；

（6）按复利计算，并按季计息，2010年年初各年预期收益的现值之和。

6. 假定A公司贷款100 000元，必须在未来3年每年底偿还相等的金额，而银行按贷款余额的5%收取利息。请你编制还本付息表（见表2-6）（保留小数点后2位）。

表2-6　还本付息表

年度	支付额	利息	本金偿还额	贷款余额
1				
2				
3				
合计				

7. 某企业准备投资开发一新产品，现有三个方案可供选择，根据市场预测列出表2-7。请计算三个方案的期望值、标准差和标准离差率，并进行风险的比较分析。

表2-7　市场预测表

市场状况	概率	预计年报酬率（%）		
		A产品	B产品	C产品
繁荣	0.3	30	40	50
一般	0.5	15	15	15
萧条	0.2	0	-15	-30

8. 有甲、乙两只股票，其预期收益状况如表2-8所示。

表2-8　预期收益状况表

经济情况	概率	A股票收益率	B股票收益率
繁荣	0.4	30%	50%
一般	0.5	20%	30%
萧条	0.1	-10%	-20%

已知甲、乙股票的 β 系数分别为 1.5 和 1.8，市场组合的收益率为 10%，无风险收益率为 4%。假设资本资产定价模型成立。

要求：

（1）分别计算甲、乙股票收益率的期望值、标准差和标准离差率，并比较其风险大小；

（2）假设投资者将全部资金按照 30%和 70%的比例分别投资购买甲、乙股票构成投资组合，请计算投资组合的 β 系数和风险收益率；

（3）计算投资组合的必要收益率。

9. 某公司拟进行股票投资，计划购买 A、B、C 三种股票，并分别设计了甲、乙两种投资组合：

已知三种股票的 β 系数分别为 1.5、1.0 和 0.5，它们在甲种投资组合下的投资比重为 50%、30%和 20%；乙种投资组合的风险收益率为 3.6%。同期市场上所有股票的平均收益率为 10%，无风险收益率为 6%。假设资本资产定价模型成立。

要求：

（1）根据 A、B、C 股票的 β 系数，分别评价这三种股票相对于市场投资组合而言的投资风险大小；

（2）计算 A 股票的必要收益率；

（3）计算甲种投资组合的 β 系数和风险收益率；

（4）计算乙种投资组合的 β 系数和必要收益率；

（5）比较甲、乙两种投资组合的 β 系数，评价它们的投资风险大小。

案例分析

案例一：小王夫妇俩 2016 年年末已有积蓄 20 万元，以后每月的工资收入估计 8000 元，除去日常开支每月 3000 元，每月还可积蓄 5000 元。现在他们准备购置房产，总房价为 45 万元，他们想首付一部分，其余进行银行按揭。已知按揭的月利率为 0.5%，按揭从 2017 年 1 月开始。小王夫妇俩正在商量购房付款的事宜。他们俩现在有四个问题，希望你能帮助他们解决：

问题 1：小王夫妇俩考虑在现有积蓄 20 万元中留下 5 万元准备装修之用，购房时首付 15 万元，按揭年限想短一点，初步确定为 10 年，采用按月等额还款方式贷款 30 万元，请你为他们计算每月应付的按揭额是多少？

问题 2：小王夫妇俩决定购房时首付 15 万元，按揭年限确定为 15 年，采用按月等额还款方式贷款 30 万元，请你为他们计算每月应付的按揭额是多少？

问题 3：在 15 年按揭的前提下，由于银行利率下调，银行规定从 2019 年 1 月起，按揭的月利率由原来的 0.5%降低到 0.45%，这样一来，小王夫妇俩每月的按揭额比原来会少付，你能帮他们计算出每月少付多少元吗？

问题 4：小王夫妇俩考虑，2017 年和 2018 年他俩的收入可能会超过预期水平，他们想在 2019 年 1 月将剩余的 13 年房款一次付清，请你按下调后的利率计算，他们在 2019 年 1 月将一次支付多少价款，才能还清贷款？

资料来源：叶青. 财务管理[M]. 成都：西南交通大学出版社，2014.

案例二：2016 年 4 月，TT 公司从工商银行获得贷款 1000 万元。与建设银行签订的贷款协议规定，贷款年利率为 10%，贷款期限为 10 年；但银行提出贷款方可以自行选定偿还贷款的方式。为此，该公司正在考虑用哪种方式偿还这笔贷款才对公司最有利，以便与银行正式签订合同。银行提出的可供选择的方式有如下五种：

（1）每年只付利息，到期偿还本金；

（2）全部本息到期一次付清；

（3）债务期间每年均匀偿还本息；

（4）债务期间，除每年偿还利息外，按 10%偿还本金，剩余债务到期一次付清；

（5）债期过半年后，再均匀偿还本息。

如果你是公司经理，将选用哪种方式偿还这笔贷款？

资料来源：滦庆伟，迟国泰. 财务管理[M]. 大连：大连理工大学出版社，1998.

案例三：已知：现行国库券的利率为 5%，证券市场组合平均收益率为 15%，市场上 A、B、C、D 四种股票的 β 系数分别为 0.91、1.17、1.8 和 0.52，B、C、D 股票的必要收益率分别为 16.7%、23%和 10.2%。

要求：（1）采用资本资产定价模型计算 A 股票的必要收益率。

（2）若 B 股票当前每股市价为 15 元，最近一期发放的每股股利为 2.2 元，预计年股利增长率为 4%。试计算 B 股票价值，为拟投资该股票的投资者做出是否投资的决策，并说明理由。

（3）若投资者购买 A、B、C 三种股票的比例为 1∶3∶6，试计算 A、B、C 投资组合的 β 系数和必要收益率。

（4）若资本资产定价模型成立，按 3∶5∶2 的比例购买 A、B、D 三种股票，所形成投资组合的 β 系数为 0.96，该组合的必要收益率为 14.6%；如果不考虑风险大小，请在 A、B、C 和 A、B、D 两种投资组合中做出投资决策，并说明理由。

第三章　筹资管理（上）

【学习目标】

1. 了解筹资的动机、分类和原则，掌握筹资的方式、渠道及其对应关系；
2. 掌握资金需求量的预测方法；
3. 熟悉权益筹资、负债筹资和混合筹资的常见方式，以及每种常见方式的优缺点。

【开篇案例】

MN公司2016年销售收入为1亿元，2016年12月31日的资产负债表（简表）如表3-1所示。

表3-1　资产负债表（简表）　　单位：万元

资产	期末余额	负债及所有者权益	期末余额
库存现金	1000	应收账款	1500
应收账款	4000	应付票据	2500
存货	7000	长期借款	9000
固定资产	6000	普通股股本（每股面值2元）	1000
无形资产	2000	资本公积	5500
		留存收益	500
资产总计	20 000	负债及所有者权益合计	2000

该公司2017年计划销售收入比上年增长10%，为实现这一目标，公司需要新增设备一台。购买这台设备需要80万元。据历年财务数据分析，公司流动资产与流动负债随销售额同比例增减。公司刚刚发放的股利为每股1.2元，2016年销售净利率10%，若2017年销售净利率、留存收益率与2016年保持一致。

要求：（1）预测2017年需要增加的资金量；

（2）预测2017年需要向外筹集的资金量。

第一节　筹资管理概述

一、筹资的动机

企业筹资，是指企业为了满足其经营活动、投资活动、资本结构调整等需要，运用一定的筹资方式，筹措和获取所需资金的一种行为。企业在持续的生存与发展过程中，其具体的筹资活动通常受特定的筹资动机所驱使。在实际的企业筹资中，这些具体的筹资动机有时是单一的，有时是混合的，归纳起来主要有以下几种类型：

（1）创立性筹资动机：企业设立时，为取得资本金并形成开展经营活动的基本条件而产生的筹资动机。

（2）支付性筹资动机：为了满足经营业务活动的正常波动所形成的支付需要而产生的筹资动机。

（3）扩张性筹资动机：企业因扩大经营规模或对外投资需要而产生的筹资动机。

（4）调整性筹资动机：企业因调整资本结构而产生的筹资动机。

二、筹资的分类

（一）按企业所取得资金的性质不同，可分为权益筹资和负债筹资

权益筹资形成权益资本，是企业依法长期拥有、能够自主调配运用的资本。权益资本在企业持续经营期间内，投资者不得抽回，因而又称之为企业的自有资本。权益资本是企业从事生产经营活动和偿还债务的本钱，是代表企业基本资信状况的一个重要指标。企业的权益资本通过吸收直接投资、发行股票、内部积累等方式取得。由于权益资本一般不用还本，形成了企业的永久性资本，因而财务风险低，但承担的资本成本相对较高。

负债筹资，是企业通过借款、发行债券、融资租赁以及赊销商品或服务等方式取得的，需在规定期限内清偿的债务。由于债务筹资到期要归还本金和支付利息，对企业的经营状况不承担责任，因而具有较大的财务风险，但付出的资本成本相对较低。从经济意义上来说，负债筹资也是债权人对企业的一种投资，也要依法享有企业使用债务所取得的经济利益，因而被称为债权人权益。

（二）按其是否以金融机构为媒介，可分为直接筹资和间接筹资

直接筹资，是企业直接与资金供应者协商融通资本的一种筹资活动。直接筹资方式主要有吸收直接投资、发行股票、发行债券等。通过直接筹资既可以筹集股权资金，也可以筹集债务资金。按法律规定，公司股票、公司债券等有价证券的发行需要通过证券公司等中介机构进行，但证券公司所起到的只是承销的作用，资金拥有者并未向证券公司让渡资金使用权，因此发行股票、债券属于直接向社会筹资。

间接筹资，是企业借助银行等金融机构融通资本的筹资活动。在间接筹资方式下，银行等金融机构发挥了预先集聚资金的中介作用。资金拥有者首先向银行等金融机构让渡资金使用权，然后再由银行等金融机构将资金提供给企业。间接筹资的基本方式除了向银行借款外，还有融资租赁等，其形成的主要是债务资金，用于满足企业资金周转的需要。

（三）按资金的来源范围不同，可分为内部筹资和外部筹资

内部筹资是指企业通过利润留存而形成的筹资来源。内部筹资数额的大小主要取决于企业可分配利润的多少和利润分配政策（股利政策），一般无需花费筹资费用，从而大大降低了

资本成本。

外部筹资是指企业向外部筹措资金而形成的筹资来源。处于初创期的企业，内部筹资的可能性是有限的；处于成长期的企业，内部筹资往往也难以满足需要。这就需要企业广泛地开展外部筹资，如发行股票、债券，取得商业信用、向银行借款等。企业向外部筹资大多需要花费一定的筹资费用，因而会提高筹资成本。

从资本成本角度考虑，企业筹资时首先会考虑利用内部筹资，然后再考虑外部筹资，这便是著名的啄序融资理论。

（四）按所筹集资金的使用期限不同，可分为长期筹资和短期筹资

长期筹资，是指企业筹集使用期限在 1 年以上的资金筹集活动。长期筹资通常采取吸收直接投资、发行股票、发行债券、取得长期借款、融资租赁等方式，所形成的长期资金主要用于购建固定资产、形成无形资产、进行对外长期投资、垫支流动资金、产品和技术研发等。从资金性质来看，长期资金可以是股权资金，也可以是债务资金。

短期筹资，是指企业筹集使用期限在 1 年以内的资金筹集活动。短期筹资经常利用商业信用、短期借款、保理业务等方式，所形成的资金主要用于企业的流动资产和日常资金周转。

三、筹资的渠道与方式

1. 筹资渠道

筹资渠道是指客观存在的筹措资金的来源方向与通道。它体现着资金的来源与流量，属于资金供应的范畴。正确认识筹资渠道的种类及各渠道的特点，有助于企业从客观环境的分析中，拓宽和选择利用筹资渠道，为企业筹资服务。从我国企业的实际情况来看，企业的筹资渠道通常有以下几种：

（1）国家财政资金。

国家对企业的直接投资是国有企业最主要的资金来源渠道，特别是国有独资企业，其资金全部由国家投资形成。现有国有企业的资金来源中，其资本大多是由国家财政以直接拨款方式形成的，除此以外，还有些是国家对企业“税前还贷”或减免各种税款而形成的。不管是何种形式形成的，从产权关系上看，它们都属于国家投入的资金，产权归国家所有。

（2）银行信贷资金。

银行对企业的各种贷款，是目前我国各类企业最重要的资金来源。我国银行分为商业性银行和政策性银行两种。商业银行是以盈利为目的、从事信贷资金投放的金融机构，它主要为企业提供各种商业贷款；政策性银行则是为特定企业提供政策性贷款。

（3）非银行金融机构资金。

非银行金融机构主要指信托投资公司、保险公司、租赁公司、证券公司及企业集团所属的财务公司等。它们所提供的各种金融服务，既包括信贷资金投放，也包括物资的融通，还包括为企业承销证券等金融服务。

（4）其他企业资金。

企业在生产经营过程中，往往形成部分暂时闲置的资金，并为一定的目的而进行相互投资。另外，企业间的购销业务也可通过商业信用方式来完成，从而形成企业间的债权债务关系，形成债务人对债权人的短期信用资金占用。企业间的相互投资和商业信用的存在，使其他企业资金也成为企业资金的重要来源。

（5）居民个人资金。

企业职工和居民个人的结余货币，作为“游离”于银行及非银行金融机构之外的个人资金，也可用于对企业进行投资，形成民间资金来源渠道，从而为企业所用。

（6）企业自留资金。

企业自留资金是指企业内部形成的资金，也称企业内部资金，主要包括提取公积金和未分配利润等。这些资金的重要特征之一是，它们无须企业通过一定的方式去筹集，而直接由企业内部自动生成或转移。

2. 筹资方式

如果说筹资渠道属于客观存在，那么筹集资金的方式属于企业主观能动行为。筹资方式是指可供企业在筹措资金时选用的具体筹资形式，目前我国企业常用的筹资方式主要有以下几种：

（1）吸收直接投资。

（2）发行股票。

（3）利用留存收益。

（4）银行借款。

（5）发行公司债券。

（6）融资租赁。

（7）利用商业信用。

其中，利用（1）~（3）方式筹措的资金为权益资金；利用（4）~（7）方式筹措的资金为负债资金。

3. 筹资渠道与筹资方式的对应关系（见表3-2）

筹资渠道解决的是资金来源问题，筹资方式则解决通过何种方式取得资金的问题，它们之间存在一定的对应关系。一定的筹资方式可能只适用于某一特定的筹资渠道，但是同一渠道的资金往往可采用不同的方式取得。因此，企业在筹资时，应实现两者的合理配合。

表3-2　筹资渠道与筹资方式对应关系

	吸收直接投资	发行股票	利用留存收益	银行借款	发行公司债券	融资租赁	利用商业信用
国家财政资金	※	※					
银行信贷资金				※			

续表

	吸收直接投资	发行股票	利用留存收益	银行借款	发行公司债券	融资租赁	利用商业信用
非银行金融机构资金	※	※		※	※	※	
其他企业资金	※	※			※	※	※
居民个人资金	※	※			※		
企业自留资金			※				

四、筹资的原则

企业筹资是企业的基本财务活动，是企业扩大生产经营规模和调整资本结构必须采取的行动。为了经济有效地筹集资本，企业筹资时应遵循以下基本原则：

1. 合法性原则

企业的筹资活动，影响着社会资本及资源的流向和流量，涉及相关主体的经济权益。为此，必须遵守国家有关法律法规，依法履行约定的责任，维护有关各方的合法权益，避免非法筹资行为给企业本身及相关主体造成损失。

2. 效益性原则

企业筹资与投资在效益上应当相互权衡。企业投资是决定企业是否融资的重要因素。投资收益与资本成本相比较，决定着是否要追加筹资；而一旦采纳某项投资项目，其投资数量就决定了所需筹资的数量。因此，企业在筹资活动中，一方面，需要认真分析投资机会，追求投资效益，避免不顾投资效益的盲目筹资；另一方面，由于不同筹资方式的资本成本高低不尽相同，这就需要综合研究各种筹资方式，寻求最优的筹资组合，以降低筹资成本。

3. 合理性原则

企业筹资必须合理确定所需筹资的数量。企业筹资不论通过哪些筹资渠道，运用哪些筹资方式，都要预先确定筹资的数量。企业筹资固然应当广开财路，但必须要有合理的限度，使所需筹资的数量与投资所需数量达到平衡，避免因筹资数量不足而影响投资活动或因筹资数量过剩而影响筹资效益。

企业筹资还必须合理确定资本结构。合理地确定企业的资本结构，主要应考虑两方面的内容：一方面，合理确定股权资本与债权资本的结构，也就是合理确定企业债权资本的规模或比例问题，债权资本的规模应当与股权资本的规模和偿债能力的要求相适应。既要避免债权资本过多，导致财务风险过高，偿债负担过重；又要有效地利用债务经营，提高股权资本的收益水平。另一方面，合理确定长期资本与短期资本的结构，也就是合理确定企业全部资本的期限结构问题，这要与企业资产所需的期限相匹配。

4. 及时性原则

企业筹资必须根据企业资本的投放时间安排予以筹划，及时取得资本来源，使筹资与投资在时间上相协调。企业投资一般都有投放时间上的要求，尤其是证券投资，其投资的时间性要求非常重要，筹资必须与此相配合，避免筹资过早而造成投资前的资本闲置或筹资滞后而贻误投资的有利时机。

第二节 资金需求量预测

企业在筹资之前，应当采用一定的方法预测资金需求量，这是确保企业合理筹集资金的一个必要环节。资金需求量预测的方法主要有定性预测法和定量预测法。

一、定性预测法

所谓定性预测法，就是依靠熟悉业务知识、具有丰富经验和综合分析能力的人员或专家，根据已经掌握的历史资料和直观材料，运用人的知识、经验和分析判断能力，预测企业未来的财务状况和资金需要量的方法。定性预测法偏重于事物发展性质上的分析，主要是凭借知识、经验和人的分析能力。它是一种很实用的预测方法。常用的定性预测法有个别专家预测法、专家集体会议法、德尔菲法等。

1. 个别专家预测法

这种方法是聘请专家顾问或个别征求专家意见，然后把各方面的意见整理、归纳、分析、判断后做出预测结论的方法。这种方法的片面与局限问题仍然不可避免。

2. 专家集体会议法

这种方法是建立在个别专家预测法的基础上，通过会议进行集体的分析判断，将专家个人的见解综合起来，寻求较为一致结论的预测方法。这种方法参加的人数多，所拥有的信息量远远大于个人拥有的信息量，因而能凝集众多专家的智慧，避免个人判断法的不足，在一些重大问题的预测方面较为可行可信。但是，集体判断的参与人员也可能受到感情、个性、时间及利益等因素的影响，不能充分或真实地表明自己的判断。

3. 德尔菲法

这种方法是由美国兰德公司在 20 世纪 40 年代首创和使用的，最先用于科技预测，后来在市场预测中也广泛应用。德尔菲法实际上就是专家小组法或专家意见征询法。这种方法是按一定的程序，采用背对背的反复函询的方式，征询专家小组成员的意见，经过几轮的征询与反馈，使各种不同的意见渐趋一致，经汇总和用数理统计方法进行收敛，得出一个比较合理的预测结果供决策者参考。

定性预测法通常在数据不足或不能充分说明问题的情况下采用。定性预测法十分有效，但它不能揭示相关变量之间的数量关系。在进行财务预测时，可以先采用定量预测法进行预测，再用定性预测法予以修正。

二、定量预测法

定量预测法是指借助一定的数学方法对企业财务发展趋势、未来财务状况和财务成果做出数量分析的预测方法。常用的定量预测法有资金习性法、销售百分比法等。

（一）资金习性法

资金习性法是指根据资金习性预测未来资金需求量的方法。

所谓资金习性，是指资金的变动同产销量变动之间的依存关系。按照资金同产销量之间的依存关系，可以把资金区分为固定资金、变动资金和混合资金。

固定资金是指在一定的产销量范围内，不受产销量变动的影响而保持固定不变的那部分资金。这部分资金包括：为维持营业而占用的最低数额的现金，原材料的保险储备、必要的成品储备等占用的资金。

变动资金是指随产销量的变动而同比例变动的那部分资金。它一般包括直接构成产品实体的原材料、外购件等占用的资金。另外，在最低储备以外的现金、存货、应收账款等也具有变动资金的性质。

混合资金是指虽然受产销量变化的影响，但不成同比例变动的资金，如一些辅助材料上占用的资金。混合资金最终可采用一定的方法将其分解为固定资金和变动资金两部分。

设销售为自变量 x，资金需求量为因变量 y，它们之间的关系可用下式表示：

$$y=a+bx$$

式中：y 为资金需求量：x 为销售额或产销量；a 为固定资金需求量（即不随销售额增加而变化的资金需求量）；b 为变动资金率（每增加 1 元的销售额需要增加的资金）。

若能确定 a、b 值，则上述模型便可确定。a、b 值确定常用的方法如下：

1. 高低点法

高低点法是指根据企业一定期间资金占用的历史资料，按照资金习性原理和 $y=a+bx$ 直线方程式，选用最高收入期和最低收入期的资金占用量之差，同这两个收入期的销售额之差进行对比，便可求出 b 值，然后再代入原直线方程，求出 a 值，从而估计推测资金发展趋势。

b=（最高收入期资金占用量-最低收入期资金占用量）/（最高销售收入-最低销售收入）

a=最高收入期资金占用量-b×最高销售收入

或=最低收入期资金占用量-b×最低销售收入

2. 回归分析法

回归分析法是根据若干期业务量和资金占用的历史资料，运用最小平方法原理计算固定

资金 a 和单位销售额变动资金 b 的一种资金习性分析方法。

$$a=\frac{\sum y_i-b\sum x_i}{n}$$

$$b=\frac{n\sum(x_iy_i)-\sum x_i\sum y_i}{n\sum x_i^2-(\sum x_i)^2}$$

式中：y_i 为第 i 期的资金占用量；x_i 为第 i 期的产销量；n 为观察次数。

【例 3-1】ABC 公司 2011—2016 年六年的销售额及资金需求量如表 3-3 所示，该公司的生产较稳定，若 2017 年公司计划销售额为 500 万元，利用高低点法和回归分析法预测公司 2017 年资金需要量。

表 3-3　ABC 公司资料表　　单位：万元

年份	2011	2012	2013	2014	2015	2016
销售额（x）	380	460	400	480	520	560
资金需求量（y）	200	240	220	250	280	290

高低点法：最高点在 2009 年，最低点在 2004 年。

$290=a+b\times560$

$200=a+b\times380$

求解：$\begin{cases}a=10\\b=0.5\end{cases}$

即 $y=10+0.5x$

当 2017 年的销售额为 500 万元时，资金需求量为 260 万元。

回归分析法：利用上述公式可求出 $b=0.49$，$a=18$。

即 $y=18+0.49x$

当 2017 年的销售额为 500 万元时，资金需求量为 263 万元。

高低点法简单易懂，但采用两个极点计算，其代表性不强，适用于变动趋势稳定的企业；回归直线法利用了微分极值原理，计算结果虽更准确，但计算工作量很大。

（二）销售百分比法

1. 销售百分比法的基本原理

销售百分比法，是根据销售增长与资产增长之间的关系，预测未来资金需求量的方法。企业的销售规模扩大时，要相应增加流动资产；如果销售规模增加很多，还必须增加长期资产。为取得扩大销售所需增加的资产，企业需要筹措资金。这些资金，一部分来自留存收益，另一部分通过外部筹资取得。通常，销售增长率较高时，仅靠留存收益不能满足资金需要，即使获利良好的企业也需外部筹资。因此，企业需要预先知道自己的筹资需求，提前安排筹资计划，否则就可能发生资金短缺问题。

销售百分比法，将反映生产经营规模的销售因素与反映资金占用的资产因素连接起来，根据销售与资产之间的数量比例关系，预计企业的外部筹资需求量。销售百分比法首先假设某些资产与销售额存在稳定的百分比关系，根据销售与资产的比例关系预计资产额，根据资产额预计相应的负债和所有者权益，进而确定筹资需求量。

2. 销售百分比法的基本步骤

（1）确定随销售额变动而变动的资产和负债项目。

资产是资金使用的结果，随着销售额的变动，有些资产就会随之发生相应变动，如库存现金、应收账款、存货等，这类资产便是“敏感性资产”。同时，随着敏感性资产的增加，相应短期债务也会增加，如存货增加会导致应付账款增加，这类债务便是“敏感性负债”。

至于固定资产究竟是否会随销售额的变动而变动，要视企业生产能力而定。若企业在基期生产能力大量闲置，则在报告期资金需求量增加时，无需添置固定资产，此时固定资产便属于非敏感性资产，反之则属于敏感性资产。

（2）确定敏感性资产与敏感性负债有关项目与销售额的稳定比例关系。

如果企业资金周转的营运效率保持不变，敏感性资产与敏感性负债会随销售额的变动而呈正比例变动，保持稳定的百分比关系。企业应当根据历史资料和同业情况，剔除不合理的资金占用，寻找与销售额的稳定百分比关系。

（3）确定需要增加的筹资数量。

预计由于销售增长而需要的资金需求增长额，扣除敏感性负债、留存收益解决的资金后，便为所需要的外部筹资额。即有：

$$外部筹资数额=A/S_0\times\Delta S-B/S_0\times\Delta S-S_1\times P\times E$$

式中：A 为随销售而变化的敏感性资产；B 为随销售而变化的敏感性负债；S_0 为基期销售额；S_1 为预测期销售额；ΔS 为销售变动额；P 为销售净利率；E 为留存收益率；A/S_0 为敏感资产与销售额的关系百分比；B/S_0 为敏感负债与销售额的关系百分比。

【例 3-2】DH 公司 2016 年 12 月 31 日的简要资产负债表如表 3-4 所示。假定 DH 公司 2016 年销售额为 10 000 万元，销售净利率为 10%，留存收益率为 40%。2017 年销售额预计增长 20%，公司有足够的生产能力，无需追加固定资产投资。

首先，确定有关项目及其与销售额的关系百分比。在表 3-4 中，N 为不变动，是指该项目不随销售的变化而变化。

表 3-4　DH 公司资产负债表（2016 年 12 月 31 日）　　单位：万元

资　产	金　额	与销售关系（%）	负债与权益	金　额	与销售关系（%）
货币资金	500	5	短期借款	2500	N
应收账款	1500	15	应付账款	1000	10
存　货	3000	30	预提费用	500	5
固定资产	3000	N	应付债券	1000	N
			实收资本	2000	N
			留存收益	1000	N
合　计	8000	50	合　计	8000	15

其次，确定需要增加的资金量。从表中可以看出，销售收入每增加 100 元，必须增加 50 元的资金占用，但同时自动增加 15 元的资金来源，两者差额还有 35%的资金需求。因此，每增加 100 元的销售收入，公司必须取得 35 元的资金来源，销售额从 10 000 万元增加到 12 000 万元，按照 35%的比率可预测将增加 700 万元的资金需求。

最后，确定外部融资需求的数量。2017 年的净利润为 1200 万元（12 000×10%），留存收益为 40%，则将有 480 万元利润被留存下来，还有 220 万元的资金必须从外部筹集。

根据 DH 公司的资料，可求得对外融资的需求量为：

外部融资需求量=50%×2000−15%×2000−40%×1200=220（万元）

资金习性法从数量上揭示了资金同销售量之间的规律性，对准确地预测资金需要量有很大帮助。实际上，销售百分比法是资金习性分析法的具体运用。此法能为筹资管理提供短期预计的财务报表，以适应外部筹资的需要，且易于使用。但在有关因素发生变动的情况下，必须相应地调整原有的销售百分比。

第三节　权益筹资

一、吸收直接投资

吸收直接投资是指企业按照“共同投资、共同经营、共担风险、共享利润”的原则来吸收国家、法人、个人、外商投入资金的一种筹资方式。

（一）吸收直接投资的种类

1. 吸收国家投资

国家投资是指有权代表国家投资的政府部门或机构，以国有资产投入公司，这种情况下形成的资本叫国有资本。根据《公司国有资本与公司财务暂行办法》的规定，在公司持续经营期间，公司以盈余公积、资本公积转增实收资本的，国有公司和国有独资公司由公司董事会或经理办公会决定，并报主管财政机关备案；股份有限公司和有限责任公司由董事会决定，并经股东大会审议通过。

2. 吸收法人投资

法人投资是指法人单位以其依法可支配的资产投入公司，这种情况下形成的资本被称为法人资本。

3. 吸收外商直接投资

企业可以通过合资经营或合作经营的方式吸收外商直接投资，即与其他国家的投资者共同投资，创办中外合资经营企业或者中外合作经营企业，共同经营、共担风险、共负盈亏、共享利益。

中外合资经营企业和中外合作经营企业都是中外双方共同出资、共同经营、共担风险和共负盈亏的企业。两者的区别主要是：① 合作企业可以依法取得中国法人资格，也可以办成不具备法人条件的企业，而合资企业必须是法人；② 合作企业属于契约式经营，它不以合营各方投入的资本数额、股权作为利润分配的依据，而是通过签订合同具体规定各方的权利和义务，而合资企业属于股权式企业，即以投资比例来作为确定合营各方权利和义务的依据；③ 合作企业在遵守国家法律的前提下，可以通过合作合同来约定收益或产品的分配，以及风险和亏损的分担，而合资企业则是根据各方注册资本的比例进行分配的。

4. 吸收社会公众投资

社会公众投资是指社会个人或本公司职工以个人合法财产投入公司，这种情况下形成的资本称为个人资本。

（二）吸收直接投资的出资方式

1. 以货币资产出资

以货币资产出资是吸收直接投资最重要的出资方式之一。所需投入货币资产的数额，取决于投入的实物、工业产权之外尚需多少资金来满足建厂的开支和日常周转的需要。我国《公司法》规定，全体股东的货币资产出资额不得低于有限责任公司注册资本的百分之三十。

2. 以实物资产出资

以实物资产出资就是投资者以厂房、建筑物、设备等固定资产和原材料、商品等流动资产所进行的投资。企业吸收的实物资产一般应符合以下条件：① 确为企业科研、生产、经营所需；② 技术性能比较好，③ 作价公平、合理。实物出资所涉及的实物作价方法应按国家的有关规定执行。

3. 以土地使用权出资

土地使用权是指按有关法规和合同的规定使用土地的权利。企业吸收投资者用土地使用权作为出资时，一般应符合以下条件：① 企业科研、生产、销售活动需要；② 交通、地理条件比较适宜；③ 作价公平、合理。

4. 以工业产权出资

以工业产权出资是指投资者以专利权、专有技术、商标权等无形资产所进行的投资。企业吸收的工业产权一般应符合以下条件：① 能帮助研究和开发出新的高科技产品；② 能帮助生产出适销对路的高科技产品；③ 能帮助改进产品质量，提高生产效率；④ 能帮助企业大幅度降低各种消耗；⑤ 作价比较合理。

5. 以特定债权出资

特定债权，是企业依法发行的可转换债券以及按照国家有关规定可以转作股权的债权。在实践中，企业可以将特定债权转为股权的情形主要有：

（1）上市公司依法发行的可转换债券；

（2）金融资产管理公司持有的国有及国有控股企业债权；

（3）企业实行公司制改建时，经银行以外的其他债权人协商同意，可以按照有关协议和企业章程的规定，将其债权转为股权；

（4）根据《利用外资改组国有企业暂行规定》，国有企业的境内债权人将有的债权转给外国投资者，企业通过债转股改组为外商投资企业；

（5）按照《企业公司制改建有关国有资本管理与财务处理的暂行规定》，国有企业改制时，账面原有应付工资余额中欠发职工工资部分，在符合国家政策、职工自愿的条件下，依法扣除个人所得税后可转为个人投资；未退还职工的集资款也可转为个人投资。

（三）吸收直接投资的评价

1. 吸收直接投资的优点

（1）有利于增强企业信誉。吸收直接投资所筹集的资金属于企业的自有资金，与借入资金相比，能增强企业的信誉和负债能力，对扩大企业经营规模，壮大企业实力具有重要作用。

（2）有利于企业尽快形成生产能力。吸收直接投资不仅可以获取现金，而且还能够直接获得所需的先进设备和先进技术，与仅获取现金的筹资方式相比，有利于企业尽快形成生产经营能力，尽快开拓市场。

（3）有利于降低财务风险。吸收直接投资所筹资金属自有资金，不需支付利息和偿还本金，不存在偿债风险；还可根据企业经营状况好坏，向投资者支付较多或较少的报酬，比较灵活，所以财务风险较小。

（4）吸收直接投资方式与股票筹资方式相比，其履行的法律程序相对简单，筹资速度较快。

2. 吸收直接投资的缺点

（1）吸收直接投资的成本较高。吸收直接投资向投资者支付的报酬是根据其出资数额和企业实现的利润来分的，由于出资者承担较高的风险，因此，要求的报酬率也比较高。

（2）企业的控制权容易分散。采用吸收直接投资方式筹集资金，投资者一般都要求获得与投资数量相适应的经营管理权，这是企业接受外来投资的代价之一。如果外部投资者的投资较多，则投资者会享有相当大的管理权，甚至会对企业实行完全控制。

（3）不利于产权流动。吸收直接投资由于没有以证券作为媒介，所以有时产权关系不清晰，不便于进行产权交易。

二、股票筹资

（一）股票的特征与分类

股票是股份证书的简称，是股份公司为筹集资金而发行给股东作为持股凭证并借以取得股息和红利的一种有价证券。每股股票都代表股东对企业拥有一个基本单位的所有权。股票是股份公司资本的构成部分，可以转让、买卖或作价抵押，是资本市场的主要长期信用工具。

1. 股票的特征

（1）不可偿还性。

股票是一种无偿还期限的有价证券，投资者认购了股票后，就不能再要求退股，只能到二级市场卖给第三者。股票的转让只意味着公司股东的改变，并不减少公司资本。从期限上看，只要公司存在，它所发行的股票就存在，股票的期限等于公司存续的期限。

（2）参与性。

股东有权出席股东大会，选举公司董事会，参与公司重大决策。股票持有者的投资意志和享有的经济利益，通常是通过行使股东参与权来实现的。股东参与公司决策的权利大小，取决于其所持有的股份的多少。从实践中看，只要股东持有的股票数量达到左右决策结果所需的实际票数时，就能掌握公司的决策控制权。

（3）收益性。

股东凭其持有的股票，有权从公司领取股息或红利，获取投资收益。股息或红利的大小，主要取决于公司的盈利水平和公司的盈利分配政策。股票的收益性，还表现在股票投资者可以获得价差收入或实现资产保值增值。通过低价买入和高价卖出股票，投资者可以赚取价差利润。以美国可口可乐公司股票为例，如果在 1983 年年底投资 1000 美元买入该公司股票，到 1994 年 7 月便能以 11 554 美元的市场价格卖出，赚取 10 倍多的利润。通货膨胀时，股票价格会随着公司原有资产重置价格上升而上涨，从而避免了资产贬值。股票通常被视为在高通货膨胀期间可优先选择的投资对象。

（4）流通性。

股票的流通性是指股票在不同投资者之间的可交易性。流通性通常以可流通的股票数量、股票成交量以及股价对交易量的敏感程度来衡量。可流通股数越多，成交量越大，价格对成交量越不敏感（价格不会随着成交量一同变化），股票的流通性就越好，反之就越差。股票的流通，使投资者可以在市场上卖出所持有的股票，取得现金。通过股票的流通和股价的变动，可以看出人们对于相关行业和上市公司的发展前景和盈利潜力的判断。那些在流通市场上吸引大量投资者、股价不断上涨的行业和公司，可以通过增发股票，不断吸收大量资本进入生产经营活动，达到优化资源配置的效果。

（5）价格波动性和风险性。

股票在交易市场上作为交易对象，同商品一样，有自己的市场行情和市场价格。股票价格要受到诸如公司经营状况、供求关系、银行利率、大众心理等多种因素的影响，其波动有很大的不确定性。正是这种不确定性，可能使股票投资者遭受损失。价格波动的不确定性越大，投资风险也越大。因此，股票是一种高风险的金融产品。例如，称雄于世界计算机产业的国际商用机器公司（IBM），当其业绩不凡时，每股价格曾高达 170 美元，但在其地位遭到挑战、出现经营失策而招致亏损时，股价又下跌到 40 美元。如果不合时机地在高价位买进该股，就会导致严重损失。

2. 股票的分类

（1）按股东享有的权利和义务不同，分为优先股和普通股。

优先股是股份公司发行的在分配红利和剩余财产时比普通股具有优先权的股份。普通股是“优先股”的对称，是随企业利润变动而变动的一种股份，是公司资本构成中最普通、最基本的股份。

普通股股东通常拥有以下一些权利：

① 公司管理权。对大公司来讲，普通股股东成千上万，不可能每个人都直接对公司进行管理。普通股股东的管理权主要体现为在董事会选举中有选举权和被选举权。通过选出的董事会代表所有股东对企业进行控制和管理。股东行使管理权的途径是参加股东大会。股东大会是股份公司的权力机构。股东大会由股东组成，通常定期召开。

② 分享盈余和剩余财产要求权。股东的这一权利直接体现了其在经济利益上的要求，这一要求可表现为两个方面：一是股东有权要求从股份公司经营的利润中分配股息和红利，公司盈余的分配方案由股东大会决定，每一个会计年度由董事会根据企业的盈利数额和财务状况来决定分发股利的多少并经股东大会批准通过；二是股东在股份公司解散清算时，有权要求取得公司的剩余资产。但是公司破产清算时，财产的变价收入首先要用来清偿债务，然后支付优先股股东，最后才能分配给普通股股东。

③ 出让股份权。股东有权出售或转让股票，这也是普通股股东的一项基本权利。

④ 优先认股权。优先认股权是普通股股东拥有的权利，即普通股股东可优先于其他投资者购买公司增发新股票的权利。当公司增发普通股票时，原有股东有权按持有公司股票的比例，在一定期限内以低于市价的认购价格购买新股。

在享有权利的同时，普通股股东还应承担一定的义务：遵守公司章程；依其所认购的股份和入股方式缴纳股金；除法律、法规规定的情形外，不得退股；法律、行政法规及公司章程规定应当承担的其他义务。

（2）按票面形态不同，可分为记名股、无记名股、面值股和无面值股。

① 记名股。这种股票在发行时，票面上记载有股东的姓名，同时姓名还载于公司的股东名册上。记名股票的特点是除持有者和其正式的委托代理人或合法继承人、受赠人外，任何人都不能行使其股权。另外，记名股不能任意转让，转让时，既要将受让人的姓名、住址分别记载于股票票面，还要在公司的股东名册上办理过户手续，否则转让不能生效。显然这种股票有安全、不怕遗失的优点，但转让手续烦琐。

② 无记名股。此种股票在发行时，在股票上不记载股东的姓名。其持有者可自行转让股票，任何人一旦持有便享有股东的权利，无须再通过其他方式、途径证明自己的股东资格。这种股票转让手续简便，但也应该通过证券市场的合法交易实现转让。

③ 面值股。有票面金额的股票，简称金额股票或面额股票，是指在股票票面上记载一定的金额，如每股人民币 100 元、200 元等。金额股票给股票设定了票面价值，这样就可以很容易地确定每一股份在该股份公司中所占的比例。

④ 无面值股，又称比例股票或无面额股票，股票发行时无票面价值记载，仅表明每股占资本总额的比例。其价值随公司财产的增减而增减，因此这种股票的内在价值总是处于变动状态。该种股票最大的优点是，避免了公司实际资产与票面资产的背离，因为股票的面值往往是徒有虚名，人们关心的不是股票面值，而是股票价格。发行这种股票对公司管理、财务

核算、法律责任等方面要求极高，因此只在美国比较流行，甚至有不少国家根本不允许发行。

（3）按投资主体不同，可分为国有股、法人股和社会公众股。

国有股指有权代表国家投资的部门或机构以国有资产向公司投资形成的股份，包括以公司现有国有资产折算成的股份。由于我国大部分股份制企业都是由原国有大中型企业改制而来的，因此，国有股在公司股权中占有较大的比重。

法人股指企业法人或具有法人资格的事业单位、社会团体以其依法可经营的资产向公司非上市流通股权部分投资所形成的股份。目前，在我国上市公司的股权结构中，法人股平均占 20%左右。根据法人股认购对象的不同，可将法人股进一步分为境内发起法人股、外资法人股和募集法人股三部分。

社会公众股是指我国境内个人和机构，以其合法财产向公司可上市流通股权部分投资所形成的股份。

我国国有股和法人股目前还不能上市交易。若要转让，可以在法律许可的范围内，经证券主管部门批准，与证券机构投资者签订转让协议，一次性完成大宗股权的转移。由于国家股和法人股占总股本的比重平均超过 70%，在大多数情况下，要取得一家上市公司的控制股权，收购方需要从原国家股东和法人股东手中协议受让大宗股权。除少量公司职工股、内部职工股及转配股上市流通受一定限制外，绝大部分的社会公众股都可以上市流通交易。

（4）按上市地点不同，可分为 A 股、B 股、H 股、N 股、S 股。

A 股的正式名称是人民币普通股票。它由我国境内的公司发行，供境内机构、组织或个人（不含台、港、澳投资者）以人民币认购和交易的普通股股票。

B 股的正式名称是人民币特种股票。它以人民币标明面值，以外币认购和买卖，在境内（上海、深圳）证券交易所上市交易。它的投资人限于：外国的自然人、法人和其他组织；我国香港、澳门、台湾地区的自然人、法人和其他组织；定居在国外的中国公民；中国证监会规定的其他投资人。B 股公司的注册地和上市地都在境内，只不过投资者在境外或在中国香港、澳门及台湾。

H 股，即注册地在内地、上市地在香港的外资股。香港的英文是 Hong Kong，取其字首，在港上市外资股就叫作 H 股。

依此类推，纽约的第一个英文字母是 N，新加坡的第一个英文字母是 S，纽约和新加坡上市的股票就分别叫作 N 股和 S 股。

（5）按公司业绩不同，可分为绩优股和垃圾股。

绩优股就是业绩优良公司的股票，但对于绩优股的定义，国内外却有所不同。在我国，投资者衡量绩优股的主要指标是每股税后利润和净资产收益率。

一般而言，每股税后利润在全体上市公司中处于中上地位，公司上市后净资产收益率连续三年显著超过 10%的股票当属绩优股之列。而在国外，绩优股主要指的是业绩优良且比较稳定的大公司股票。这些公司经过长时间的努力，在行业内达到了较高的市场占有率，形成了经营规模优势，利润稳步增长，市场知名度较高。

垃圾股指的是业绩较差的公司的股票。这类公司或者由于行业前景不好，或者由于经营不善等，有的甚至已进入亏损行列。

（二）股份有限公司的设立、股票的发行与上市

1. 股份有限公司的设立

设立股份有限公司，应当有 2 人以上 200 人以下为发起人，其中须有半数以上的发起人在中国境内有住所。股份有限公司的设立，可以采取发起设立或者募集设立的方式。发起设立，是指由发起人认购公司应发行的全部股份而设立公司。募集设立，是指由发起人认购公司应发行股份的一部分，其余股份向社会公开募集或者向特定对象募集而设立公司。

以发起设立方式设立股份有限公司的，公司全体发起人的首次出资额不得低于注册资本的 20%，其余部分由发起人自公司成立之日起 2 年内缴足（投资公司可以在 5 年内缴足）。

以募集设立方式设立股份有限公司的，发起人认购的股份不得少于公司股份总数的 35%；法律、行政法规另有规定的，从其规定。

股份有限公司的发起人应当承担下列责任：① 公司不能成立时，发起人对设立行为所产生的债务和费用负连带责任；② 公司不能成立时，发起人对认股人已缴纳的股款，负返还股款并支付银行同期存款利息的连带责任；③ 在公司设立过程中，由于发起人的过失致使公司利益受到损害的，应当对公司承担赔偿责任。

2. 股份有限公司首次发行股票的一般程序

（1）发起人认足股份、缴付股资。发起方式设立的公司，发起人认购公司的全部股份；募集方式设立的公司，发起人认购的股份不得少于公司股份总额的 35%。发起人可以用货币出资，也可以非货币资产作价出资。在发起设立方式下，发起人缴付全部股资后，应选举董事会、监事会，由董事会办理公司设立的登记事项；在募集设立方式下，发起人认足其应认购的股份并缴付股资后，其余部分向社会公开募集。

（2）提出公开募集股份的申请。以募集方式设立的公司，发起人向社会公开募集股份时，必须向国务院证券监督管理部门递交募股申请，并报送批准设立公司的相关文件，包括公司章程、招股说明书等。

（3）公告招股说明书，签订承销协议。公开募集股份申请经国家批准后，应公告招股说明书。招股说明书应包括公司的章程、发起人认购的股份数、本次每股票面价值和发行价格、募集资金的用途等。同时，与证券公司等证券承销机构签订承销协议。

（4）招认股份，缴纳股款。发行股票的公司或其承销机构一般用广告或书面通知的办法招募股份。认股者一旦填写了认股书，就要承担认股书中约定的缴纳股款义务。如果认股者的总股数超过发起人拟招募的总股数，可以采取抽签的方式确定哪些认股者有权认股。认股者应在规定的期限内向代收股款的银行缴纳股款，同时交付认股书。股款认足后，发起人应委托法定的机构验资，出具验资证明。

（5）召开创立大会，选举董事会、监事会。发行股份的股款募足后，发起人应在规定期限内（法定 30 天）主持召开创立大会。创立大会由发起人、认股人组成，应有代表股份总数半数以上的认股人出席方可举行。创立大会通过公司章程，选举董事会和监事会成员，并有权对公司的设立费用进行审核，对发起人用于抵作股款的财产作价进行审核。

（6）办理公司设立登记，交割股票。经创立大会选举的董事会，应在创立大会结束后 30 天内，办理申请公司设立的登记事项。登记成立后，即向股东正式交付股票。

3. 股票上市交易

（1）股票上市的目的。

股票上市，是指股份有限公司公开发行的股票经批准在证券交易所进行挂牌交易。经批准在交易所上市交易的股票称为上市股票。股份公司申请股票上市，一般出于以下目的：

① 促进股权流通和转让。股票上市后便于投资者认购和交易，提高了股权的流动性和股票的变现力。

② 便于筹措新资金。股票上市必须经过有关机构的审查批准并接受相应的管理，执行各种信息披露和股票上市的规定，这就大大增强了社会公众对公司的信赖，使之乐于购买公司的股票。同时，由于一般人普遍认为上市公司实力雄厚，也便于公司采用其他方式（如负债）筹措资金。

③ 便于确定公司价值。股票上市后，公司股价有市价可循，便于确定公司的价值。对于上市公司来说，即时的股票交易行情，就是对公司价值的市场评价。同时，市场行情也能够为公司收购兼并等资本运作提供询价基础。

但股票上市也有对公司不利的一面。主要包括：公司将负担较高的信息披露成本；各种信息公开的要求可能会暴露公司商业秘密；股价有时会歪曲公司的实际状况，丑化公司声誉；可能会分散公司的控制权，造成管理上的困难。

（2）股票上市的条件。

股份公司公开发行的股票进入证券交易所交易，必须受严格的条件限制。我国《证券法》规定，股份有限公司申请股票上市，应当符合下列条件：

① 股票经国务院证券监督管理机构核准已公开发行；

② 公司股本总额不少于人民币 3000 万元；

③ 公开发行的股份达到公司股份总数的 25%以上；公司股本总额超过人民币 4 亿元的，公开发行股份的比例为 10%以上；

④ 公司最近 3 年无重违法行为，财务会计报告无虚假记载。

（3）股票上市的暂停、终止与特别处理。

当上市公司出现经营情况恶化、存在重大违法违规行为或其他原因导致不符合上市条件时，就可能被暂停或终止上市。

上市公司出现财务状况或其他状况异常的，其股票交易将被交易所“特别处理”（ST：Special Treatment）。“财务状异常”是指以下几种情况：

① 最近 2 个会计年度的审计结果显示的净利润为负值；

② 最近 1 个会计年度的审计结果显示其股东权益低于注册资本；

③ 最近 1 个会计年度经审计的股东权益扣除注册会计师和有关部门不予确认的部分后，低于注册资本；

④ 注册会计师对最近 1 个会计年度的财产报告出具无法表示意见或否定意见的审计报告；

⑤ 最近一份经审计的财务报告对上年度利润进行调整，导致连续 2 个会计年度亏损；

⑥ 经交易所或中国证监会认定为财务状况异常的。

“其他状况异常”是指自然灾害、重大事故等导致生产经营活动基本中止，公司涉及的可能赔偿金额超过公司净资产的诉讼等情况。

在上市公司的股票交易被实行特别处理期间，其股票交易遵循下列规则：股票报价日涨跌幅限制为 5%；股票名称改为原股票名前加“ST”；上市公司的中期报告必须经过审计。

（三）上市公司的股票发行

上市的股份有限公司在证券市场上发行股票，包括公开发行和非公开发行两种类型。公开发行股票又分为首次上市公开发行股票和上市公开发行股票，非公开发行即向特定投资者发行，也叫定向发行。

1. 首次上市公开发行股票（IPO）

首次上市公开发行股票（Initial Public Offering，IPO），是指股份有限公司对社会公开发行股票并上市流通和交易。实施 IPO 的公司，应当符合中国证监颁布的《首次公开发行股票并上市管理办法》规定的相关条件，并经中国证监会核准。

实施 IPO 的基本程序是：① 公司董事会应当依法就本次股票发行的具体方案、本次募集资金使用的可行性及其他事项作出决议，并提请股东大会批准。② 公司股东大会就本次发行股票作出的决议。③ 保荐人保荐并向证监会申报。④ 证监会受理，并审核批准。⑤ 自证监会核准发行之日起，公司应在 6 个月内公开发行股票；超过 6 个月未发行的，核准失效，须经证监会重新核准后方可发行。

2. 上市公开发行股票

上市公开发行股票，是指股份有限公司已经上市后，通过证券交易所在证券市场上对社会公开发行股票。上市公司公开发行股票，包括增发和配股两种方式。其中，增发是指增资发行，即上市公司向社会公众发售股票的再融资方式，而配股是指上市公司向原有股东配售发行股票的再融资方式。增发和配股也应符合证监会规定的条件，并经过证监会的核准。

3. 非公开发行股票

上市公司非公开发行股票，是指上市公司采用非公开方式，向特定对象发行股票的行为，也叫定向募集增发。其目的往往是为了引入该机构的特定能力，如管理、渠道等。定向增发的对象可以是老股东，也可以是新投资者。总之，定向增发完成之后，公司的股权结构往往会发生较大变化，甚至发生控股权变更的情况。

（四）股票筹资的评价

1. 股票筹资的优点

（1）股票融资所筹资金具有永久性，无到期日，不需归还。在公司持续经营期间可长期使用，能充分保证公司生产经营的资金需求。

（2）没有固定的股利负担。公司有盈余，并且认为适合分配股利，就可以分给股东；公司盈余少，或虽有盈余但资金短缺或者有有利的投资机会，就可以少支付或不支付股利。

（3）可以提高公司声誉，增强举债能力。发行股票筹集的是权益资金，权益资金的多少，反映了公司的实力，较多的权益资金为债权人提供了坚实的信用基础和保障，可以增强公司的举债能力。

（4）有利于帮助企业建立规范的现代企业制度。

2. 股票筹资的缺点

（1）资本成本较高。由于股利要从税后利润中支付，使股利不能像负债利息那样具有抵税效应；而且相对于债务资本，股票的投资风险较高，投资者要求的报酬率相应也较高。

（2）股票融资上市时间跨度长，竞争激烈，无法满足企业紧迫的融资需求。

（3）容易分散控制权。利用股票融资会增加新股东，从而稀释原有股东对公司的控制权，导致股权分散。

（4）新股东分享公司未发行新股前积累的盈余，会降低普通股的净收益，从而可能引起股价的下跌。

三、留存收益

留存收益也是权益资金的一种，是指企业的盈余公积、未分配利润等。与其他权益资金相比，取得更为主动简便。无需作筹资活动，也无需筹资费用，因此这种方式既节约了成本，又增强了公司的信誉。留存收益的实质是投资者对公司的再投资，但这种方式受制于公司盈利的多寡及公司的分配政策。

第四节　负债资金筹集

一、短期负债资金筹集

（一）短期借款

短期借款是企业从银行或其他金融机构借入的在一年以内还本付息的款项，主要用于满足临时资金周转需要。

1. 短期借款的信用条件

（1）信贷额度。

信贷额度亦即贷款限额，是借款企业与银行在协议中规定的借款最高限额，信贷额度的有效期限通常为 1 年。一般情况下，在信贷额度内，企业可以随时按需要支用借款。但是，银行并不承担必须贷款的义务。如果企业信誉恶化，即使在信贷限额内，企业也可能得不到借款。此时，银行不会承担法律责任。

（2）周转信贷协议。

周转信贷协议是银行从法律上承诺向企业提供不超过某一最高限额的贷款协议。在协议的有效期内，只要企业的借款总额未超过最高限额，银行必须满足企业任何时候提出的借款要求。企业享用周转信贷协议，通常要对贷款限额的未使用部分付给银行一笔承诺费。

（3）补偿性余额。

补偿性余额是银行要求借款人在银行中保持按贷款限额或实际借用额一定百分比（一般为 10%至 20%）计算的最低存款余额。补偿性余额有助于银行降低贷款风险，补偿其可能遭受的风险；对借款企业来说，补偿性余额则提高了借款的实际利率，加重了企业的利息负担。

【例 3-3】企业采用补偿性余额借款 1000 万元，名义利率为 12%，补偿性余额比率 10%，计算该项贷款的实际利率。

解：企业实际可以利用的借款额为 1000×（1-10%）=900（万元）

实际利率=年利息/实际可用借款

=名义利率/（1-补偿性余额比率）

=12%/（1-10%）

=13.33%

（4）借款抵押。

借款抵押是借款者以一定的抵押品作为物品保证向银行取得借款。抵押品通常包括有价证券、国债券、各种股票、房地产、货物的提单、栈单或其他各种证明物品所有权的单据。贷款到期，借款者必须如数归还，否则银行有权处理抵押品，作为一种补偿。

（5）偿还方式。

贷款的偿还有到期一次偿还和在贷款期内定期（每月、季）等额偿还两种方式。一般来讲，企业不希望采用后一种偿还方式，因为这会提高借款的实际利率；而银行不希望采用前一种偿还方式，因为这会加重企业的财务负担，增加企业的拒付风险，同时也会降低实际贷款利率。

2. 短期借款利息支付方式

（1）收款法。

收款法又称利随本清法，是指借款期内不支付利息，到期时连本带利一并偿还的利息支付方式。采用该方法，借款的名义利率等于实际利率。

（2）贴现法。

贴现法是银行向企业发放贷款时，先从本金中扣除利息部分，而到期时借款企业要偿还贷款全部本金的一种计息方法。采用这种方法，企业可利用的贷款额只有本金减去利息部分后的差额，因此贷款的实际利率高于名义利率。

【例 3-4】某企业从银行取得借款 10 000 元，期限一年，年利率为 8%，按贴现法付息，计算该项贷款的实际利率。

解：企业实际可利用的贷款=10 000-800=9200（元）

该项贷款的实际利率=800/9200×100%=8.7%

（3）加息法。

加息法是银行发放分期等额偿还贷款时所采用的利息收取方法。在分期等额偿还贷款的情况下，银行要将根据名义利率计算的利息加到贷款本金上，计算出贷款的本息和，要求企业在贷款期内分期偿还本息之和的金额。由于贷款分期均衡偿还，借款企业实际上只平均使用了贷款本金的半数，却支付全额利息。这样，企业所负担的实际利率便高于名义利率大约1倍。

【例3-5】某企业从银行借入1000万元款项，年利率为8%，分12个月等额偿还本金，计算该项贷款的实际利率。

解：实际利率=（1000×8%）/（1000÷2）×100%=16%

（二）短期融资券

短期融资券是由企业发行的无担保短期本票。在我国，短期融资券是指企业依照《银行间债券市场非金融企业债务融资工具管理办法》的条件和程序在银行间债券市场发行和交易，并约定在一定期限内还本付息的有价证券，是企业筹措短期资金的直接融资方式。

短期融资券具有以下一些特征：

（1）发行人为非金融企业；

（2）它是一种短期债券品种，期限不超过（≤）365天；

（3）发行利率（价格）由发行人和承销商协商确定；

（4）发行对象为银行间债券市场的机构投资者，不向社会公众发行；

（5）实行余额管理，待偿还融资券余额不超过企业净资产的40%；

（6）可以在全国银行间债券市场机构投资人之间流通转让。

（三）商业信用

1. 商业信用的含义及形式

商业信用是企业之间在商品交换中，采用延期付款或预收货款进行购销活动而形成的借贷关系，所产生的直接信用行为，是一种短期的“自发式”筹资方式。

商业信用常见的形式主要有四种：

（1）应付账款。

应付账款是供应商给企业提供的一个商业信用。由于购买者往往在到货一段时间后才付款，商业信用就成为企业短期资金来源。当企业扩大生产规模时，其进货和应付账款相应增加，商业信用就提供了增产所需要的部分资金。

（2）应付票据。

应付票据是指企业之间在购销活动中延期付款所开的反映债权债务关系的票据。应付票据有两种：一是商业承兑汇票，二是银行承兑汇票。应付票据也是一种短期筹资方式。

（3）应计未付款。

应计未付款是企业在生产经营和利润分配过程中已经计提但尚未以货币支付的款项，主要包括应付职工薪酬、应缴税费、应付利润或应付股利等。以应付职工薪酬为例，企业通常以半月或月为单位支付工资，在应付职工薪酬已计但未付的这段时间，就会形成应计未付款。它相当于职工给企业的一个信用。应缴税费、应付利润或应付股利也有类似的性质。应计未付款随着企业规模的扩大而增加，企业使用这些自然形成的资金无需付出任何代价。但企业不是总能控制这些款项，因为其支付有一定的时间，企业不能总拖欠这些款项。所以，尽管企业可以充分利用应计未付款，但并不能控制这些账目的水平。

（4）预付货款。

预付货款是销货单位按照协议规定，在付出商品之前向购货单位预先收取部分或全部货款的信用行为。购买单位对于紧俏商品往往乐于采用这种方式购货；销货方对于生产周期长、造价较高的商品，往往采用预收货款方式销货，以缓和本企业资金占用过多的矛盾。

2. 商业信用条件

商业信用条件是销售方对付款时间、现金折扣和折扣期限作出的具体规定，通常包括以下两种形式：① 有信用期，但无现金折扣。如“*N*/30”表示 30 天内按发票金额全数支付。② 有信用期和现金折扣，如“2/10，*N*/30”表示 10 天内付款享受现金折扣 2%，若买方放弃折扣，30 天内必须付清款项。

3. 放弃现金折扣成本的计算

在销售方提供现金折扣的情况下，如果购货方在规定折扣期内付款，便可享受免费信用；反之若放弃现金折扣，购货方便要承受因放弃而造成的隐含利息成本。一般而言，放弃现金折扣成本的计算公式为：

放弃现金折扣成本=[折扣率÷（1−折扣率）]/[360÷（信用期−折扣期）]

【例 3-6】某企业购进一批材料，价款总额为 10 万元，信用条件为“2/10，*N*/30”。若该企业选择在第 30 天付款，要求计算放弃现金折扣的成本。

解：放弃现金折扣成本=[2%÷（1−2%）]/[360÷（30−10）]=36.73%

企业是否选择享受现金折扣，取决于放弃现金折扣成本与企业为享受现金折扣早日付款所筹措资金的代价或将应付账款用于临时性短期投资所获收益之间的比较。

（1）当所筹措资金的代价大于放弃现金折扣成本时，应选择放弃现金折扣成本，反之则选择享受；

（2）当企业将应付账款用于短期投资，所获得的投资报酬率高于放弃折扣的成本时，应选择放弃，反之则选择享受。

本例中，如果企业筹资成本不高于该企业放弃现金折扣成本 36.73%时，就应当选择在 10 天内付款。

4. 商业信用的评价

（1）商业信用融资的优点：

① 筹资便利。利用商业信用筹集资金非常方便，因为商业信用与商品买卖同时进行，属于一种自发性融资，不用做非常正规的安排，也无需另外办理正式筹资手续。

② 筹资成本低。如果没有现金折扣，或者企业不放弃现金折扣，以及使用不带息应付票据和采用预收货款，则企业采用商业信用筹资几乎没有实际成本。

③ 限制条件少。与其他筹资方式相比，商业信用筹资限制条件较少，选择余地较大，条件比较优越。

（2）商业信用融资的缺点：

① 期限较短。采用商业信用筹集资金，期限一般都很短，如果企业要取得现金折扣，期限则更短。

② 筹资数额较小。采用商业信用筹资一般只能筹集小额资金，而不能筹集大量的资金。

二、长期负债筹资

（一）长期借款

长期借款是企业从银行或其他金融机构借入的使用期限在一年以上的各种借款，主要用于购建固定资产和满足长期流动资金占用的需要。

1. 长期借款的种类

（1）按照用途划分，可分为固定资产投资借款、更新改造借款、科技开发和新产品试制借款等。

（2）按提供贷款的机构划分，可分为政策性银行贷款、商业银行贷款等。政策性银行贷款指执行国家政策性贷款业务的银行向企业发放的贷款。例如：国家开发银行主要为满足企业承建国家重点建设项目的资金需要提供贷款；进出口信贷银行则为大型设备的进出口提供买方或卖方信贷。商业银行贷款指由各商业银行向工商企业提供的贷款，这类贷款主要为满足企业建设竞争性项目的资金需要。此外，企业还可以从信托投资公司取得实物或货币形式的信托投资贷款，从财务公司取得各种中长期贷款等。

（3）按有无担保划分，可分为信用贷款和抵押贷款。信用贷款指不需企业提供抵押品，仅凭其信用或担保人信誉而发放的贷款。抵押贷款则要求企业以抵押品作为担保的贷款。长期贷款的抵押品，常常是房屋、建筑物、机器设备、股票、债券等。

2. 长期借款的保护性条款

（1）一般性保护条款。

该类条款是对企业资产的流动性及偿债能力等方面的要求条款，它适用于大多数借款合同。主要包括如下条款：

① 保持企业的资产流动性。要求企业需持有一定最低额度的货币资金及其他流动资产，以保持企业资产的流动性和偿债能力，一般规定了企业必须保持的最低营运资金数额和最低流动比率数值。

② 限制企业非经营性支出。如限制支付现金股利、购入股票和职工加薪的数额规模，以减少企业资金的过度外流。

③ 限制企业资本支出的规模。控制企业资产结构中的长期性资产的比例，以减少公司日后不得不变卖固定资产以偿还贷款的可能性。

④ 限制公司再举债规模。目的是防止其他债权人取得对公司资产的优先索偿权。

⑤ 限制公司的长期投资。如规定公司不准投资于短期内不能收回资金的项目，不能未经银行等债权人同意而与其他公司合并等。

（2）例行性保护条款。

该类条款作为例行常规，在大多数合同中也都会出现。主要包括如下条款：

① 定期向提供贷款的金融机构提交公司财务报表，以使债权人随时掌握公司的财务状况和经营成果。

② 保持存货储备量，不准在正常情况下出售较多的非产成品存货，以保持企业正常生产经营能力。

③ 及时清偿债务，包括到期清偿应缴纳税金和其他债务，以防被罚款而造成不必要的现金流失。

④ 不准以资产作其他承诺的担保或抵押。

⑤ 不准贴现应收票据或出售应收账款，以避免或有负债等。

（3）特殊性保护条款。

该类条款是针对特殊情况而出现在部分借款合同中的条款，只有在特殊情况下才能生效。主要包括：要求公司的主要领导人购买人身保险；借款的用途不得改变；违约惩罚条款等。

总之，上述各项条款结合使用，将有利于全面保护银行等债权人的权益。但借款合同是经双方充分协商后决定的，其最终结果取决于双方谈判能力的大小，而不是完全取决于银行等债权人的主观愿望。

3. 借款筹资评价

无论是短期借款，还是长期借款，都具有以下特点：

（1）筹资速度快。企业利用借款筹资，一般所需时间较短，程序较为简单，可以快速获得资金。而通过发行股票、债券筹集资金，需做好发行前的各种工作，如印制证券等，发行也需要一定时间，故耗时较长，程序较为复杂。

（2）筹资成本低。利用借款筹资，其利息可在所得税前列支，故可减少企业实际负担的成本，因此比股票筹资的成本要低得多；与债券相比，借款利率一般也会低于债券利率。此外，借款属于间接筹资，筹资费用也极少。

（3）筹资弹性好。在借款之前，公司可就借款的时间、数量、条件等实际问题与贷款机构直接商定；在借款期间，若公司财务状况发生某些变化，也可与债权人就变更借款数量、提前偿还等问题进行协商。因此，借款筹资对公司具有较大的灵活性。

（4）可发挥财务杠杆效应。银行借款的利率固定，当企业的投资收益率高于银行借款利率时，可以提高企业的净资产收益率。

（5）筹资风险较高。借款通常有固定的利息负担和确定的还款期限，故借款企业还款压力较大，筹资风险较高。

（6）限制性条件较多。借款合同中可能有一些保护债权人利益的条款，这将会影响企业以后的筹资和投资活动。

（7）筹资数额有限。

（二）发行公司债券

公司债券又称企业债券，指公司依照法定程序发行的，约定在一定期限内还本付息的有价证券。公司债券是公司债的表现形式，基于公司债券的发行，在债券持有人和发行人之间形成了以还本付息为内容的债权债务法律关系。因此，公司债券是公司向债券持有人出具的债务凭证。

1. 公司债券的种类（见表3-5）

表3-5　公司债券的种类

按是否记名	①记名公司债券，即在券面上登记持有人姓名，支取本息要凭印鉴领取，转让时必须背书并到债券发行公司登记的公司债券
	②无记名公司债券，即在券面上不登记持有人姓名，支取本息无需凭印鉴领取，转让时也不必背书和到债券发行公司登记的公司债券
按分配利润依据	①参加公司债券，指除了可按预先约定获得利息收入外，还可在一定程度上参加公司利润分配的公司债券
	②非参加公司债券，指持有人只能按照事先约定的利率获得利息的公司债券
按是否可提前收回	①可提前赎回公司债券，即发行者可在债券到期前购回其发行的全部或部分债券
	②不可提前赎问公司债券，即只能到期一次还本付息的公司债券
按发行目的	①普通公司债券，即以固定利率、固定期限为特征的公司债券。这是公司债券的主要形式，目的在于为公司扩大生产规模提供资金来源
	②改组公司债券，是为清理公司债务而发行的债券，又称以新换旧债券
	③利息公司债券，又称调整公司债券，是指面临债务信用危机的公司经债权人同意而发行的较低利率的新债券，用以换回原来发行的较高利率债券
	④延期公司债券，指公司在已发行债券到期无力支付，又不能发新债还旧债的情况下，在征得债权人同意后可延长偿还期限的公司债券
按有无选择权	①附有选择权的公司债券，指在一些公司债券的发行中，发行人给予持有人一定的选择权，如可转换公司债券（附有可转换为普通股的选择权）、有认股权证的公司债券和可退还公司债券（附有持有人在债券到期前可将其回售给发行人的选择权）
	②未附选择权的公司债券，即债券发行人未给予持有人上述选择权的公司债券

2. 债券的基本要素

（1）债券的面值。债券的面值包括两个方面：一是币种，二是票面金额。面值的币种可用本国货币，也可用外币，这取决于发行者的需要和债券的种类。债券的票面金额是债券到期时偿还债务的金额，面值印在债券上，固定不变，到期必须足额偿还。

（2）债券的期限。从发行日起，至到期日之间的时间称为债券的期限。

（3）债券的利率和利息。债券上通常载明利率，一般为固定利率，也有少数是浮动利率。债券的利率为年利率，面值与利率相乘可得年利息。

（4）债券的价格。理论上，债券的面值就是它的价格。但在实际操作中，由于发行者的考虑或资金市场上供求关系、利率的变化，债券的市场价格常常脱离它的面值，但差额并不大。发行者计算利息、偿还本金都以债券的面值为依据，而不以价格为依据。

3. 公司债券的发行

（1）发行条件。

在我国，根据《公司法》的规定，有限责任公司和股份有限公司，都具有发行债券的资格。根据《证券法》规定，公开发行公司债券，应当符合下列条件：① 股份有限公司的净资产不低于人民币三千万元，有限责任公司的净资产不低于人民币六千万元；② 累计债券余额不超过公司净资产的百分之四十；③ 最近三年平均可分配利润足以支付公司债券一年的利息；④ 筹集的资金投向符合国家产业政策；⑤ 债券的利率不超过国务院限定的利率水平；⑥ 国务院规定的其他条件。

公司债券可以转让，交易价格由转让人与受让人协商约定。但要上市交易，根据《证券法》规定，还应符合以下一些条件：① 公司债券的期限为 1 年以上；② 公司债券实际发行额不少于人民币 5000 万元；③ 公司申请债券上市时仍符合法定的公司债券发行条件。

（2）发行程序。

① 作出决议或决定。

股份有限公司、有限责任公司发行公司债券，由董事会制订方案，股东大会作出决议；国有独资公司发行公司债券，应由国家授权投资的机构或者国家授权的部门作出决定。

② 申请发行。

公司在作出发行公司债券的决议或者决定后，必须依照《公司法》规定的条件，向国务院授权的部门提交规定的申请文件，报请批准。所提交的申请文件包括：公司登记证明、公司章程。公司债券募集办法、资产评估报告和验资报告。

③ 发行公司债券的批准。

国务院授权部门依照法定条件负责批准公司债券的发行，该部门应当自受理公司债券发行申请文件之日起三个月内作出决定；不予审批的，应当作出说明。

④ 公告募集办法。

发行公司债券申请经批准后，应当公告债券募集办法；在募集办法中应当载明下列事项：公司名称；债券总额和债券的票面金额；债券的利率；还本付息的期限和方式；债券发行的起止日期；公司净资产额；已发行的尚未到期的公司债券总额；公司债券的承销机构。

公司债券的募集分为私募发行和公募发行两种。私募发行是以特定的少数投资者为指定对象发行债券，公募发行则是在证券市场上以非特定的广大投资者为对象公开发行债券。

⑤ 委托证券经营机构发售。

按照《公司债券发行试点办法》规定，公司债券的公募发行采取间接发行方式。即由数家证券公司或投资银行组成承销团，与发行公司签订承销协议，由它们采用代销或包销的方式进行发售。

⑥ 公司债券的载明事项。

公司发行公司债券，必须在债券上载明公司名称、债券票面金额、利率、偿还期限等事项，并由董事长签名，公司盖章。

⑦ 公司债券存根簿。

公司发行公司债券应当置备公司债券存根簿。发行记名公司债券的，应当在公司债券存根簿上载明下列事项：债券持有人的姓名或者名称及住所；债券持有人取得债券的日期及债务的编号；债券总额、债券的票面金额、债券的利率、债券的还本付息的期限和方式；债券的发行日期。

⑧ 发行中不当行为的纠正。

国务院授权部门对已作出的审批公司债券发行的决定，发现不符合法律、行政法规规定的，应当予以撤销；尚未发行的，停止发行；已经发行公司债券的，发行的公司应当向认购人退还所缴股款并加算银行同期存款利息。

（3）发行价格。

债券的发行价格是债券发行时使用的价格，亦即投资者购买债券时支付的价格。公司债券的发行价格通常有三种：平价、溢价和折价。

平价发行是以债券的票面金额为发行价格；溢价发行是以高出债券票面金额的价格为发行价格；折价发行则是以低于债券票面金额的价格为发行价格。

债券发行价格的计算公式为：

① 单利计算，到期一次还本付息的债券发行价格：

$$P=(M+M\times r\times n)\times(P/F,\ i,\ n)$$

式中：P 为债券发行价格；M 为债券面值；r 为票面利率；n 为债券发行期限；i 为市场利率。

② 分期付息，到期还本的债券发行价格：

$$P=I\times(P/A,\ i,\ n)+M\times(P/F,\ i,\ n)$$

式中：P 为债券发行价格；I 为债券每年的利息；M 为债券面值；i 为市场利率；n 为债券发行期限。

从债券发行价格的计算公式可以看出：当票面利率高于市场利率时，以溢价发行债券；当票面利率低于市场利率时，以折价发行债券；当票面利率与市场利率一致时，则以平价发行债券。

4. 债券的偿还

债券偿还时间按其实际发生与规定的到期日之间的关系，可分为提前偿还和到期偿还两类，其中后者又包括分批偿还和一次偿还两种。（见表 3-6）

表 3-6　债券的偿还方式

<table>
<tr><td>提前偿还（又称提前赎回或收回）</td><td>提前偿还是指在债券尚未到期之前就予以偿还。
前提：只有在公司发行债券的契约中明确规定了有关允许提前偿还的条款，公司才可进行此项操作。
赎回价格：提前偿还所支付的价格通常要高于债券的面值，并随到期日的临近而逐渐下降。
赎回时机：① 当公司资金有结余时，可提前赎回债券；② 当预测利率下降时，也可提前赎回债券，而后以较低的利率来发行新债券</td></tr>
<tr><td rowspan="2">到期偿还</td><td>① 分批偿还：如果一个公司在发行同一种债券的当时就为不同编号或不同发行对象的债券规定了不同的到期日，这种债券就是分批偿还债券</td></tr>
<tr><td>② 一次偿还：到期一次性偿还本金，并结算利息</td></tr>
</table>

5. 发行公司债券的评价

（1）债券筹资的优点。

① 资本成本较低。债券的利息通常比股票的股利要低，而且债券的利息按规定是可在税前列支，发行公司可享受减税利益，故公司实际负担的债券成本明显低于股票成本。

② 具有财务杠杆效应。债券利息率固定，不论企业盈利多少，债券持有人只收取固定的利息，而更多的利润可分配给股东，增加其财富，或留归公司用以扩大经营。

③ 可保障控制权。由于债券持有人无权参与公司的经营管理，因而公司发行债券不会像增发新股那样可能会分散股东对公司的控制权。

（2）债券筹资的缺点。

① 财务风险高。债券有固定的到期日，并需要定期支付利息，所以利用债券筹资要承担还本、付息的义务。公司经营不景气时，向债券持有人还本、付息，无异于釜底抽薪，会给公司带来更大的困难，甚至导致公司破产。

② 限制条件多。发行债券的契约书中往往也会规定一些限制性条款，这些条款要比优先股、长期借款严得多，有可能会影响公司的正常发展和以后的融资能力。

③ 筹资额有限。利用债券筹资在数额上有一定的限度，当公司的负债超过一定程度后，债券筹资的成本会迅速上升，有时甚至难以发行成功。

（三）融资租赁

租赁是一种以一定费用（租金）借贷实物的经济行为。出租人将自己所拥有的某种物品交与承租人使用，承租人由此获得在一段时期内使用该物品的权利，但物品的所有权仍保留在出租人手中，承租人为其所获得的使用权需向出租人支付一定的费用（租金）。

1. 融资租赁的形式

租赁按目的划分，可分为经营租赁和融资租赁。

经营租赁，又称业务租赁，是指为了满足经营使用上的临时或季节性需要而发生的资产租赁。经营租赁是一种短期租赁形式，在出租过程中出租人不仅要向承租人提供设备的使用权，还要向承租人提供设备的保养、保险、维修和其他专门性技术服务。

融资租赁，又称设备租赁或现代租赁，是指实质上转移与资产所有权有关的全部或绝大部分风险和报酬的租赁。融资租赁进一步可分为直接租赁、售后租回和杠杆租赁。

（1）直接租赁，是指出租人用自有资金或在资金市场上筹措到的资金购进设备，直接出租给承租人的租赁，即“购进租出”。

（2）售后租回，是一种特殊形式的租赁业务，是指卖主（即承租人）将一项自制或外购的资产出售后，又将该项资产从买主（即出租人）租回，习惯称之为“售后租回”。

（3）杠杆租赁，是由出租人（租赁公司）本身拿出部分资金，然后加上贷款人提供的资金，以便购买承租人所欲使用的资产，并交由承租人使用；而承租人使用租赁资产后，应定期支付租赁费用。通常出租人仅提供其中 20%～40%的资金，贷款人则提供 60%～80%的资金。租赁公司既是出租人又是借款人，既要收取租金又要支付债务。由于这种融资租赁形式的收益一般大于借款成本支出，出租人借款购物出租可获得财务杠杆利益，故被称为杠杆租赁。

2. 融资租赁的特征

（1）租赁物由承租人决定，出租人出资购买并租赁给承租人使用，并且在租赁期间内只能租给一个企业使用。

（2）承租人负责检查验收制造商所提供的租赁物，对该租赁物的质量与技术条件出租人不向承租人做出担保。

（3）出租人保留租赁物的所有权，承租人在租赁期间支付租金而享有使用权，并负责租赁期间租赁物的管理、维修和保养。

（4）租赁合同一经签订，在租赁期间任何一方均无权单方面撤销合同。只有租赁物毁坏或被证明为已丧失使用价值的情况下方能中止执行合同，无故毁约则要支付相当重的罚金。

（5）租期结束后，承租人一般对租赁物有留购和退租两种选择，若要留购，购买价格可由租赁双方协商确定。

3. 融资租赁的租金

（1）租金的构成要素。

融资租赁每期租金的多少，取决于以下几个因素：① 设备原价及预计残值，包括设备买价、运输费、安装调试费、保险费等，以及该设备租赁期满后，出售可得的市价；② 利息，指租赁公司为承租企业购置设备垫付资金所应支付的利息；③ 租赁手续费，指租赁公司承办租赁设备所发生的业务费用和必要的利润。

（2）租金的计算方法。

租金的计算方法有很多，目前国际上流行的融资租赁实务中，大多采用平均分摊法和等额年金法。

① 平均分摊法。平均分摊法是指按事先确定的利息率和手续费率计算出租赁期间的利息和手续费，然后连同设备价款按支付次数平均计算。这种方法未考虑资金时间价值因素。每

次应付租金的计算公式如下：

每期支付租金=（租赁设备购置成本-预计残值+租赁期间利息+租赁手续费）/租赁期限

【例 3-7】某企业于 2016 年 1 月 1 日从租赁公司租入一台设备，价值 60 万元，租期为 5 年，预计租赁期满时的残值为 3 万元，归租赁公司，年利率按 10%计算，租赁手续费率为设备价值的 2%。租金每年年末支付一次。该租赁设备每次支付的租金可计算如下：

$$\frac{(60-3)+[60\times(1+10\%)^5-60]+60\times2\%}{5}\approx18.966\text{（万元）}$$

② 等额年金法。等额年金法是运用年金现值的计算原理计算每期应付租金的方法。在这种方法下，通常根据利率和手续费率确定一个租费率，作为贴现率。

【例 3-8】根据前例资料，假定设备残值归属承租企业，贴现率为 12%，则承租企业每年末支付的租金为：

$$60/(P/A,12\%,5)=60/3.6048\approx16.64\text{（万元）}$$

若租金在每年年初支付，则支付的租金为：

$$60/[(P/A,12\%,5)\times(1+12\%)]=60/4.0374\approx14.86\text{（万元）}$$

4. 融资租赁的评价

（1）融资租赁筹资的优点。

① 筹资速度快。租赁往往比借款购置设备更迅速、更灵活，因为租赁是筹资与设备购置同时进行，可以缩短设备的购进、安装时间，使企业尽快形成生产能力，有利于企业尽快占领市场，打开销路。

② 限制条款少。如前所述，债券和长期借款都规定有相当多的限制条款，虽然类似的限制在租赁公司中也有，但一般比较少。

③ 设备淘汰风险小。当今科学技术迅速发展，固定资产更新周期日趋缩短。企业设备陈旧过时的风险很大，利用租赁融资可减少这一风险。因为融资租赁的期限一般为资产使用年限的 75%，不会像自己购买设备那样整个使用期间都承担风险，且多数租赁协议都规定由出租人承担设备陈旧过时的风险。

④ 财务风险小。租金在整个租期内分摊，不用到期归还大量本金。许多借款则在到期日一次偿还本金，这会给财务基础较弱的公司造成相当大的困难，有时会造成不能偿付的风险；而租赁则将这种风险在整个租期内分摊，可适当减少不能偿付的风险。

⑤ 税收负担轻。租金可在税前扣除，具有抵免所得税的效用。

（2）融资租赁筹资的缺点。

融资租赁筹资的主要缺点：租金总额通常高于资产的购买成本，因此融资租赁筹资成本较高；在企业财务困难时，固定的租金会构成企业较沉重的负担；由于承租人仅取得租赁资产的使用权，如果资产发生增值（如土地、房产等），承租人无法享受这种增值；由于融资租赁期限较长，且租赁契约一般不可撤销，因而可能在资金的运用方面使企业发展受到制约。

第五节　混合筹资

一、优先股

（一）优先股的特征

优先股是股份公司依法发行的在分配公司收益和剩余财产方面比普通股具有一定优先权的股票。由于优先股所筹集的资本属于公司权益资本，其股利必须从税后净利中支付，这一特征类似于普通股；同时优先股具有面值和固定的股利率，这一特征又类似于债券，因此常被看成是一种混合性证券。

（二）优先股的种类

（1）累积优先股和非累积优先股。累积优先股是指在某个营业年度内，如果公司所获的盈利不足以分派规定的股利，日后优先股的股东对往年未付给的股息，有权要求如数补给。对于非累积的优先股，虽然对于公司当年所获得的利润有优先于普通股获得分派股息的权利，但如该年公司所获得的盈利不足以按规定的股利分配时，非累积优先股的股东不能要求公司在以后年度中予以补发。对投资者来讲，累积优先股比非累积优先股具有更大的优越性。

（2）参与优先股与非参与优先股。当企业利润增大，除享受既定比率的股息外，还可以跟普通股共同参与利润分配的优先股，称为“参与优先股”。除了既定股息外，不再参与利润分配的优先股，称为“非参与优先股”。一般来讲，参与优先股较非参与优先股对投资者更为有利。

（3）可转换优先股与不可转换优先股。可转换的优先股是指允许优先股持有人在特定条件下把优先股转换成为一定数额的普通股。否则，就是不可转换优先股。

（4）可赎回优先股与不可赎回优先股。可赎回优先股是指允许发行该类股票的公司，按原来的价格再加上若干补偿金将已发行的优先股收回。当该公司认为能够以较低股利的股票来代替已发行的优先股时，就往往行使这种权利。反之，就是不可赎回的优先股。

（三）优先股股东的权利

优先股的“优先”是相对于普通股而言的，这种优先权主要表现在以下几个方面：

（1）优先分配股利权。优先分配股利的权利，是优先股最主要的特征。优先股的股利除数额固定外，还必须在支付普通股股利之前予以支付。对于累积优先股来说，这种优先权就更为突出。

（2）优先分配剩余资产权。在企业破产清算时，出售资产所得的收入，优先股位于债权人的求偿之后，但先于普通股。其金额只限于优先股的票面价值，加上累积未支付的股利。

（3）部分管理权。优先股股东的管理权限是有严格限制的。通常，在公司的股东大会上，优先股股东没有表决权，但是，当公司研究与优先股有关的问题时有权参加表决。

（四）优先股筹资的动机

1. 防止公司股权分散

公司增发普通股筹资，由于控制权分散，可能会导致股票价格下跌。而优先股股东在股东大会上一般没有表决权，发行优先股不会分散原有股东对公司的控制权。通过优先股筹资，即可以筹集到权益资本，避免财务风险升高，又可以避免普通股股东股权分散。因此，对公司和普通股股东来讲，优先股筹资具有普通股筹资和债券筹资所不具有的特别意义。

2. 调剂现金余缺

优先股没有固定的到期日，公司可根据资本需求状况来决定发行优先股和可赎回优先股。公司需要现金时，可发行优先股筹集资本；公司现金充足时，可将可优先股赎回，从而调剂现金余缺。因此，优先股筹资具有较大的弹性。

3. 改善公司资本结构

发行优先股所筹集的资本虽属权益资本，但优先股可规定赎回条款，根据资本结构的实际情况，利用优先股这一特性来调整资本结构。

4. 降低资本成本，控制财务风险

公司筹集资本，可以选择权益筹资或负债筹资方式。若通过负债来筹集，虽可降低资本成本，但会增加财务风险；若通过权益来筹集，虽可降低财务风险，但资本成本较高。而通过发行优先股筹集资本，其成本要低于普通股，且财务风险较低，因而可以兼顾降低资本成本和控制财务风险的双重要求。

二、认股权证

认股权证的全称为股票认购授权证，是一种由上市公司发行的证明文件，持有人有权在一定时间内按约定价格认购该公司发行的一定数量的股票。

（一）认股权证的性质

1. 证券期权性

认股权证本质上是一种股票期权，属于衍生金融工具，具有实现融资和股票期权激励的双重功能。但认股权证本身是一种认购普通股的期权，它没有普通股的红利收入，也没有普通股相应的投票权。

2. 认股权证是一种投资工具

投资者可以通过购买认股权证获得市场价与认购价之间的股票差价收益，因此它是一种具有内在价值的投资工具。

（二）认股权证的筹资特点

（1）认股权证是一种融资促进工具，它能促使公司在规定的期限内完成股票发行计划，顺利实现融资。

（2）有助于改善上市公司的治理结构。采用认股权证进行融资，融资的实现是缓期分批实现的，上市公司及其大股东的利益与投资者是否在到期之前执行认股权证密切相关，因此，在认股权证有效期间，上市公司管理层及其大股东任何有损公司价值的行为，都可能降低上市公司的股价，从而降低投资者执行认股权证的可能性，这将损害上市公司管理层及其大股东的利益。因此，认股权证可有效约束上市公司的败德行为，并激励他们更加努力地提升上市公司的市场价值。

（3）作为激励机制的认股权证有利于推进上市公司的股权激励机制。认股权证是常用的员工激励工具，通过给予管理者和重要员工一定的认股权证，可以把管理者和员工的利益与企业价值成长紧密联系在一起，建立一个管理者与员工通过提升企业价值再实现自身财富增值的利益驱动机制。

三、可转换债券

可转换债券是可转换公司债券的简称，又简称可转债。它是一种可以在特定时间、按特定条件转换为普通股票的特殊企业债券。

（一）可转换债券的性质

1. 债权性

与其他债券一样，可转换债券也有规定的利率和期限，投资者可以选择持有债券到期，收取本息。

2. 股权性

可转换债券在转换成股票之前是纯粹的债券，但在转换成股票之后，原债券持有人就由债权人变成了公司的股东，可参与企业的经营决策和红利分配，这会在一定程度上影响公司的股本结构。

3. 期权性

期权性是可转换债券的重要标志，债券持有人可以按约定的条件把债券转换成股票。转股权是投资者享有的、一般债券所没有的选择权。可转换债券在发行时就明确约定，债券持有人可按照发行时约定的价格把债券转换成公司的普通股。如果债券持有人不想转换，则可以继续持有债券，直到偿还期满时收取本金和利息，或者在流通市场出售变现。如果持有人看好发债公司股票的增值潜力，在转换期内可以行使转换权，按照约定的转换价格把债券转换成股票，发债公司不得拒绝。正因为具有期权性，可转换债券利率一般低于普通公司债券利率。企业发行可转换债券可以降低筹资成本。

（二）可转换债券的基本要素

1. 标的股票

一般是发行公司本身的股票，也可以是其他公司的股票，如该公司的上市子公司的股票。

2. 票面利率

一般会低于普通债券的票面利率，有时甚至低于同期银行存款利率。

3. 转换价格（转股价格）

在转换期内据以转换为普通股的折算价格。在债券发售时，所确定的转换价格一般比发售日股票市场价格高出一定比例，如高出 10%～30%。

4. 转换比率

每一份可转债在既定的价格下能转换为普通股股票的数量。

转换比率=债券面值÷转换价格

5. 转换期

可转换债券持有人能够行使转换权的有效期限。转换期可以与债券的期限相同，也可以短于债券的期限。由于转换价格高于公司发债时的股价，投资者一般不会在发行后立即行使转换权。

6. 赎回条款

发债公司按事先约定的价格买回未转股债券的条件规定。赎回一般发生在公司股票价格在一段时期内连续高于转股价格达到某一幅度时。设置赎回条款最主要的功能是强制债券持有者积极行使转股权，因此又被称为加速条款。同时，也能使发债公司避免在市场利率下降后，继续向债券持有人支付较高的债券利率所蒙受的损失。

7. 回售条款

债券持有人有权按照事先约定的价格将债权卖回给发债公司的条件规定。回售一般发生在公司股票价格在一段时期内连续低于转股价格达到某一幅度时。回售有利于降低投资者的持券风险。

8. 强制性转换条款

具备某些基本条件之后，债券持有人必须将可转换债券转换为股票，无权要求偿还债券本金的条件规定。

【注意】赎回条款和强制性转换条款对发行公司有利，而回售条款对债券持有人有利。

（三）可转换债券的发行条件

发行可转换债券的公司，按国家相关规定，必须满足以下基本条件：

（1）最近 3 年连续盈利，且最近 3 年净资产收益率平均在 10%以上；属于能源、原材料、基础设施类的公司可以略低，但是不得低于 7%。

（2）可转换债券发行后，公司资产负债率不高于 70%。

（3）累计债券余额不超过公司净资产额的 40%。

（4）上市公司发行可转换债券，还应当符合关于公开发行股票的条件。

发行分离交易的可转换公司债券，除符合公开发行证券的一般条件外，还应当符合的规定包括：公司最近一期末经审计的净资产不低于人民币15亿元；最近3个会计年度实现的年均可分配利润不少于公司债券1年的利息；最近3个会计年度经营活动产生的现金流量净额平均不少于公司债券1年的利息；本次发行后累计公司债券余额不超过最近一期末净资产额的40%，预计所附认股权全部行权后募集的资金总量不超过拟发行公司债券金额等。分离交易的可转换公司债券募集说明书应当约定，上市公司改变公告的募集资金用途的，赋予债券持有人一次回售的权利。

所附认股权证的行权价格应不低于公告募集说明书日前20个交易日公司股票均价和前1个交易日的均价；认股权证的存续期间不超过公司债券的期限，自发行结束之日起不少于6个月；募集说明书公告的权证存续期限不得调整；认股权证自发行结束至少已满6个月起方可行权，行权期间为存续期限届满前的一段期间，或者是存续期限内的特定交易日。

（四）可转换债券筹资评价

（1）可转换债券有利于调整资本结构。可转换债券是一种具有债权筹资和股权筹资双重性质的筹资方式。可转换债券在转换前属于发行公司的一种债务，转换后便成为公司的权益资本，通过转换可以调整资本结构。

（2）可转换债券有利于降低资金成本。可转换债券的利率通常低于普通债券，因此，在转换前可转换债券的资金成本低于普通债券。转换为股票后，又可节省股票的发行成本，从而降低股票的资金成本。

（3）可转换债券存在一定的财务压力。当公司的股票价格在转换期内连续低于转换价格时，持券者到期不会转股，会造成公司因集中兑付债券本金而产生财务压力。

本章小结

企业筹资就是根据企业的生产经营、对外投资或资本结构调整的需要，利用一定的筹资方式，选择适当的筹资渠道，获取所需资金的一种财务活动。企业筹集资金是资金运动的起点，它会影响乃至决定企业资金运动的规模及效果。筹资渠道，是指筹措资金来源的方向与通道，体现资金的来源与流量。筹资方式，是指企业筹集资金所采用的具体形式。目前，我国企业的筹贷方式主要有吸收直接投资、发行股票、利用留存收益、向银行借款、利用商业信用、发行公司债券和融资租赁等。其中可以分为短期资金筹集和长期资金筹集；也可分为负债性资金筹集和权益性资金筹集。各类不同的资金筹集方式有不同的优缺点，企业应根据实际情况选择恰当的筹资方式，以降低筹资风险，提高筹资效益。

思考与讨论

1. 企业有哪些筹资渠道和筹资方式？二者关系如何？
2. 资金需求量预测的方法有哪些？如何应用？
3. 常见的权益筹资方式有哪些？各有何特点？

4. 常见的负债筹资方式有哪些？各有何特点？

5. 常见的混合筹资方式有哪些？各有何特点？

6. 短期借款有哪些信用条件？利息支付方式有哪些？对利率有何影响？

7. 商业信用的形式有哪些？企业如何做出是否享受现金折扣决策？

8. 债券的发行价格如何确定？

9. 融资租赁的租金包括哪些内容？如何计算？

练习与自测

1. A企业按年利率10%从银行借入180万元，银行要求企业按贷款额的15%保持补偿性余额，试计算该项贷款的实际利率及企业实际动用的借款。

2. A企业从银行取得借款500万元，期限1年，利率9%，按贴现法付息，计算该项贷款的实际利率。

3. 某企业按（2/10，*N*/30）条件购入一批货物，即企业如果在10日内付款，可享受2%的现金折扣，倘若企业放弃现金折扣，货款应在30天内付清。

要求：

（1）计算企业放弃该项现金折扣的机会成本。

（2）若企业准备放弃折扣，将付款日期推迟到50天，计算放弃现金折扣的机会成本。

（3）若另一家供应商提出（1/20，*N*/30）的信用条件。计算放弃折扣的机会成本，若企业准备享受现金折扣，应选择哪一家供应商？

4. 某企业发行三年期企业债券，面值为1000元，票面利率为10%，每年年末付息一次。分别计算市场利率为8%、10%、12%时每张债券的发行价格。

5. 某企业向租赁公司融资租入一套设备，该设备原价为120万元，租赁期5年，预计租赁期满时残值为6万元，年利率按8%计算，手续费为设备原价的1.5%，租金每年年末支付。按平均分摊法计算该企业每年应付租金的数额。

6. ABC公司采用融资租赁方式于2012年年初租入一台设备，价款10 000元，租期4年，租期年利率为8%。

要求：

（1）计算每年年末应支付的租金；

（2）计算每年年初应支付的租金；

（3）分析二者的关系。

7. 甲公司在2016年1月1日采购了一批发票价格为600 000元的材料，发票上标明的付款条件为“2/20，*N*/50”，甲公司暂时资金比较紧张，如果要还材料款，需要向银行借款，银行借款利率为12%，而且要求公司在银行中保留20%的补偿性余额。试问：

（1）该公司如果在1月21日付款，则需要支付多少元？

（2）该公司如果在2月20日付款，是否比1月21日付款合算？为什么？

8. A企业2012年至2016年的产量与资金占有数量的历史资料如表3-7所示，该企业2016

年的预计产量为 86 000 件。

要求：分别运用高低点法和回归分析法计算企业 2016 年的资金需要量。

表 3-7 某企业产量与资金占用量表

年度	产量/万件	资金占有量/万元
2012	8	650
2013	7.5	640
2014	7	630
2015	8.5	680
2016	9	700

案例分析

SD 航空公司于 2012 年实行杠杆式收购后，负债比率一直居高不下。直至 2013 年年底，公司的负债比率仍然很高，有近 15 亿元的债务将于 2017 年到期。为此，需要采用适当的筹资方式追加筹资，降低负债比率。

2014 年年初，公司董事长和总经理正在研究公司的筹资方式的选择问题。董事长和总经理两人都是主要持股人，也都是财务专家。他们考虑了包括增发普通股在内的多种筹资方式，并开始向投资银行咨询。

起初，投资银行认为，可按每股 20 元的价格增发普通股。但经分析，这是不切实际的，因为投资者对公司有关机票打折策略和现役服役机龄老化等问题顾虑重重，如此高价位发行，成功的机率不大。最后，投资银行建议，公司可按每股 13 元的价格增发普通股 2000 万股，以提升股权资本比重，降低负债比率，改善财务状况。

SD 航空公司 2013 年年底和 2014 年年初增发普通股后（如果接受投资银行的建议），筹资方式组合如表 3-8 所示。

表 3-8 SD 航空公司长期筹资方式情况表

资本结构	2013 年年底实际数		2014 年年初估计数	
	金额/亿元	百分比/%	金额/亿元	百分比/%
长期债券	49.66	70.9	48.63	68.1
融资租赁	2.45	3.5	2.45	3.4
优先股	6.51	9.3	6.51	9.1
普通股	11.43	16.3	13.86	19.4
合计	70.05	100	71.45	100

要求：假如你是该航空公司的财务总监，请回答下列问题：

（1）请你分析股票筹资方式的优缺点。

（2）你如何评价投资银行对公司的咨询建议。

（3）你将对公司提出怎样的筹资方式建议。

资料来源：张庆程，朱泉中. 财务管理实训[M]. 北京：经济管理出版社，2015.

第四章　筹资管理（下）

【学习目标】

1. 了解资本成本的含义、性质与作用，熟练掌握资本成本的计算方法；

2. 理解杠杆的作用原理，掌握经营杠杆、财务杠杆和复合杠杆系数的测算及其应用；

3. 了解西方资本结构理论的发展脉络，熟悉影响资本结构决策的因素，掌握资本结构决策的定量分析方法，确定公司最优资本结构。

【开篇案例】

LT公司计划建造一项固定资产，寿命期为5年，需要筹集资金600万元。现有以下三种筹资方式可供选择：

方式一：目前市场平均收益率为10%，无风险收益率为4%；如果市场平均收益率增加2%，则该公司股票的必要收益率会增加0.8%。

方式二：如果向银行借款，则手续费率为1%，年利率为5%，且每年计息一次，到期一次还本；

方式三：如果发行债券，债券面值为1000元、期限为5年、票面利率为6%，每年计息一次，发行价格为1150元，发行费率为5%。

若公司的所得税税率为25%，公司应选择哪种筹资方式？

第一节　资本成本

一、资本成本概述

（一）资本成本的含义

资本成本是指企业为筹集和使用资本而付出的代价，包括资本筹集费和资本使用费两部分。

1. 资本筹集费

资本筹资费是指企业在资本筹措过程中为获得资本而付出的代价，如向银行支付的借款手续费，因发行股票、公司债券而支付的发行费等。资本筹集费通常在筹集资金时一次性支付，其金额与资本筹措有关而与使用资金的数额多少及时间长短无关，在计算资本成本时作为实际筹资额的一项扣除。

2. 资本使用费

资本使用费是指企业在资本使用过程中因占用资本而付出的代价，如向银行等债权人支付的利息、向股东支付的股利等。资本使用费在资本使用过程中多次发生，是资本成本的主要内容。资本使用费用一般与所筹资本的多少及使用时间的长短有关，且具有经常性、定期性支付的特点。它是构成资本成本的主体部分，是降低资本成本的主要方向。

通常情况下，资本成本可按以下公式计算：

（1）一般模式。为了便于分析比较，资本成本通常采用不考虑时间价值的一般模型，用相对数即资本成本率来表达。计算时，将期初的筹资费用作为筹资额的一项扣除，扣除筹资费用后的筹资额称为筹资净额，其计算公式为：

资本成本率=年资本使用费/（筹资总额-筹资费用）

=年资本使用费/筹资总额×（1-筹资费用率）

（2）折现模式。对于金额大、时间超过一年的长期资本，更准确一些的资本成本计算方式是采用折现模式，即将债务未来还本付息或股权未来股利分红的折现值与目前筹资净额相等时的折现率作为资本成本率。即：

由：筹资净额现值-未来资本清偿额现金流量现值=0

得：资本成本率=所采用的折现率

（二）资本成本的性质

资本成本是商品经济条件下资本所有权与使用权分离而形成的财务范畴，具有特定的经济性质。

1. 资本成本是资本所有权与使用权相分离的产物

企业融资是一种产权交易行为，对资本所有者而言，由于让渡了资本使用权，必然要求获得一定的补偿，资本成本表现为让渡资本使用权所带来的报酬；对融资企业来讲，由于取得了资本的使用权，也必须付出一定的代价，资本成本便表现为取得资本使用权所付出的代价。

2. 资本成本是成本但又不同于一般的产品成本

资本成本也是企业的一种支出，故具有一般产品成本的基本属性，但又与产品成本有着不同的性质。二者的主要区别在于，产品成本是企业生产经营中的资金耗费且带有垫支的性质，其补偿是对实际发生耗费的补偿，故直接从销售收入中收回；而资本成本是在资本要素上的耗费，不属于生产经营中的资金耗费且不具垫支的性质，其补偿的本质属于利润分配的范畴，体现为一种利益分配关系。

3. 资本成本包含资金时间价值但又不等于资金时间价值

资本成本与资金时间价值既有联系，又有区别。资金时间价值是资本成本的基础，资金时间价值越大，资本成本也就越高；但两者在数量上并不完全一致，资本成本不仅包括时间价值因素，还包括风险因素、通货膨胀因素等，是资金时间价值与风险价值的统一。

（三）资本成本的种类

资本成本按用途划分，可分为个别资本成本、综合资本成本和边际资本成本，具体内容将在资本成本计算中详细介绍。

（四）资本成本的作用

1. 资本成本是比较筹资方式、选择筹资方案的依据

各种资本的资本成本率，是比较、评价各种筹资方式的依据。在评价各种筹资方式时，一般要考虑的因素包括对企业控制权的影响、对投资者吸引力的大小、融资的难易和风险、资本成本的高低等，而资本成本是其中的重要因素。在其他条件相同时，企业筹资应选择资本成本最低的方式。

2. 综合资本成本是衡量资本结构是否合理的依据

企业财务管理目标是企业价值最大化，企业价值是企业资产带来的未来经济利益的现值。计算现值采用贴现率时，通常会选择企业的综合资本成本，当综合资本成本率最小时，企业价值最大，此时的资本结构是企业理想的最佳资本结构。

3. 资本成本是评价投资项目可行性的主要标准

资本成本通常用相对数表示，是企业对投入资本所要求的报酬率（或收益率），即最低必要报酬率。任何投资项目，如果预期的投资报酬率超过该项目使用资金的资本成本率，则该项目在经济上就是可行的。因此，资本成本率是企业用以确定项目要求达到的投资报酬率的最低标准。

4. 资本成本是评价企业整体业绩的重要依据

一定时期企业资本成本的高低，不仅反映企业筹资管理的水平，还可作为评价企业整体经营业绩的标准。企业的生产经营活动，实际上就是所筹集资本经过投放后形成的资产营运，企业的总资产报酬率应高于其平均资本成本率，才能带来剩余收益。

二、资本成本的计算

（一）个别资本成本的计算

个别资本成本是指单一融资方式的资本成本，包括银行借款资本成本、公司债券资本成本、融资租赁资本成本、利用商业信用资本成本、普通股资本成本、优先股资本成本和留存收益成本等，其中前四类是债务资本成本，后三类是权益资本成本。个别资本成本可用于比较和评价各种筹资方式。

1. 银行借款成本

银行借款资本成本包括借款利息和借款手续费用。利息费用税前支付，可以起抵税作用，一般计算税后资本成本率，以便税后资本成本率与权益资本成本率具有可比性。银行借款的资本成本率按一般模式计算为：

$$银行借款资本成本率=年利率\times（1-所得税税率）/（1-手续费率）\times 100\%$$

即 $K_l=i\times(1-T)/(1-f)\times 100\%$

当筹资费用率为零时，银行借款成本可简化为：

$$K_l=i\times(1-T)=\text{税后利率}$$

式中：K_l 为银行借款资本成本率；i 为银行借款年利率；f 为筹资费用率；T 为所得税税率。

对于长期借款，考虑时间价值问题，还可以用折现模式计算资本成本率。

【例 4-1】某企业取得 5 年期长期借款 200 万元，年利率 10%，每年付息一次，到期一次还本，借款费用率 0.2%，企业所得税税率 20%，该项借款的资本成本率为：

$$K_l=10\%\times(1-20\%)/(1-0.2\%)\times 100\%=8.02\%$$

考虑时间价值，该项长期借款的资本成本计算如下：

$$200\times(1-0.2\%)=200\times 10\%\times(1-20\%)\times(P/A,K_l,5)+200\times(P/F,K_l,5)$$

按内插法计算得：$K_l=8.05\%$

2. 发行债券成本

公司债券资本成本包括债券利息和债券筹资费用。债券可以溢价发行，也可以折价发行，其资本成本率按一般模式计算为：

$$K_b=\text{面值}\times\text{票面利率}\times(1-\text{所得税税率})/\text{筹资总额}\times(1-\text{手续费率})\times 100\%$$

【例 4-2】某企业以 1100 元的价格，溢价发行面值为 1000 元、期限 5 年、票面利率为 7% 的公司债券一批。每年付息一次，到期一次还本，发行费用率 3%，所得税税率 20%。该批债券的资本成本率为：

$$K_b=1000\times 7\%\times(1-20\%)/1100\times(1-3\%)\times 100\%=5.25\%$$

考虑时间价值，该项公司债券的资本成本计算如下：

$$1100\times(1-3\%)=1000\times 7\%\times(1-20\%)\times(P/A,K_b,5)+1000\times(P/F,K_b,5)$$

按插值法计算得：$K_b=4.09\%$

3. 融资租赁成本

融资租赁的资本成本实际上就是其租金。

4. 利用商业信用筹资的成本

利用商业信用筹资的成本，即放弃现金折扣的成本。

5. 普通股成本

普通股资本成本主要是向股东支付的各期股利。由于各期股利并不一定固定，随企业各期收益波动而波动，因此普通股的资本成本只能按贴现模式计算，并假定各期股利的变化具有一定的规律性。如果是上市公司普通股，其资本成本还可以根据该公司的股票收益率与市场收益率的相关性，按资本资产定价模型进行估计。

（1）股利增长模型法。假定资本市场有效，股票市场价格与价值相等。若某股票本期支付的股利为 D_0，未来各期股利按 g 速度增长。目前，股票市场价格为 P_0，筹资费用率为 f，则普通股资本成本为：

$$K_s = \frac{D_0 \times (1+g)}{P_0 \times (1-f)} + g = \frac{D_1}{P_0 \times (1-f)} + g$$

【例 4-3】某公司普通股市价 30 元，筹资费用率 2%，本年发放现金股利每股 0.6 元，预期股利年增长率为 10%。则：

$$K_s = \frac{0.6 \times (1+10\%)}{30 \times (1-2\%)} + 10\% = 12.24\%$$

（2）资本资产定价模型法。假定资本市场有效，股票市场价格与价值相等。若无风险报酬率为 R_f，市场平均报酬率为 R_m，某股票贝塔系数为 β，则普通股资本成本率为：

$$K_s = R_f + \beta \times (R_m - R_f)$$

【例 4-4】某公司普通股 β 系数为 1.5，此时一年期国债利率 5%，市场平均报酬率 15%，则该普通股资本成本率为：

$$K_s = 5\% + 1.5 \times (15\% - 5\%) = 20\%$$

6. 优先股成本

企业发行优先股，需要支付筹资费用和优先股股东的股利。优先股没有到期日，其股利通常是固定的，且在税后支付，不能抵减所得税。优先股成本的计算公式为：

$$K_p = \frac{D}{P_0 \times (1-f)}$$

7. 留存收益成本

留存收益是企业税后利润中以盈余公积或未分配利润的形式留存企业用于生产经营的资金，其所有权属于普通股股东。对于企业股东来讲相当于向企业追加投资，要求有一定的报酬，也要计算其成本。留存收益成本计算与普通股基本相同，只是不考虑筹资费用而已，其计算公式为：

$$K_c = \frac{D_0 \times (1+g)}{P_0} + g = \frac{D_1}{P_0} + g$$

（二）综合资本成本的计算

综合资本成本是以各种资金成本为基础，各种资金占全部资金的比重为权数，对各种资金成本进行加权平均计算出来的。综合资本成本可用于衡量企业资本成本的整体水平，确立企业理想的资本结构。其计算公式为：

$$K_w = \sum_{j=1}^{n} K_j W_j$$

式中：K_w 为综合资本成本；K_j 为第 j 种个别资本成本；W_j 为第 j 种个别资本在总资本中所占

的比重。

【例 4-5】某公司账面上反映的长期资本总额 1000 万元，其中长期借款 300 万元、债券 350 万元、优先股 100 万元、普通股 200 万元、留存收益 50 万元；个别资本成本分别为 4%、6%、10%、14%、12%。该公司的综合资本成本测算见表 4-1。

表 4-1 综合资本成本测算表

资本种类	资本价值/万元	资本比重/%	个别资本成本/%	综合资本成本/%
长期借款	300	30	4	1.2
债券	350	35	6	2.1
优先股	100	10	10	1
普通股	200	20	14	2.8
留存收益	50	5	12	0.6
合计	1000	100	—	7.7

资本成本的计算，存在着权数价值的选择问题，即各项个别资本按什么权数来确定其在总资本中所占的比重。通常，可供选择的价值形式有账面价值、市场价值、目标价值等。

1. 账面价值权数

账面价值权数即以各项个别资本的会计报表账面价值为基础来计算资本权数，确定各类资本占总资本的比重。其优点是，资料容易取得，可以直接从资产负债表中得到，而且计算结果比较稳定。其缺点是，当债券和股票的市价与账面价值差距较大时，导致按账面价值计算出来的资本成本，不能反映目前从资本市场上筹集资本的现时机会成本，不适合评价现时的资本结构。

2. 市场价值权数

市场价值权数即以各项个别资本的现行市价为基础来计算资本权数，确定各类资本占总资本的比重。其优点是，能够反映现时的资本成本水平，有利于进行资本结构决策。但现行市价处于经常变动之中，不容易取得，而且现行市价反映的只是现时的资本结构，不适用未来的筹资决策。

3. 目标价值权数

目标价值权数即以各项个别资本预计的未来价值为基础来确定资本权数，确定各类资本占总资本的比重。目标价值是目标资本结构要求下的产物，是公司筹措和使用资金对资本结构的一种要求。对于公司筹措新资金，需要反映期望的资本结构来说，目标价值是有益的，适用于未来的筹资决策，但目标价值的确定难免具有主观性。

以目标价值为基础计算资本权重，还能体现决策的相关性。目标价值权数的确定，可以选择未来的市场价值，也可以选择未来的账面价值。选择未来的市场价值，与资本市场现状联系比较紧密，能够与现时的资本市场环境状况结合起来，目标价值权数的确定一般以现行市场价值为依据。但市场价值波动频繁，可行方案是选用市场价值的历史平均值，如 30 日、

60 日、120 日均价等。总之，目标价值权数是主观愿望和预期的体现，依赖于财务经理的价值判断和职业经验。

（三）边际资本成本的计算

边际资本成本是资本每增加一个单位而增加的成本。边际资本成本也是按加权平均方法计算的，是企业追加筹资时所使用的加权平均成本。

由于企业资本成本会随着筹资规模的变动而变动，为了比较、选择不同规模范围的筹资组合，就需要预先测算其边际资本成本。下面举例说明边际资本成本的具体测算过程。

【例 4-6】某公司目前拥有长期资本 4000 万元，其中长期借款 600 万元，资本成本 3%；债券 1000 万元，资本成本 10%；普通股 2400 万元，资本成本 13%。由于公司经营规模扩大，拟筹建新的长期资本，经分析研究认为，公司目前的资本结构较为理想，增资后应保持，要求确定追加筹资的边际资本成本。

解：（1）确定目标资本结构：

目前的资本结构中，长期借款比重=600/4000×100%=15%

债券比重=1000/4000×100%=25%

普通股比重=2400/4000×100%=60%

公司认为目前的资本结构较为理想，因而增资后应维持当前的资本结构。

（2）测算个别资本成本的变化。

该公司通过分析市场状况和融资能力，测算出随筹资的增加各种筹资资本成本的变化，见表 4-2。

表 4-2　公司筹资资料

筹资方式	目标资本结构	追加筹资数额范围/万元	个别资本成本
长期借款	15%	45 以内	3%
		45～90	5%
		90 以上	7%
债券	25%	200 以内	10%
		200～400	11%
		400 以上	12%
普通股	60%	300 以内	13%
		300～600	14%
		600 以上	15%

（3）计算筹资总额突破点。

筹资总额突破点是指在某种资本成本条件下可以筹集到的资金总限度（见表 4-3）。当筹资总额在突破点以内时，原有的个别资本成本不变，而一旦筹资总额超过突破点，其个别资本成本就会随之增加。

表 4-3　筹资总额突破点计算表

筹资方式	个别资本成本	追加筹资数额范围/万元	筹资总额突破点/万元	筹资总额范围/万元
长期借款（15%）	3%	45 以内	45/15%=300 90/15%=600	300 以内
	5%	45～90		300～600
	7%	90 以上		600 以上
债券（25%）	10%	200 以内	200/25%=800 400/25%=1600	800 以内
	11%	200～400		800～1600
	12%	400 以上		1600 以上
普通股（60%）	13%	300 以内	300/60%=500 600/60%=1000	500 以内
	14%	300～600		500～1000
	15%	600 以上		1000 以上

（4）计算边际资本成本，结果见表 4-4。

表 4-4　边际资本成本计算表

序号	筹资总额范围/万元	筹资方式	目标资本结构	个别资本成本	边际资本成本
1	300 以下	长期借款	15%	3%	10.75%
		债券	25%	10%	
		普通股	60%	13%	
2	300～500	长期借款	15%	5%	11.05%
		债券	25%	10%	
		普通股	60%	13%	
3	500～600	长期借款	15%	5%	11.65%
		债券	25%	10%	
		普通股	60%	14%	
4	600～800	长期借款	15%	7%	11.95%
		债券	25%	10%	
		普通股	60%	14%	
5	800～1000	长期借款	15%	7%	12.2%
		债券	25%	11%	
		普通股	60%	14%	
6	1000～1600	长期借款	15%	7%	12.8%
		债券	25%	11%	
		普通股	60%	15%	
7	1600 以上	长期借款	15%	7%	13.05%
		债券	25%	12%	
		普通股	60%	15%	

第二节　杠杆原理

物理学中的杠杆效应，是指人们通过杠杆可以用较小的力量移动较重物体的现象。财务管理中也存在着类似的杠杆效应，表现为：由于一些特定原因的存在而导致的当某一财务变量以较小幅度变动时，另一相关变量会以较大幅度变动。了解这些杠杆效应，有助于企业合理地规避风险，提高财务管理水平。财务管理中的杠杆效应有三种形式：经营杠杆、财务杠杆和总杠杆。在学习三种杠杆之前，有必要对杠杆中所涉及的相关概念有所了解。

一、相关财务概念

1. 成本习性

成本习性是指成本总额与业务量在数量上的依存关系。根据成本习性的不同，可以把企业的全部成本分为三类：

（1）变动成本。

变动成本是在一定时期和一定业务量范围内随业务量变动而成正比例变动的那部分成本，如直接材料、直接人工等。

（2）固定成本。

固定成本是指成本总额在一定时期和一定业务量范围内不随业务量变动而变动的那部分成本，如按直线法计提的折旧费、保险费、管理人员工资和办公费等。固定成本总额虽然保持不变，但单位固定成本会随业务量的增加而逐渐下降。

无论是变动成本还是固定成本都强调一个相关业务量范围，一旦超过这个范围，变动成本有可能成为固定成本，固定成本也有可能成为变动成本。

（3）混合成本。

混合成本是成本总额虽随业务量变动而变动，但这种变动并不成同比例。按其与业务量的关系可分为半变动成本和半固定成本。

半变动成本通常有一个初始量，类似于固定成本，在这个初始量的基础上成本总额会随业务量的增长而增长，又类似于变动成本。比如电话费，其中不打电话也要交的月租费就是这个初始量，每打一分钟就交一分钟钱的部分则是变动成本。

半固定成本是成本总额随产量变动而呈阶梯形增长。如质检员、化验员的工资就属于这种成本。在一定业务量范围内，若检查产品数量在1000件以内，工资是1000元；一旦突破这个范围，在第二个范围内，工资就上涨100元。

混合成本是一种过渡性的分类，最终将分解为变动、固定两块，因此企业的所有成本莫过于变动成本和固定成本两部分。

2. 边际贡献

边际贡献是指销售收入减去变动成本后的差额，其计算公式为：

$$M=pQ-bQ=(p-b)Q=mQ$$

式中：M 为边际贡献；p 为产品单价；b 为单位变动成本；Q 为产销量；m 为单位边际贡献。

3. 息税前利润

息税前利润是企业支付利息和缴纳所得税之前的利润。

$$EBIT=pQ-bQ-a$$

式中：$EBIT$ 为息税前利润；a 为固定成本。

4. 每股收益

每股收益是净利润扣除优先股股利后的余额与发行在外的普通股加权平均数之比，其计算公式为：

EPS=（净利润-优先股股利）/发行在外的普通股加权平均数

=归属于普通股股东的净利润/发行在外的普通股加权平均数

式中：EPS 为每股收益。

二、经营杠杆

（一）经营杠杆的含义

当企业存在固定成本时，在其他条件不变的情况下，产销量的增加虽然不会改变固定成本总额，但会降低单位固定成本，提高单位利润，从而使息税前利润的增长率大于产销量的增长率，这就是固定成本的经营杠杆效应。这种由于固定成本的存在而导致息税前利润变动率大于产销量变动率的杠杆效应，称为经营杠杆。

【例 4-7】ABC 公司固定成本总额为 800 万元，产品单位售价为 10 元，单位变动成本为 6 元。公司 2014—2016 年的产销量分别为 240 万件、260 万件、300 万件，其他经营数据详见表 4-5。

表 4-5 ABC 公司经营状况表 单位：万元

年份	产销量	产销量增长率	销售额	变动成本	边际贡献	固定成本	息税前利润	息税前利润增长率
2014	240	—	2400	1440	960	800	160	—
2015	260	8.33%	2600	1560	1040	800	240	50%
2016	300	15.38%	3000	1800	1200	800	400	66.67%

由表 4-5 可知，在固定成本保持不变的情况下，随着产销量的增加，息税前利润会以更快的速度增长。在表 4-5 中，2015 年与 2014 年相比，ABC 公司产销量增长率为 8.33%，同期息

税前利润增长率为 50%；2016 年与 2015 年相比，产销量增长率为 15.38%，同期息税前利润增长率则为 66.67%。由此可知，该公司有效地利用了经营杠杆，获得了较高经营杠杆利益，即息税前利润增长率远远高于产销量增长率。

（二）经营杠杆的衡量

企业生产时只要有固定成本的存在，就会产生经营杠杆效应。但不同企业或同一企业不同产销量基础上的经营杠杆效应大小是不完全一致的，因此需要对经营杠杆进行计量。对经营杠杆进行计量最常用的指标是经营杠杆系数。经营杠杆系数是指息税前利润变动率相当于产销量变动率的倍数。经营杠杆系数的计算公式为：

$$DOL=(\Delta EBIT/EBIT_0)/(\Delta Q/Q_0)$$

或

$$DOL=(\Delta EBIT/EBIT_0)/(\Delta S/S_0)$$

式中：DOL 为经营杠杆系数；$EBIT_0$ 为基期（变动前）的息税前利润；$\Delta EBIT$ 为息税前利润变动额；Q_0 为基期的产销量；ΔQ 为产销量变动额；S_0 为基期的销售额；ΔS 为销售变动额。当产品单价保持不变时，产销量的变动率等于销售额的变动率，所以计算经营杠杆系数时也可用销售额变动率代替产销量变动率。

【例 4-8】以表 4-5 中的数据资料为依据，分别计算 ABC 公司 2015 年和 2016 年的经营杠杆系数。

解：$DOL_{2015}=50\%/8.33\%=6$

$DOL_{2016}=66.67\%/15.38\%=4.33$

为了便于计算，可将计算经营杠杆系数的公式做如下变换：

$$DOL=[(p-b)Q]/[(p-b)Q-a]=M/EBIT$$

即：经营杠杆系数=基期边际贡献/基期息税前利润

经过变换后，经营杠杆系数可直接利用前期数据进行计算，而不必知道下期数据，因此上述公式具有预测功能。仍以表 4-5 中的数据资料为例，可直接根据 2014 年的数据计算 2015 年的经营杠杆系数、根据 2015 年的数据计算 2016 年的经营杠杆系数。

$DOL_{2015}=960/160=6$

$DOL_{2016}=1040/240=4.33$

（三）经营杠杆分析

经营杠杆系数表明了企业销售量或销售收入变动幅度与息税前利润变动幅度之间的一种关系。企业常常由于产品市场需求变动、售价变动以及成本等因素导致销售收入的变动。经营环境越不稳定，销售变动就越大。由于经营杠杆的存在，当产销业务量增加时，息税前利润就以 DOL 的倍数增加；而当产销业务量减少时，息税前利润也将以 DOL 的倍数减少。可见，经营杠杆扩大了市场和生产等不确定因素对企业的影响。经营杠杆系数越大，利润变动越激烈，企业的经营风险就越大，从而影响企业按时支付利息、股利以及到期支付本金的能力。可见，企业经营风险的大小和经营杠杆有着密切关系。

一般来说，在其他因素不变的情况下，固定成本越高，经营杠杆系数越大，则企业经营风险就越大；反之亦然。如果固定成本为零，则经营杠杆系数等于1，企业将不存在经营杠杆效应，但这种情况在现实生活中是不存在的。

通常，企业可通过增加销售额、降低产品单位变动成本、降低固定成本比重等措施使经营杠杆系数下降，降低经营风险。作为财务经理应预先知道销售规模的一个可能变动对营业利润的影响，根据这种预先掌握的信息，对销售政策或成本结构做出相应调整。

三、财务杠杆

（一）财务杠杆的含义

由于固定财务费用的存在而导致每股收益变动率大于息税前利润变动率的杠杆效应称为财务杠杆。企业只要有债务或优先股，就会有固定的利息负担。当息税前利润增大时，每1元盈余所负担财务费用（如利息、优先股股利、融资租赁租金等）就会减少，这能给普通股股东带来更多的收益；相反，当息税前利润减少时，每1元盈余所负担的财务费用就会增加，由此就会减少普通股的收益。因此，企业利用财务杠杆有时会增加股东收益，有时则可能带来损失，财务杠杆就是一把“双刃剑”。当固定的财务费用为零时，则不存在财务杠杆效应问题。

【例4-9】已知ABC公司每年的债务利息是150万元，适用的所得税税率为20%，发行在外的普通股股数为10万，其他数据详见表4-6。

表4-6　ABC公司财务状况表　　单位：万元

年份	息税前利润	息税前利润增长率	债务利息	所得税	税后利润	每股收益	每股收益增长率
2014	200	—	150	10	40	4	—
2015	240	50%	150	18	72	7.2	80%
2016	400	66.67%	150	50	200	20	177.78%

由表4-6可知，在资本结构、债务利息保持固定不变时，随着息税前利润的增长，每股收益以更快的速度增长，从而使企业所有者获得财务杠杆利益。表4-6中，ABC公司2015年与2014年相比，息税前利润增长率为50%，同期每股收益增长率为80%；2016年与2015年相比，息税前利润增长率为66.67%，同期每股收益增长率则为177.78%。因为每股收益的增长幅度大于息税前利润的增长幅度，ABC公司较好地利用了财务杠杆效应。

（二）财务杠杆的衡量

从上述分析可知，只要在企业的筹资方式中存在有固定财务费用支出的债务或优先股，就会存在财务杠杆效应。但不同企业财务杠杆的作用程度是不同的，因此需要对财务杠杆进行计量。对财务杠杆进行计量的指标是财务杠杆系数。

所谓财务杠杆系数，是指普通股每股收益的变动率相当于息税前利润变动率的倍数。财务杠杆系数计算公式如下：

$$DFL=(\Delta EPS/EPS_0)/(\Delta EBIT/EBIT_0)$$

式中：DFL 为财务杠杆系数，EPS_0 为基期的每股收益，ΔEPS 为每股收益变动额。

【例 4-10】以表 4-6 的数据为依据计算 ABC 公司 2015 年和 2016 年的财务杠杆系数。

解：DFL_{2015}=800%/50%=16

DFL_{2016}=177.78%/66.67%=2.67

为了方便计算，可对财务杠杆系数的计算公式做如下变形：

$$DFL=EBIT_0 \div [EBIT_0-I-D/(1-T)]$$

式中：I 为债务利息，D 为优先股股利，T 为所得税税率。

若公司不存在优先股，财务杠杆系数的计算公式将简化为：

$$DFL=EBIT_0/(EBIT_0-I)$$

即：财务杠杆系数=基期息税前利润 / 基期税前利润

经过变换后，财务杠杆系数可直接利用前期数据进行计算，而不必知道下期数据，因此上述公式具有预测功能。仍以表 4-6 中的数据资料为例，可直接根据 2014 年的数据计算 2015 年的财务杠杆系数、根据 2015 年的数据计算 2016 年的财务杠杆系数。

DFL_{2015}=160/10=16

DFL_{2016}=240/90=2.67

（三）财务杠杆分析

财务杠杆系数表明企业息税前利润变动幅度与普通股每股收益变动幅度之间的关系。当企业息税前利润增加时，普通股股东的收益就以 DFL 的倍数增加；而当息税前利润减少时，股东的收益也将以 DFL 的倍数减少。财务杠杆放大了股东收益变动的幅度，一旦企业息税前利润下降，每股收益就会下降得更快，增大的盈利不足以补偿固定利息支出的财务风险也就更大。

财务杠杆的大小取决于企业固定财务费用的多少。当企业借入资本越多时，财务杠杆系数就越大，每股收益因息税前利润变动而变动的幅度就越大；反之，当企业借入资本越少时，财务杠杆系数就越小，每股收益变动的幅度也就越小。

较大的财务杠杆系数可以为企业带来较强的每股收益扩张能力，但企业为了获得财务杠杆利益就要增加负债，固定财务费用越多，财务风险就越大，投资者所要求的收益率也必定越高，从而使企业资本成本提高。因此，企业筹集资本时，应在财务杠杆利益和财务风险之间做出权衡。

四、复合杠杆

（一）复合杠杆的含义

由于存在固定的生产经营成本，产生经营杠杆效应，即销售量的增长会引起息税前利润更大幅度的增长；同样，由于存在固定财务费用，产生财务杠杆效应，即息税前利润的增长会引起普通股每股收益以更大幅度的增长。一个企业同时存在固定的生产经营成本和固定的财务费用，那么两种杠杆效应就会共同发生，会有连锁作用，销售量稍有变动就会使每股收益产生更大的变动。这种由于固定成本和固定财务费用共同存在而导致的每股收益变动率大于产销量变动率的杠杆效应，称为复合杠杆效应。它是经营杠杆和财务杠杆综合作用的结果。

（二）复合杠杆的衡量

从以上分析中得知，只要企业同时存在固定成本和固定财务费用支出，就会存在复合杠杆效应。和经营杠杆、财务杠杆一样，不同的企业复合杠杆作用也不相同，复合杠杆也需要进行计量。复合杠杆计量的指标是复合杠杆系数。所谓复合杠杆系数是普通股每股利润变动率相当于产销量变动率的倍数。其计算公式为：

$$DTL=(\Delta EPS/EPS_0)/(\Delta Q/Q_0)$$
$$=DOL\times DFL$$

（三）复合杠杆分析

复合杠杆系数反映了经营杠杆和财务杠杆之间的关系，用以评价企业的整体风险水平。在总杠杆系数一定的情况下，经营杠杆系数与财务杠杆系数此消彼长。总杠杆效应的意义在于：第一，能够说明产销业务量变动对普通股收益的影响，据以预测未来的每股收益水平；第二，揭示了财务管理的风险管理策略，即要保持一定的风险状况水平，需要维持一定的总杠杆系数，经营杠杆和财务杠杆可以有不同的组合。

一般来说，固定资产比重较大的资本密集型企业，经营杠杆系数高，经营风险大，企业筹资主要依靠权益资本，以保持较小的财务杠杆系数和财务风险；变动成本比重较大的劳动密集型企业，经营杠杆系数低，经营风险小，企业筹资主要依靠债务资本，因而产生了较高的财务杠杆系数和财务风险。

通常情况下，在企业初创阶段，产品市场占有率低，产销业务量小，经营杠杆系数大，此时企业筹资主要依靠权益资本，在较低程度上使用财务杠杆；在企业扩张成熟期，产品市场占有率高，产销业务量大，经营杠杆系数小，此时，可扩大债务资本，较大程度地使用财务杠杆。

第三节　资本结构

资本结构是企业筹资决策的核心。在筹资管理过程中，采用适当的方法以确定最优资本结构，是筹资管理的主要任务之一。

一、资市结构的概念

1. 资本结构

资本结构是指企业各种资本的构成及其比例关系。资本结构有广义和狭义之分。广义的资本结构是指全部资本的构成，不仅包括长期资本，还包括短期资本；既包括纵向资本结构（各项资本来源之间的比例），也包括横向资本结构（资本来源与资产构成之间的对应关系）。狭义的资本结构仅指长期资本结构，短期债务资本列入营运资本管理。现代财务理论大多是以这一资本结构为研究对象，这也是本节要重点阐述的内容。

企业筹资的方式虽然很多，但筹集来的资金从性质上来看，不外乎有两种：一种是权益资本，另一种是负债资本。权益资本是企业必备的基础资本，所以资本结构问题实际上也就是债务资本的比例问题，即负债资本在总资本中所占的比重。

2. 最优资本结构

不同的资本结构会给企业带来不同的后果。企业利用债务资本进行举债经营具有双重作用，既可以发挥财务杠杆效应，也可能带来财务风险。因此，企业必须权衡财务风险和资本成本的关系，确定最优资本结构。所谓最优资本结构，是指在一定条件下使企业平均资本成本率最低、企业价值最大的资本结构。

从理论上讲，最优资本结构是存在的，但由于企业内部条件和外部环境的经常性变化，动态地保持最优资本结构十分困难。因此在实践中，企业较多地是寻求目标资本结构，即企业结合自身实际进行适度负债经营所确立的资本结构。

二、资本结构理论

人们对资本结构有着若干不同认识。最早提出资本结构理论这一问题的是美国经济学家戴维·杜兰德。戴维·杜兰德认为，早期企业的资本结构是按照净收益法、营业收益法和传统折中法建立的。1958 年莫迪格利尼和米勒又提出了著名的 MM 理论。在此基础上，后人又进一步提出了权衡理论、代理理论等。

（一）净收益理论

该理论认为，利用债务可以降低企业的综合资本成本。这是因为债权的投资报酬率固定，并且债权人有优先求偿权，所以，债权投资风险低于股权投资风险，债权资本成本率一般低于股权资本成本率。因此，负债程度越高，综合资本成本就越低。当负债比率为 100%时，企业价值将达到最大。

这是一种极端的资本结构理论观点，它虽然考虑到财务杠杆利益，但忽略了财务风险。很显然，如果企业的债务比例过高，财务风险就会很高，企业综合资金成本就会上升，这样企业的价值反而会下降。

（二）净营业收益理论

该理论认为，资本结构与企业的价值无关，决定企业价值高低的关键要素是企业的净营业收益。如果企业增加成本较低的债务资金，即使债务资金本身不变，但由于加大了企业风险，也会导致权益资金成本的提高。这一升一降相互抵消，企业综合资金成本仍保持不变。也就是说，不论企业的财务杠杆程度如何，其整体的资金成本不变，企业的价值也就不受资本结构的影响。这就意味着不存在最佳资本结构。

这是另一种极端的资本结构理论观点。这种观点虽然认识到债权资金比例变动会产生财务风险，也可能影响企业的股权资金成本率，但实际上企业的综合资金成本率不可能是一个常数。企业净营业收益的确会影响企业价值，但企业价值不仅仅取决于企业净营业收益的多少。

（三）MM 理论

MM 理论是现代资本结构研究的起点。1958 年，莫迪格利尼和米勒提出了著名的 MM 理论。该理论在无税收、资本可以自由流动、充分竞争、预期报酬率相同的证券价格相同、完全信息、利率一致、高度完善和均衡的资本市场等一系列假设之下，提出了以下两个重要命题：

命题 1：不论有无负债，其价值（普通股资本和长期债权资本的市场价值之和）都等丁企业所有资产的预期收益额按与该企业风险等级相适应的必要报酬率予以折现。其中，企业所有资产的预期收益额相当于息税前利润，企业风险等级相适应的必要报酬率相当于企业的综合资本成本率。

命题 2：利用财务杠杆的企业其股权资金成本率随筹资额的增加而提高。因为便宜的债务给企业带来的财务杠杆利益会被股权资金成本率的上升而抵消，所以，企业的价值与其资本结构无关。因此，在没有企业所得税和个人所得税的情况下，任何企业的价值，不论其有无负债，都等于经营利润除以适用于其风险等级的收益率。风险相同的企业，其价值不受有无负债及负债程度的影响。

但修正的 MM 资本结构理论提出，有债务的企业价值等于有相同风险但无债务的企业价值加上债务的节税利益。因此，在考虑所得税的情况下，由于存在税额庇护利益，企业价值会随负债程度的提高而增加，股东也可获得更多好处。于是，负债越多，企业价值也会越大。

（四）权衡理论

20 世纪 70 年代人们发现，制约企业无限追求免税优惠或负债最大化的关键因素在于债务上升而形成的企业风险和费用。企业债务增加使企业陷入财务危机甚至破产的可能性也增加。随着企业债务增加而提高的风险和各种费用会增加企业的额外成本，从而使其市场价值下降。因此，企业最佳资本结构应当是在负债价值最大化和债务上升带来的财务危机成本之间的平衡，这被称为权衡理论。这一理论可以说是 MM 理论的再修正。该理论认为，当负债程度较低时，企业价值因税额庇护利益的存在会随负债水平的上升而增加；当负债达到一定界限时，负债税额庇护利益开始为财务危机成本所抵消。当边际负债税额庇护利益等于边际财务危机成本时，企业价值最大，资本结构最佳；若企业继续追加负债，则企业价值会因财务危机成本大于负债税额庇护利益而下降，负债越多，企业价值下降得越快。

（五）代理理论

代理理论的创始人詹森和麦克林认为，企业资本结构会影响经理人员的工作水平和其他行为选择，从而影响企业未来现金收入和企业市场价值。例如，当经理人不作为内部股东而作为代理人时，其努力的成本由自己负担，而努力的收益却归于他人；其在职消费的好处由自己享有，而消费成本却由他人负责。这时，他可能偷懒或采取有利于自身效用的满足而损害委托人利益的行动。该理论认为，负债融资有更强的激励作用，并将债务视为一种担保机制。这种机制能够促使经理人多努力工作，少个人享受，并且做出更好的投资决策，从而降低由于两权分离而产生的代理成本。但是负债融资可能导致另一种代理成本，即企业接受债权人监督而产生的成本。这种债权的代理成本也得由经营者来承担，使举债比例上升导致举债成本上升。均衡的企业所有权结构是由股权代理成本和债权代理成本之间的平衡关系来决定的。

不同的资本结构理论为企业融资决策提供了有价值的参考，可以指导决策行为。但是也应指出，由于融资活动本身和外部环境的复杂性，目前仍难以准确地显示出存在于财务杠杆、每股收益、资本成本及企业价值之间的关系，所以在一定程度上融资决策还要依靠有关人员的经验和主观判断。

三、资本结构的影响因素

（一）外部因素

1. 宏观经济环境

企业的生存和发展是由宏观经济环境决定的。国家的中长期发展规划、产业结构政策、货币政策、税收政策等，不但会影响企业当前的资本结构，而且也可以为企业确定今后的资本结构提供指导。企业必须重视自身存在的问题，结合实际，全面分析宏观环境以及所在行业的相关政策对企业的影响，正确把握市场脉搏及发展方向，选准企业在市场中的定位，积极适应市场变化。

2. 经济周期因素

在市场经济条件下，任何国家的经济都既不会较长时间的增长，也不会较长时间的衰退，而是在波动中发展。经济周期呈现复苏、繁荣、衰退和萧条的阶段性周期循环。一般而言，在经济衰退阶段，由于宏观经济不景气，企业经营举步维艰，财务状况陷入窘境，企业应尽可能压缩负债，甚至采用“零负债”策略；而在经济复苏、繁荣阶段，市场供求趋旺，大部分企业的销售顺畅，利润水平不断上升，企业应增加负债，以利用财务杠杆效应迅速发展。

3. 行业因素

企业资本有机构成的高低，主要取决于企业所处行业生产经营业务的特点。资本有机构成高的企业，经济规模要求投入资本的起点就较高；反之亦然。不同资产结构的企业利用财务杠杆的能力也不同，房地产公司的抵押贷款较多，而以技术开发为主的公司则较少。据有关数据统计显示，房地产行业的资产负债率一般在 70%左右；而医药行业的资产负债率则在 40%左右。

4. 市场竞争环境因素

即使处于同一宏观经济环境下的企业，因各自所处的市场竞争环境不同，其负债水平也不能一概而论。在市场竞争中处于垄断性地位的企业，销售一般不会发生问题，生产经营不会产生较大的波动，可适当提高负债比率，以利用债务资金提高生产能力，巩固其垄断地位。低于一般竞争力的企业，其经营风险明显较大，投资者要求的回报率也较高，应该根据行业格局以及企业的成长性做出合理安排。

（二）内部因素

1. 企业财务状况

企业盈利能力越强、财务状况越好、变现能力越强，就越有能力负担财务上的风险。因而，随着企业变现能力、财务状况和盈利能力的增进，举债融资就越有吸引力。当然，有些企业因为财务状况不好，无法顺利发行股票，只好利用高利率发行债券来筹集资金。

2. 企业所处生命周期

企业在不同发展阶段，其筹资策略也有所不同。在其他因素相同的情况下，发展速度较慢的企业可能会通过内部积累补充资本，而发展速度较快的企业则必须依赖外部资本，特别是负债资本。

一般而言，企业在初创期由于在社会上还没有形成良好的声誉，其资金就只能来自股东；到了成长期，企业规模需要不断扩大，此时，企业除了靠留存收益外，还需要利用商业信用和对外贷款；成熟期的企业生产水平、销售水平都已达到了较高水准，市场需求也达到最大，这时的筹资策略大多是向银行贷款；到了衰退期，销售额下降，企业开始缩减生产规模。

3. 企业资产结构

资产结构会以多种方式影响企业的资本结构：① 拥有大量固定资产的企业，主要通过长期负债和发行股票筹集资金；② 拥有较多流动资产的企业，更多依赖流动负债筹集资金；③ 资产适用于抵押贷款的公司举债额较多；④ 以研发为主的公司负债较少。

4. 所有者和管理人员的态度

企业所有者和管理人员的态度对资本结构也有着重要影响，因为企业资本结构的决策最终是由他们做出的。

一个企业的股票如果被众多投资者所持有，谁也没有绝对的控制权，这个企业可能会更多地采用发行股票的方式筹集资金，因为企业所有者并不担心控制权旁落。反之，有的企业被少数股东所控制，股东们很重视控制权问题，企业为了保证少数股东的绝对控制权，会尽量避免普通股筹资，而是采用优先股或负债方式筹集资金。

管理人员对待风险的态度，也是影响资本结构的重要因素。喜欢冒险的财务管理人员，可能会安排比较高的负债比例；反之，一些持稳健态度的财务管理人员则会利用较少的债务。

四、资本结构的决策方法

企业筹资决策的目的就是要确定最优的资本结构以求得企业价值最大化、资本成本最小化。资本结构决策的方法有多种，常见的有比较综合资本成本法、每股收益分析法和公司价值分析法。

1. 比较综合资本成本法

比较综合资本成本法是通过计算各方案的综合资本成本，并根据综合资本成本的高低来确定最优资本结构的方法。该种方法从资本投入的角度进行分析，认为最优的资本结构亦即综合资本成本最低的资本结构。

【例 4-11】某企业拟新建一项目，投资总额为 500 万元，有 3 个筹资方案可供选择，具体资料如表 4-7 所示。

表 4-7　资本成本与资本结构数据表　　单位：万元

筹资方式	方案一		方案二		方案三	
	筹资额	资本成本	筹资额	资本成本	筹资额	资本成本
银行借款	200	6%	100	6%	400	6%
债券	300	8%	600	8%	200	8%
普通股	500	10%	300	10%	400	10%
合计	1000		1000		1000	

计算各方案的综合资本成本。

解：方案一：6%×200/1000+8%×300/1000+10%×500/1000=8.6%

方案二：6%×100/1000+8%×600/1000+10%×300/1000=8.4%

方案三：6%×400/1000+8%×200/1000+10%×400/1000=8%

通过计算，方案三的综合资金成本最低，该方案对应的资本结构即最优的资本结构，企业应选择此方案。

2. 每股收益分析法

每股收益的高低受资本结构和销售水平的影响。每股收益分析法比较的是各种资本结构下的每股收益大小，认为较高每股收益所对应的资本结构较优。每股收益分析法是一种财务规划方法，通常利用每股收益无差别点进行资本结构决策。

每股收益无差别点，是指不同筹资方式下每股收益都相等时的息税前利润或业务量水平。

当息税前利润或业务量水平在无差别点时，无论是采用负债还是权益筹资都具有相同的每股收益。但是，当预期息税前利润或业务量水平大于每股收益无差别点时，由于将产生财务杠杆的正效应，采用负债融资得到的每股收益将高于权益融资得到的每股收益，因此应选择负债筹资方案，反之亦然。在每股收益无差别点时，不同筹资方案的 EPS 是相等的，用公式表示如下：

$$\left[(\overline{EBIT}-I_1)\times(1-T)-D_1\right]/N_1=\left[(\overline{EBIT}-I_2)\times(1-T)-D_2\right]/N_2$$

式中：$\overline{EBIT}$ 为每股收益无差别点下的息税前利润；I_1、I_2 为两种筹资方式下的债务利息；T

为所得税税率；D_1、D_2为两种筹资方式下的优先股股利；N_1、N_2为两种筹资方式下普通股股数。

【例 4-12】公司因生产发展需要准备筹集资金 500 万元，这些资金可以通过增发股票或发行企业债券的方式来筹集。企业所得税率为 25%，具体资料如表 4-8 所示。

表 4-8 资本成本与资本结构数据表 单位：万元

筹资方式	原资本结构	增加筹资后资本结构	
		增发普通股	发行公司债券
银行借款（利率 6%）	100	100	100
已发行债券（利率 8%）	200	200	200
拟发行新债（利率 9%）			500
优先股（股利率 4%）	50	50	50
已发行普通股（面值 10 元）	800	800	800
增发普通股（面值 10 元）		500	
普通股股数（万股）	80	130	80

要求：试用每股收益分析法为公司做出筹资决策。

解：$[(\overline{EBIT}-100\times6\%-200\times8\%)\times(1-25\%)-50\times4\%]/130$

$=[(\overline{EBIT}-100\times6\%-200\times8\%-500\times9\%)\times(1-25\%)-50\times4\%]/80$

$\overline{EBIT}\approx141.67$（万元）

也就是说，当预计息税前利润 $EBIT>141.67$ 万元时，利用发行债券筹资能够获得更高的每股收益；当息税前利润 $EBIT<141.67$ 万元时，利用增发普通股筹资能够获得更高的每股收益；当息税前利润 $EBIT=141.67$ 万元时，采用两种方式无差别。

3. 公司价值分析法

以上两种方法都是从账面价值的角度进行资本结构优化分析，没有考虑市场反应，也没有考虑风险因素。公司价值分析法，是在考虑市场风险的基础上，以公司市场价值为标准，进行资本结构优化。即能够提升公司价值的资本结构，就是合理的资本结构。这种方法常用于资本规模较大的上市公司资本结构优化分析。

设 V 表示公司价值，B 表示债务资本价值，S 表示权益资本价值。公司价值应该等于资本的市场价值，即：

$$V=S+B$$

为简化分析，假设公司各期的 $EBIT$ 保持不变，债务资本的市场价值等于其面值，权益资本的市场价值可通过下式计算：

$$S=(EBIT-I)\times(1-T)/K_s$$

且 $$K_s=R_f+\beta\times(R_m-R_f)$$

此时：$$K_w=K_b\times(B/V)\times(1-T)+K_s\times(S/V)$$

【例 4-13】某公司息税前利润为 400 万元，资本总额账面价值 1000 万元。假设无风险报酬率为 6%，证券市场平均报酬率为 10%，所得税率为 40%。经测算，不同债务水平下的权益资本成本率和债务资本成本率如表 4-9 所示。

表 4-9 不同债务水平下的债务资本成本率和权益资本成本率

债务市场价值 B/万元	税前债务利息率/%	股票 β 系数	权益资本成本率/%
0		1.50	12.0
200	8.0	1.55	12.2
400	8.5	1.65	12.6
600	9.0	1.80	13.2
800	10.0	2.00	14.0
1000	12.0	2.30	15.2
1200	15.0	2.70	16.8

根据表 4-9 资料，可计算出不同资本结构下的企业总价值和综合资本成本，如表 4-10 所示。

表 4-10 公司价值和平均资本成本率

债务市场价值/万元	股票市场价值/万元	公司总价值/万元	债务税后资本成本/%	普通股资本成本/%	平均资本成本/%
0	2000	2000	—	12.0	12.0
200	1889	2089	4.80	12.2	11.5
400	1743	2143	5.10	12.6	11.2
600	1573	2173	5.40	13.2	11.0
800	1371	2171	6.00	14.0	11.1
1000	1105	2105	7.20	15.2	11.4
1200	786	1986	9.00	16.8	12.1

可以看出，在没有债务资本的情况下，公司的总价值等于股票的账面价值。当公司增加一部分债务时，财务杠杆开始发挥作用，股票的市场价值大于其账面价值，公司总价值上升，平均资本成本率下降。在债务达到 600 万元时，公司总价值最高，平均资本成本率最低。债务超过 600 万元后，随着利息率的不断上升，财务杠杆作用逐步减弱甚至呈现副作用，公司总价值下降，平均资本成本率上升。因此，债务为 600 万元时的资本结构是该公司的最优资本结构。

本章小结

资本成本是指企业为筹集和使用资金而付出的代价，它表达了投资人对投入企业的资本所要求的收益率。资本成本有不同的表现形式，具体可以分为：个别资本成本、加权平均资本成本和边际资本成本。在实际经济生活中，资本成本的高低取决于多方面因素的综合作用。

财务管理中杠杆效应的形式有三种：经营杠杆、财务杠杆和复合杠杆。由于固定成本的存在而导致息税前利润变动率大于产销量变动率的杠杆效应，称为经营杠杆，由于固定财务费用的存在而导致每股利润变动率大于息税前利润变动率的杠杆效应，称为财务杠杆；复合杠杆也称综合杠杆或总杠杆，是经营杠杆和财务杠杆的综合。如果两种杠杆共同作用，那么产销量（销售额）稍有变动就会使每股收益产生更大变动。这种由于固定成本和固定财务费用的共同存在而导致的每股利润变动率大于产销量（销售额）变动率的杠杆效应，就是复合杠杆。

资本结构是指企业筹集的各种长期资金的构成及其比例关系。企业资本结构决策就是如何选择最优资本结构的决策。最优资本结构，是指企业在适度负债条件下使其预期的加权资本成本最低，同时使企业价值最大的资本结构。最优资本结构的确定方法有比较综合资本成本法、每股收益分析法和公司价值分析法。当企业通过一定的方法确定了自己的最优资本结构之后，就需要对现有的资本结构进行调整，使企业的资本结构达到理想的目标。

思考与讨论

1. 什么是资本成本？如何衡量？
2. 什么是经营杠杆、财务杠杆和复合杠杆？如何衡量？这三种杠杆与风险的关系如何？
3. 如何理解资本结构？影响资本结构决策的因素有哪些？
4. 什么是最优资本结构？如何确定？

练习与自测

1. 某公司按面值发行 5 年期利率为 10%的债券 250 万元，发行费率为 3%，公司所得税税率为 25%。请计算该债券的资本成本。

2. 某公司发行普通股 40 万股，每股市价 20 元，筹资费率为 6%，上一年每股股利为 2 元，预计以后每年增长 5%，请计算该普通股的资本成本。

3. 某股份有限公司拥有长期资本 100 万元，其中，债券 40 万元，普通股 60 万元。该结构为公司的目标资本结构。公司拟筹资 50 万元，并维持目前的资本结构。随着筹资数额的增加，各种资本成本的变化如表 4-11 所示。

表 4-11　资本成本变化表

资本种类	新筹资额（万元）	资本成本（%）
债券	20 及以下	7
	20 以上	8
普通股	42 及以下	16
	42 以上	17

请计算各筹资分界点及相应各筹资范围段的边际资本成本。

4. 某公司目前拥有资金 2000 万元，其中，长期借款 800 万元，年利率 10%；普通股 1200 万元，上年支付的每股股利 2 元，预计股利增长率为 5%，发行价格 20 元，目前的价格也为 20 元，该公司筹集资金 100 万元，企业所得税率为 25%，有两种筹资方案：

方案（1）：增加长期借款 100 万元，借款利率上升到 12%，假设公司其他条件不变；

方案（2）：增发普通股 40 000 股，普通股市价增加到每股 25 元。

要求：

（1）计算该公司筹资前加权平均资本成本；

（2）用比较资本成本法确定该公司最佳资本结构。

5. 某公司预计 2015 年的净利润为 750 万元，所得税税率为 25%，该公司全年固定成本总额为 1500 万元。公司年初发行了一种债券，数量为 1 万张，每张面值为 1000 元，发行价格为 1100 元，债券年利息为当年面值总额的 10%，发行费用占发行价格的 2%，计算确定的 2016 年财务杠杆系数为 2。

要求：

（1）计算 2015 年利润总额和利息费用总额；

（2）计算 2015 年息税前利润总额和债券筹资成本；

（3）计算 2016 年经营杠杆系数。

6. 某企业 2015 年资产总额为 1000 万元，资产负债率为 40%，负债平均利息率 5%。实现的销售收入为 1000 万，全部的固定成本和费用为 220 万，变动成本率为 30%。若预计 2016 年的销售收入提高 50%，其他条件不变：

（1）计算 DOL、DFL、DTL；

（2）预计 2016 年的每股收益增长率。

7. 某公司拟筹资 4000 万元，其中按面值发行债券 1500 万元，票面利率为 10%，筹资费率为 1%；发行优先股 500 万元，股利率为 12%，筹资费率为 2%；发行普通股 2000 万元，筹资费率为 4%，预计未来第一年股利率为 12%，以后每年按 4%递增，所得税税率为 25%。

要求：

（1）计算债券成本；

（2）计算优先股成本；

（3）计算普通股成本；

（4）计算加权平均资金成本。

8. 已知某公司当前资本结构如表 4-12 所示。

表 4-12　资本结构表

筹资方式	金额/万元
长期债券（年利率 8%）	1000
普通股（4500 万股）	4500
留存收益	2000
合计	7500

因生产发展需要，公司年初准备增加资金 2500 万元，现有两个筹资方案可供选择：甲方案为增加发行 1000 万股普通股，每股市价 2.5 元；乙方案为按面值发行每年年末付息、票面利率为 10%的公司债券 2500 万元。假定股票与债券的发行费用均可忽略不计，适用的企业所得税税率为 25%。

要求：

（1）计算两种筹资方案下每股收益无差别点的息税前利润；

（2）计算处于每股收益无差别点时乙方案的财务杠杆系数；

（3）如果公司预计息税前利润为1200万元，指出该公司应采用的筹资方案；

（4）如果公司预计息税前利润为1600万元，指出该公司应采用的筹资方案；

（5）若公司预计息税前利润在每股收益无差别点增长 10%，计算采用乙方案时该公司每股收益的增长幅度。

9. YH公司2016年销售产品20万件，单价50元，单位变动成本30元，固定成本总额200万元。公司负债120万元，年利息率为12%，并须每年支付优先股利20万元，所得税率25%。

要求：

（1）计算2016年边际贡献；

（2）计算2016年息税前利润总额；

（3）预测该公司2017年的复合杠杆系数。

10. 某公司目前发行在外普通股100万股（每股1元），已发行10%利率的债券400万元。该公司打算为一个新的投资项目融资 500 万元，新项目投产后公司每年息税前利润将增加到200万元。现有两个方案可供选择：按12%的利率发行债券（方案1）；按每股20元发行新股（方案2）。公司适用所得税率为25%。

要求：

（1）计算两个方案的每股收益；

（2）计算两个方案的每股收益无差别点下的息税前利润；

（3）计算两个方案的财务杠杆系数；

（4）判断哪个方案更好。

11. 某公司拟筹资5000万元投资于一条新的生产线，准备采用三种方式筹资：

（1）向银行借款1750万元，借款年利率为15%，借款手续费为1%；

（2）按面值发行债券1000万元，债券年利率为18%，债券发行费用占发行总额的4.5%；

（3）按面值发行普通股2250万元，预计第一年股利率为15%，以后每年增长5%，股票发行费用为101.25万元。

该公司所得税率为30%。预计该项目投产后，年收益率为16.5%。

要求：试分析此方案是否可行。

案例分析

案例一：甲公司是一家上市公司，该公司2016年年末的资产总计为10 000万元，其中负债合计为2000万元。该公司适用的所得税税率为25%。相关资料如下：

资料一：预计甲公司净利润持续增长，股利也随之相应增长。详细内容如表4-13所示。

表 4-13　乙公司相关资料

2016 年年末股票每股市价	8.75 元
2016 年股票的 β 系数	1.25
2016 年无风险收益率	4%
2016 年市场组合的收益率	10%
预计股利年增长率	6.5%
预计 2017 年每股现金股利	0.5 元

资料二：甲公司认为 2016 年的资本结构不合理，准备发行债券募集资金用于投资，并利用自有资金回购相应价值的股票，优化资本结构，降低资本成本。假设发行债券不考虑筹资费用，且债券的市场价值等于其面值，股票回购后该公司总资产账面价值不变，经测算，不同资本结构下的债务利率和运用资本资产定价模型确定的权益资本成本如表 4-14 所示。

表 4-14　不同资本结构下的债务利率与权益资本成本

方案	负债/万元	债务利率	税后债务资本成本	按资本资产定价模型确定的权益资本成本	以账面价值为权重确定的平均资本成本
原资本结构	2000	（A）	4.5%	*	（C）
新资本结构	4000	7%	（B）	13%	（D）

注：表中“*”表示省略的数据。

要求：

（1）根据资料一，利用资本资产定价模型计算甲公司股东要求的必要收益率；

（2）根据资料一，利用股票估价模型，计算甲公司 2016 年年末股票的内在价值；

（3）根据上述计算结果，判断投资者 2016 年年末是否应该以当时的市场价格买入甲公司股票，并说明理由；

（4）确定表 2 中英文字母代表的数值；

（5）根据（4）的计算结果，判断这两种资本结构中哪种资本结构较优，并说明理由；

（6）预计 2017 年乙公司的息税前利润为 1400 万元，假设 2017 年该公司选择债务为 4000 万元的资本结构，2018 年的经营杠杆系数（*DOL*）为 2，计算该公司 2018 年的财务杠杆系数（*DFL*）和总杠杆系数（*DTL*）。

案例二：乙公司是一家上市公司，适用的企业所得税税率为 25%，当年息税前利润为 900 万元，预计未来年度保持不变。为简化计算，假定净利润全部分配，债务资本的市场价值等于其账面价值，确定债务资本成本时不考虑筹资费用。证券市场平均收益率为 12%，无风险收益率为 4%，两种不同的债务水平下的税前利率和 β 系数如表 4-15 所示。公司价值和平均资本成本如表 4-16 所示。

表 4-15　不同债务水平下的税前利率和 β 系数

债务账面价值/万元	税前利率	β 系数
1000	6%	1.25
1500	8%	1.50

表 4-16　公司价值和平均资本成本

债务市场价值/万元	股票市场价值/万元	公司总价值/万元	税后债务资本成本	权益资本成本	平均资本成本
1000	4500	5500	（A）	（B）	（C）
1500	（D）	（E）	*	16%	13.09%

注：表中的“*”表示省略的数据。

要求：

（1）确定表 4-16 中英文字母代表的数值；

（2）依据公司价值分析法，确定上述两种债务水平的资本结构哪种更优，并说明理由。

第五章　投资管理

【学习目标】

1. 掌握债券、股票内在价值、投资收益率的计算方法；

2. 了解项目投资的有关概念，理解项目投资使用现金流量的原因，掌握项目现金流量的内容、项目现金流量的计算以及计算时应注意的问题；

3. 掌握投资决策的评价指标；

4. 熟悉内外投资的决策方法。

【开篇案例】

一名经理对雇员极为不满，认为一只训练有素的狒狒就可以完成分配给他的任何琐事。于是便产生了新想法：解雇这名员工，训练一只聪明年幼的狒狒代替他的工作。经理认为这样可节约成本。两天后，这位经理向总经理提交了一份可行性报告，有关数据如下：

（1）购买并训练一只寿命为 20 年的狒狒大约需要花费 12 000 元；

（2）喂养狒狒每年需要支出 4000 元；

（3）雇员的年薪为 7000 元，使用狒狒后就可节约这笔支出；

（4）狒狒的购买和训练成本可以在 20 年内按直线法分摊，20 年后卖掉狒狒可获得 400 元。

（5）公司适用 20%的所得税税率，现行的资本成本为 12%。

试问：是否应该用狒狒来代替雇员工作。

资料来源：赵伟，吴智勇. 财务管理模拟实训教程[M]. 北京：电子工业出版社，2010.

第一节　债券投资

企业投资是企业将资金投放于某一特定对象，以期在未来获取收益的经济行为。在实际财务活动中，投资有广义和狭义之分。广义的投资既包括对内投资（对流动资产、固定资产、无形资产等的投资），也包括对外投资（债券投资、股票投资、基金投资、期货投资等）；狭义的投资仅指对外投资。财务管理中的投资是一个广义概念，本章主要介绍对外投资中的债券、股票投资和对内投资中的项目投资。

一、债券投资的目的

债券是债务人依照法定程序发行，承诺按约定利率和日期支付利息，并在特定日期偿还本金的书面债务凭证。

企业进行短期债券投资的目的主要是为了合理利用暂时闲置的资金，调节现金余额，获得适当收益；企业进行长期债券投资的目的则是为了获得稳定的收益。

二、债券投资决策

进行投资时，最核心的问题就是要弄清楚是否值得投资。若要判断是否值得投资，就应该掌握投资决策的方法。债券投资决策的方法主要有以下两种：

其一，计算债券内在价值，将债券的内在价值与债券现行市价进行比较。债券内在价值是投资者购买债券时可接受的最高市价，若前者大于后者，说明投资者认为债券的市场价格还有可能上涨，现在购买可以获得价差收益；反之，则说明投资者认为债券的价值被高估，其价格随时可能下跌，此时不宜购买债券。

其二，就是确定债券的投资收益率，将债券的投资收益率与企业要求的最低收益率对比来决定是否进行投资。当债券的投资收益率高于企业要求的最低收益率时，可以投资；反之，则不宜投资。

（一）债券内在价值的测算

债券内在价值的测算通常采用现金流量折现法。债券投资带给投资人的现金流入量包括两部分：利息收入和收回的本金。债券内在价值就是将这两部分现金流入量折现的现值之和。我国债券利息的支付方式主要有两种，由此便形成了两种不同的债券内在价值的测算方法。

（1）单利计算，到期一次还本付息的债券内在价值测算。

$$V=(M+M\times r\times n)\times(P/F,\ i,\ m)$$

式中：V 为债券内在价值；M 为债券面值；r 为票面利率；n 为债券发行期限；i 为投资人要求的必要报酬率；m 为债券持有期限。

【例 5-1】某公司 2013 年 1 月 1 日购入另一家公司发行的面值 1000 元，票面利率 8%。票面期限为 5 年的债券，债券发行日为 2012 年 1 月 1 日，到期日为 2017 年 1 月 1 日，甲公司准备持有该债券至到期，债券到期时本息一次支付。甲公司要求的投资报酬率为 10%。计算该债券的内在价值。

解：债券的内在价值=（1000+1000×8%×5）×（P/F，10%，4）=956.2（元）

即该债券的内在价值为 956.2 元，如果现行市价高于内在价值，说明市价虚高，甲公司不应投资购买；如果现行市价低于内在价值，则说明市价被低估了，甲公司应投资购买该债券。

（2）分期付息，到期还本的债券内在价值的测算

$$V=I\times(P/A,\ i,\ \mathrm{n})+M\times(P/F,\ i,\ n)$$

式中：V 为债券内在价值；I 为债券每年的利息；M 为债券面值；i 为投资人要求的必要报酬率；n 为债券持有期限。

【例 5-2】某公司准备购买另一公司面值 1000 元，票面利率 8%，期限为 5 年的债券。该债券每年年末支付一次利息，3 年后的 12 月 31 日到期。投资人要求的报酬率为 10%，则该债券的内在价值为：

解：债券的内在价值=1000×8%×（P/A，10%，3）+1000×（P/F，10%，3）=950.25（元）

该债券的内在价值为 950.25 元，如果现行市价高于内在价值，则不应投资；反之，则应当投资购买该债券。

（二）债券投资收益率的测算

债券投资收益率是一定时期内债券投资收益与投资额的比率。其中，债券收益主要包括债券利息收入、债券买卖价差的收益；投资额包括购买债券时的买价、佣金、手续费等。

1. 短期债券投资收益率的测算

由于短期债券投资的投资期限通常不超过一年，所以在计算收益率时可不考虑资金时间价值、通货膨胀等因素，其收益率主要是指持有期收益率。

债券的持有期收益率是债券持有人在持有期间得到的收益率。其中，债券的持有期是从购入债券至售出债券或者债券到期清偿之间的时间，通常以年为单位表示（持有期的实际天数除以 360）。由于利息率、收益率指标多数以年利率的形式出现，债券持有期收益率也可以根据实际情况换算为年均收益率。

$$\text{持有期收益率}=\frac{\text{债券持有期间的利息收入}+(\text{卖出价}-\text{买入价})}{\text{债券买入价}}\times100\%$$

持有期年均收益率=持有期收益率/持有年限

持有年限=实际持有天数/360

【例 5-3】某投资者 2017 年 1 月 1 日以每张 950 元价格购买上市债券 10 张，该债券面值 1000 元，票面年利率为 10%，每半年付息一次，期限 5 年，当年 7 月 1 日收到上半年利息 50 元，9 月 30 日以 980 元价格卖出。要求计算该债券的收益率。

解：$$\text{持有期收益率}=\frac{50+(980-950)}{950}\times100\%=8.42\%$$

持有期年均收益率=8.42%/（9÷12）=11.23%

2. 长期债券投资收益率的测算

长期债券持有期限较长，至少超过一年，应考虑资金的时间价值，按每年复利计算持有期年均收益率。即计算使债券带来的现金流入量净现值为零的折现率，也就是计算债券的内含报酬率，这是债券投资的真实收益率。

（1）到期一次还本付息的债券。

$$\text{持有期年均收益率}=\sqrt[n]{\frac{M}{P}}-1$$

式中：P 为债券买入价；M 为债券卖出价或到期兑付金额；n 为债券持有期限。

【例 5-4】某企业于 2014 年 1 月 1 日购入 A 公司同日发行的 3 年期，到期按单利一次还本付息的债券，面值 10 000 元，票面利率 6%，买入价 9000 元。试计算债券持有期年均收益率。

解：$$\text{持有期年均收益率}=\sqrt[3]{\frac{10\ 000+10\ 000\times6\%\times3}{9000}}-1=9\%$$

（2）分期付息，到期还本的债券。

$$P=I\times(P/A,\ K,\ n)+M\times(P/F,\ K,\ n)$$

式中：P 为债券买入价；I 为债券每年的利息；M 为债券面值；K 为债券持有期年均收益率；n 为债券持有期限。

【例 5-5】某企业债券面值 10 000 元，票面利率 12%，每年支付一次利息，期限为 8 年，债券发行时投资者以 10 500 元购入，准备持有至到期，计算该债券持有期年均收益率。

解：根据债券持有期年均收益率的计算公式有：

$$10\,500=10\,000\times12\%\times(P/A,\ K,\ 8)+10\,000\times(P/F,\ K,\ 8)$$

当 K=11%时，则净现值=14.32；

当 K=12%时，则净现值=-499.88。

由此可知，持有期年均收益率即内含报酬率为 11%～12%，利用内插法可求出准确的 K 值为 11.03%。

第二节　股票投资

一、股票投资的目的

企业进行股票投资的目的不外乎两种：一是获取收益，即作为一般的股票投资人，获得股利收入和股票买卖的价差；二是形成控制，即通过购买某一企业大量的股票达到控制该企业的目的。

二、股票投资决策

股票投资决策方法与债券投资相似，基本方法有两种：其一，计算股票内在价值，然后将股票内在价值与股票市价比较以确定是否购买该股票；其二，计算股票投资的内含报酬率将之与该股票必要报酬率比较，以此做出合理的投资决策。

（一）股票内在价值的测算

股票内在价值的测算也采用现金流量折现法。股票投资带给投资人的现金流入量也包括两部分：股利收入和出售时的资本利得。股票内在价值就是将这两部分现金流入量折现的现值之和。

1. 短期持有、未来准备出售的股票

一般情况下，投资者投资于股票不仅希望得到股利收入，还希望在未来出售股票时从股票价格的上涨中获得好处。此时股票的内在价值为：

$$V=\sum_{t=1}^{n}\frac{d_t}{(1+i)^t}+\frac{F}{(1+i)^n}$$

式中：V 为股票价值；d_t 为第 t 期预计股利；i 为投资人要求的必要报酬率；F 为未来出售净额；n 为股票持有期限。

【例 5-6】2015 年 1 月 ABC 公司欲投资购买 XYZ 公司的普通股，短期持有然后出售以获取价差收益。预计 XYZ 公司普通股两年后股价将上升到每股 10 元，ABC 公司将在两年后按该价格出售该股票；在持有的两年中，ABC 公司估计被投资公司会于 2015 年 12 月和 2016 年 12 月两次分配股利，分别为每股 0.8 元和 0.9 元。经过分析 ABC 公司认为，必须得到 10% 的期望收益率、投资购买该公司股票才划算。根据以上内容测算 XYZ 公司普通股的内在价值。

解：V=10×（P/F，10%，2）+0.8×（P/F，10%，1）+0.9×（P/F，10%，2）≈9.74（元）

即 XYZ 公司普通股购买日的内在价值应为 9.74 元。当现行股价低于 9.74 元时，ABC 公司应该购买；否则，应放弃购买。

2. 长期持有、股利固定不变的股票

在股利每年稳定不变，投资人持有时间很长的情况下，股票内在价值的计算公式可以简化为：

$$V=D/K$$

式中：V 为股票价值；D 为每年获得的固定股利；K 为投资人要求的必要报酬率。

【例 5-7】DH 公司准备购买某公司股票，该公司普通股预计年股利额每股为 1.2 元。DH 公司期望收益率为 12%，并打算长期持有。该公司的股票价格为多少时值得购买？

解：V=1.2/12%=10（元）

即该股票的内在价值为 10 元，如果现行市价高于 10 元，即股票现行市价高于其内在价值，说明该股票价值被高估，企业此时不应投资购买；反之，则说明该股票还有上涨空间，应投资购买。

3. 长期持有、股利固定增长的股票

如果一个公司的股利不断增长，投资人的投资期限又无限延长，则股票的估价就比较困难了，只能计算其近似数。在股利按固定的年增长率增长的情况下，若 D_0 为上年度股利，D_1 为预计第一年股利，g 为股利增长率，则：

$$V=D_1/(K-g)=D_0\times(1+g)/(K-g)$$

【例 5-8】DH 公司准备投资购买某股票，该普通股上年股利为 0.5 元，股利固定增长且增长率为 4%，DH 公司期望得到 12%的收益率。则该公司股票价格为多少时值得购买？

解：V=0.5×（1+4%）/（12%-4%）=6.5（元）

即该股票的市价低于 6.5 元，才能购买。

4. 长期持有、股利分阶段增长的股票

在现实生活中有的公司股利是不固定的，预计未来一段时间内股利将高速增长，接下来的时间则为正常固定增长或固定不变，则可以分别计算高速增长、正常固定增长、固定不变等各阶段未来收益的现值，各阶段现值之和就是股利非固定增长情况下的股票价值。

【例 5-9】某投资人准备投资于购买 A 股票，已知 A 股票最近一次的股利为 2.8 元。A 股票预期未来 2 年内股利成长率为 18%，从第 3 年开始转为正常，增长率为 12%。若投资人要求的必要收益率为 16%，请确定 A 股票的价值。

解：预期第 1 年股利：

$$2.8\times(1+18\%)=3.304（元）$$

预期第 1 年股利现值：

$$3.304\times(P/F，16\%，1)=2.85（元）$$

预期第 2 年股利：

$$3.304\times(1+18\%)=3.9（元）$$

预期第 2 年股利现值：

$$3.9\times(P/F，16\%，2)=2.9（元）$$

股票价值为：

$$V=2.85+2.9+[3.9\times(1+12\%)/(16\%-12\%)]\times(P/F，16\%，2)=86.9（元）$$

（二）股票投资收益率的测算

股票投资收益率也是一定时期内股票投资收益与投资额的比率。其中，股票收益主要包括股利收入、股票买卖价差的收益；投资额包括购买股票时的买价、佣金、手续费等。

1. 短期股票投资收益率

短期股票投资因持有期限短，通常也不用考虑资金的时间价值和通货膨胀因素，主要计算持有期收益率。

股票的持有期收益率是指股票持有人在持有期间得到的收益率。其中，股票的持有期是从购入股票到出售之间的时间，通常以年为单位表示（持有期的实际天数除以 360）。股票持有期收益率可以根据实际情况换算为年均收益率。

$$持有期收益率=\frac{股票持有期间的股利收入+（卖出价-买入价）}{债券买入价}\times100\%$$

持有期年均收益率的计算与债券相同。

【例 5-10】2015 年 4 月 1 日，DH 公司购买 A 上市公司股票，每股市价 50 元。2016 年 2 月 1 日 DH 公司所持有的该股票每股分派了现金股利 4 元，2016 年 3 月 1 日公司以每股 60 元的价格将其出售。要求计算 DH 公司持有 A 公司股票的收益率。

解：$持有期收益率=\frac{4+(60-50)}{50}\times100\%=28\%$

$$持有期平均收益率=28\%\div(11/12)=30.55\%$$

2. 长期股票投资收益率

长期股票投资的收益率计算要考虑资金的时间价值因素。企业进行股票投资，每年获得的股利是经常变动的，当企业出售股票时，也可获得一定的收益。长期股票投资收益率的计算也就是计算股票投资的内含报酬率，这是股票的真实收益率。可采用以下公式：

$$P=\sum_{t=1}^{n}\frac{d_t}{(1+K)^t}+\frac{F}{(1+K)^n}$$

式中：P 为股票购买价格；d_t 为每年获得的股利；K 为股票投资收益率；F 为股票的出售价格；n 为投资期限。

【例 5-11】DH 公司投资某股票，投资价格为每股 10 元，持有 3 年，每年分别获得现金股利为 0.5 元、0.6 元、0.8 元，3 年后以每股 15 元的价格将其出售。要求计算投资该股票的收益率。

解：10=0.5×（P/F，K，1）+0.6×（P/F，K，2）+0.8×（P/F，K，3）+15×（P/F，K，3）

当 K=18%时，股票价格为 10.471 元；

当 K=20%时，股票价格为 9.977 元；

利用内插法，求得 K≈19.91%。

第三节　项目投资

一、项目投资概述

（一）项目投资的含义

项目投资是一种以特定项目为对象，直接与新建项目或更新改造项目有关的长期投资行为。

本节讨论的项目投资主要有两种，即新建项目和更新改造项目。

（1）新建项目是以新建生产能力为目的的外延式扩大再生产。新建项目依据涉及的内容又可细分为单纯固定资产投资项目和完整工业投资项目。

① 单纯固定资产投资项目，简称固定资产投资，其特点在于在投资中只包括为取得固定资产而发生的垫支资本投入，而不涉及周转资本的投入。

② 完整工业投资项目，其特点在于不仅包括固定资产投资，而且涉及流动资金投资，甚至包括无形资产等其他长期资产投资。

（2）更新改造项目是以恢复或改善生产能力为目的的内含式扩大再生产。

因此，不能将项目投资简单地等同于固定资产投资。项目投资对企业的生存和发展具有重要意义，是企业开展正常生产经营活动的必要前提，是推动企业生产和发展的重要基础，是提高产品质量，降低产品成本不可缺少的条件，是增加企业市场竞争能力的重要保障。

（二）项目投资的计算期及其构成

项目计算期是指投资项目从投资建设开始到最终清理结束的全部时间，包括建设期和生产经营期。

建设期是项目资金正式投入开始到项目建成投产为止所需要的时间，建设期第一年的年初称为建设起点，建设期最后一年年末称为投产日。

生产经营期则是从投产日到项目终结点之间的时间间隔。它又包括试产期和达产期两个阶段。试产期是项目投入生产，但生产能力尚未完全达到设计能力时的过渡阶段；达产期则是生产运营达到设计预期水平后的时间。

项目计算期、建设期、生产经营期之间的关系如下：

项目计算期=建设期+生产经营期

项目计算期=建设期+试产期+达产期

（三）项目投资的内容及投资方式

1. 项目投资的内容

反映项目投资金额的指标主要是原始投资和项目总投资。

（1）原始投资，又称初始投资，是反映项目所需现实资金的价值指标，它等于企业为使项目完全达到设计生产能力、开展正常经营而投入的全部现实资金，具体包括建设投资和流动资金投资两项内容。

① 建设投资，是指建设期内按一定生产经营规模和建设内容进行的投资，具体包括固定资产投资、无形资产投资和其他资产投资。

固定资产投资，是指项目用于购置或安装固定资产发生的投资。固定资产原值与固定资产投资之间存在以下关系：

固定资产原值=固定资产投资+建设期资本化借款利息

无形资产投资，指项目用于取得无形资产发生的投资。

其他资产投资，指建设投资中除固定资产和无形资产投资以外的投资，包括生产准备费和开办费两项内容。

② 流动资金投资，指项目投产前后分次或一次投放于流动资产项目的投资增加额。

（2）项目总投资是反映项目投资总体现模的价值指标，它等于原始投资与建设期资本化利息之和。

2. 项目投资的投资方式

从时间特征上看，投资主体将原始投资投入具体项目的方式有一次投入和分次投入两种。一次投入是指集中在项目计算期第一个年度的年初一次性发生的投资行为；分次投入则是涉及两个或两个以上的年度分次发生的投资行为。

二、项目投资现金流量分析

（一）现金流量的概念

1. 现金流量的含义

在进行项目投资决策时，首要环节就是估计投资项目的现金流量。所谓现金流量是指投资项目在其计算期内因资金循环而引起的现金流入和现金流出增加的数量。这里的现金概念是广义的，既包括各种货币资金也包括与投资项目有关的非货币资产的变现价值。

2. 项目投资使用现金流量的原因

在项目投资评价中，重视使用现金流量而非会计利润，主要是基于以下一些考虑：首先，项目投资评价是建立在收付实现制基础上的，而会计上的收入、成本依据的则是权责发生制，所以，会计上确认的利润并不代表企业就拥有那么多现实资金；其次，项目投资的预期现金流量呈现出具体发生的时点分布特征，而会计利润则反映了企业一定期间内的盈利水平；再者，项目投资的预期现金流量可以实现在不同发生时点之间进行折算，而会计利润只能确认为企业当期的盈利，各期之间只能比较而不可折算；最后，项目投资的预期现金流量在各个时点上的净流量可以被视为对后续期的实质性再投入资金，因而其价值符合复利计算的原理。

（二）确定现金流量的假设

确定项目的现金流量，就是在收付实现制基础上，预计并反映现实货币资金在项目计算期内各年中的收支情况。在现实生活中，这种预计并不是简单的事情。为了便于确定现金流量的具体内容，简化现金流量的计算过程，特做以下假设：

1. 投资项目类型的假设

投资项目类型的假设即投资项目只包括单纯固定资产投资项目、完整工业投资项目和更新改造投资项目三种类型。

2. 财务可行性分析假设

在实际工作中，评价一个项目是否可行，不仅要从财务方面进行考察，还要从技术和对国民经济的影响等方面进行分析。如果项目技术落后、破坏环境，即使从财务角度分析是可行的，该项目也不能实施。为简化分析，这里假设投资项目除财务可行性有待进一步分析外，其他方面都是可行的。

3. 全投资假设

全投资假设即假设在确定项目的现金流量时，只考虑全部投资的运动情况，不再区分资金的性质，全都视为自有资金。

4. 建设期投入全部资金假设

建设期投入全部资金假设即项目的原始总投资不论是一次投入还是分次投入，均假设它们是在建设期内投入的。

5. 经营期与折旧年限一致假设

经营期与折旧年限一致假设即假设项目主要固定资产的折旧年限或使用年限与其经营期相同。

6. 时点指标假设

为了便于利用资金时间价值的形式，不论现金流量具体内容所涉及的价值指标实际上是时点指标还是时期指标，均假设按照年初或年末的时点指标处理。其中对于建设投资在建设期末发生；经营期内各年的收入、成本、折旧、摊销、利润、税金等项目的确认均在年末发生；项目最终报废或清理均发生在终结点（但更新改造项目除外）。

7. 确定性假设

确定性假设即假设与项目现金流量估算有关的价格、产销量、成本水平、所得税税率等因素均为已知常数。

（三）现金流量的组成内容

项目投资中的现金流量包括现金流入量、现金流出量和现金净流量。

1. 现金流入量的内容

现金流入量是指投资项目实施后在项目计算期内所引起的企业现金收入的增加额，简称现金流入。现金流入主要包括以下内容：

（1）营业收入。

营业收入是指项目投产后每年实现的全部营业收入。为简化核算，假定正常经营年度内，每期发生的赊销额与回收的应收账款大致相等。营业收入是经营期主要的现金流入量项目。

（2）固定资产的余值。

固定资产的余值是投资项目的固定资产在终结报废清理时的残值收入，或中途转让时的变价收入。

（3）回收流动资金。

回收流动资金是投资项目在项目计算期结束时，收回原先投放在各种流动资产上的营运资金。

固定资产的余值和回收流动资金统称为回收额。

（4）其他现金流入量。

其他现金流入量是指以上三项指标以外的现金流入量项目。

2. 现金流出量的内容

现金流出量是指投资项目实施后在项目计算期内所引起的企业现金流出的增加额，简称现金流出。现金流出主要包括以下内容：

（1）建设投资（含更新改造投资），建设投资是建设期发生的主要现金流出量。

① 固定资产投资，包括固定资产的购置成本、运输成本、安装成本等。

② 无形资产投资。

（2）垫支的流动资金。

垫支的流动资金是投资项目建成投产后为开展正常经营活动而投放在流动资产（存货、应收账款等）上的营运资金。

建设投资与垫支的流动资金合称为项目的原始总投资。

（3）付现成本（或经营成本）。

付现成本是在经营期内为满足正常生产经营而需用现金支付的成本。它是生产经营期内最主要的现金流出量。

付现成本=变动成本+付现的固定成本

=总成本-折旧额（及摊销额）

（4）所得税额。

所得税额是投资项目建成投产后，因应纳税所得额增加而增加的所得税。

（5）其他现金流出量。

其他现金流出量是指不包括在以上内容中的现金流出项目。

3. 现金净流量的内容

现金净流量又称净现金流量，是指项目计算期内每年现金流入量与同年现金流出量的差额所形成的序列指标，它是计算项目投资决策评价指标的重要依据。

无论是在建设期还是经营期都存在净现金流量。由于项目计算期不同阶段上的现金流入量和现金流出量发生的可能性不同，使各阶段上的净现金流量在数值上表现出不同的特点：建设期内的净现金流量一般小于或等于零；在经营期内的净现金流量则多为正值。

（四）现金净流量的计算

1. 单纯固定资产投资项目现金净流量的确定

建设期某年的现金净流量=-该年发生的固定资产投资额

经营期某年的现金净流量=该年因使用该固定资产新增的净利润+该年新增的非付现成本

终结点现金净流量=最末年度因使用该固定资产新增的净利润+该年新增的非付现成本+该年回收固定资产净残值

【例 5-12】某固定资产项目需要一次投入价款 110 万元，建设期为 1 年，该固定资产可使用 10 年，按直线法计提折旧，期满有残值 10 万元。投入使用后，经营期每年产品销售收入为 80.39 万元，每年的经营成本为 48 万元。该企业所得税税率为 25%，计算各年现金净流量。

解：根据所给资料计算相关指标如下：

项目计算期=10+1=11（年）

固定资产年折旧额=（110-10）/10=10（万元）

每年净利润=（80.39-48-10）×（1-25%）=16.79（万元）

各年现金净流量：NCF_0=-110（万元）

NCF_1=0

NCF_{2-10}=16.79+10=26.79（万元）

NCF_{11}=16.79+10+10=36.79（万元）

2. 完整工业项目现金净流量的确定

建设期某年的现金净流量=-该年发生的原始投资额

经营期某年的现金净流量=该年因使用该固定资产新增的净利润+该年新增的非付现成本

终结点现金净流量=该年因使用该固定资产新增的净利润+该年新增的非付现成本+该年回收额

【例 5-13】某公司计划进行项目投资，原始投资为 600 万元，其中，固定资产投资 500 万元，流动资金投资 100 万元。建设期为 2 年，经营期为 10 年，固定资产投资在建设起点一次投入，采用直线法计提折旧，期满有残值 40 万元，流动资金投资在项目完工时投入。每年经营收入、经营成本分别为 375 万元和 129 万元，所得税税率为 25%。计算各年净现金流量。

解：根据所给资料计算相关指标如下

项目计算期=10+2=12（年）

固定资产年折旧额=（500-40）/10=46（万元）

每年净利润=（375-129-46）×（1-25%）=150（万元）

各年现金净流量：NCF_0=-500（万元）

NCF_1=0

NCF_2=-100（万元）

$NCF_{3\text{-}11}$=150+46=196（万元）

NCF_{12}=150+46+100+40=336（万元）

3. 更新改造项目现金净流量的确定

针对固定资产更新改造项目，现金净流量应采用新、旧项目现金净流量差额进行计算。计算公式如下：

建设期某年的现金净流量=-（新固定资产投资额-旧固定资产变价收入）

经营期某年的现金净流量=该年因更新改造增加的净利润+该年因更新改造增加的非付现成本

【注意】旧固定资产变现损益对所得税的影响额=（旧固定资产账面净值-旧固定资产变价收入）×所得税税率。

当更新期为零时，这一影响额应放在经营期第一年年末；当更新期不为零时，这一影响额应放在建设期最后一年年末。

终结点现金净流量=该年因更新改造增加的净利润+该年因更新改造增加的非付现成本+（新固定资产残值-旧固定资产残值）

【例 5-14】某企业拟进行设备更新，有关资料如下：现有旧设备变现价值为 90 000 元，新设备买价为 180 000 元，新设备的预计使用年限与旧设备的尚可使用年限一致，均为 5 年，折旧均采用平均年限法，两者都无到期残值，新旧设备的更新期为零。使用新设备后每年增加营业收入 60 000 元，每年增加付现成本 30 000 元。不考虑所得税以外的其他税金。企业所得税率为 25%，计算各年差量现金流量。

解：新设备比旧设备每年增加的折旧额=180 000/5-90 000/5=18 000（元）

新设备比旧设备每年增加的净利润=（60 000-30 000-18 000）×（1-25%）=9000（元）

ΔNCF_0=-（180 000-90 000）=-90 000（元）

$\Delta NCF_{1\text{-}5}$=9000+18 000=27 000（元）

三、项目投资决策的评价指标

当投资项目各年净现金流量确定后，下一步就是要计算项目投资评价所使用的指标。根据计算指标时是否考虑资金时间价值，可将指标分为两类：一类是非折现指标，即没有考虑资金时间价值的指标，主要包括投资回收期、投资利润率等；另一类是折现指标，即考虑了时间价值因素的指标，主要包括净现值、现值指数、内含报酬率等。

（一）非折现指标

1. 投资回收期

（1）投资回收期的含义。

投资回收期（Payback Period，PP）是指项目投资引起的现金流入累计与投资额相等所需要的时间，它一般以年为单位，表示收回投资所需要的年限。回收期越短，方案越有利。

（2）投资回收期的计算。

投资回收期的计算方法，因每年现金净流量是否相等而有所不同：

① 每年现金净流量相等：

投资回收期=原始投资总额/年现金净流量

② 每年现金净流量不相等：

投资回收期的计算要考虑各年末的累计现金净流量。

【例 5-15】HX 公司新建生产线各年的现金流量及累计现金净流量如表 5-1 所示。

表 5-1　HX 公司新建生产线各年的现金流量及累计现金净流量　　单位：万元

年份	0	1	2	3	4	5	6	7
年现金流量	-1000	-500	400	500	800	600	600	600
累计现金净流量	-1000	-1500	-1100	-600	200	800	1400	2000

由表 5-1 可知，至第三年末时累计净现金流量小于 0，说明尚有 600 万元的投资未收回；至第四年末时累计净现金流量大于 0，说明所有投资均已收回且有剩余。因此，该项目的投资回收期为：

包括建设期的投资回收期=3+600/800=3.75（年）

不包括建设期的投资回收期=3.75-1=2.75（年）

（3）投资回收期的特点。

投资回收期法计算简便，且容易被决策人所正确理解。但它也存在一定的缺陷，如未考虑资金的时间价值，未考虑回收期满后的项目收益等。

2. 投资利润率

（1）投资利润率的含义。

投资利润率（简称ROI）是指年平均息税前利润占项目投资总额的比率。

（2）投资利润率的计算。

投资利润率=年平均息税前利润/项目投资总额

【例5-16】某项目投资额及每年息税前利润有关资料如表5-2所示。计算该项目的投资利润率。

表5-2　某项目投资额及每年息税前利润　　单位：元

年份	0	1	2	3	4	5
固定资产投资额	100 000					
各年息税前利润		20 000	15 000	18 000	25 000	16 000

解：投资收益率=[（20 000+15 000+18 000+25 000+16 000）÷5]/100 000×100%=18.8%

（3）投资利润率的决策规则。

投资利润率是一个无量纲指标，本身无法判断投资项目的优劣，需要一个参照系进行判断。这个参照系就是企业要求的最低期望报酬率，若投资利润率大于或等于企业要求的最低期望报酬率，则该方案可行。

（4）投资利润率的特点。

投资利润率指标计算简单明了、易于掌握，且该指标不受建设期长短、投资方式、回收额的有无以及现金净流量大小等条件的影响，能够说明各投资方案的收益水平。但投资利润率也存在一些缺陷：① 没有考虑资金时间价值因素，不能正确反映建设期长短及投资方式不同对项目的影响；② 该指标的分子分母及其时间特征不一致，因而在计算口径上可比性较差；③ 该指标的计算无法直接利用现金净流量信息。

（二）折现指标

1. 净现值

（1）净现值的含义。

所谓净现值（Net Present Value，NPV），是指在特定方案中，未来现金流入量的现值与未来现金流出量的现值之间的差额。

（2）净现值的计算。

$$NPV=\sum_{t=0}^{n}\frac{NCF_t}{(1+K)^t}$$=经营期各年现金净流量的现值合计−原始投资的现值合计

式中：NCF_t为第t期现金净流量；K为预定的折现率；n为项目计算期。

【例5-17】承接【例5-12】，若企业要求的收益率为10%，计算该项目的净现值。

解：NPV=26.79×（P/A，10%，9）×（P/F，10%，1）+36.79×（P/F，10%，11）−110

=26.79×5.759×0.9091+36.79×0.3505−110

=43.15

（3）净现值法的决策规则。

如果净现值为正数，则贴现后的现金流入大于贴现后的现金流出，表示该项目的投资报酬率大于预定的贴现率，投资该项目能够增加企业的价值，该项目可行；如果净现值为零，表示贴现后的现金流入等于贴现后的现金流出，表示该项目的投资报酬率相当于预定的贴现率，投资该项目企业的价值没有变化；如果净现值为负数，则贴现后的现金流入小于贴现后的现金流出，表示该项目的投资报酬率小于预定的贴现率，投资该项目会降低企业的价值，该项目不可行。

【注意】① 单项决策时，若 $NPV \geqslant 0$，则项目可行；反之则项目不可行。

② 多项互斥投资决策时，在净现值大于零的投资项目中，选择净现值较大的投资项目。

（4）净现值法的特点。

净现值法考虑了资金的时间价值，能够反映各种投资方案的净收益，因而它具有广泛的适用性，在理论上也比其他方法更加完善。但是，在净现值法下，折现率的确定是一个复杂的问题，折现率的高低影响投资项目的可行性。净现值法只能说明投资项目的报酬率高于或低于预定的贴现率，而不能揭示投资方案本身的实际报酬率，而且净现值本身是一个绝对数，不利于不同投资规模方案的比较。

2. 现值指数

（1）现值指数的含义。

现值指数亦称获利指数（Profitability Index，PI），是指投产后按行业基准收益率或企业设定贴现率折算的经营期各年现金净流量的现值合计（报酬总现值）与原始投资的现值合计（投资总现值）之比。即项目未来现金流入量的现值合计与未来现金流出量的现值合计的比率。

（2）现值指数的计算。

$$PI=经营期各年现金净流量的现值合计/原始投资的现值合计$$

【例 5-18】承接【例 5-12】，若企业要求的收益率为 10%，计算该项目的现值指数。

解：$PI=[26.79\times(P/A，10\%，9)\times(P/F，10\%，1)+36.79\times(P/F，10\%，11)]/110=1.392$

（3）现值指数法的决策规则。

现值指数是一个贴现的相对量评价指标，采用这种方法的判断标准是：如果 $PI \geqslant 1$，则该投资项目可行；反之则该投资项目不可行。如果几个投资项目的现值指数都大于 1，那么现值指数越大，投资项目越好。但在进行互斥性投资决策时，正确的选择原则不是选择现值指数最大的项目，而是在保证现值指数大于 1 的情况下，使追加投资收益最大化。

（4）现值指数法的特点。

现值指数法的优缺点与净现值法的优缺点基本相同，但有一个重要区别是：现值指数法可以从动态的角度反映投资项目的资金投入与总产出之间的关系，可以弥补净现值法在投资额不同的项目之间不便比较的缺陷。其缺点仍然是无法直接反映投资项目的实际收益率。

3. 内含报酬率

（1）内含报酬率的含义。

内含报酬率（Internal Rate of Return，IRR），又称为内部报酬率，是指能够使未来现金流入量现值等于未来现金流出量现值的贴现率，或者说是使投资方案净现值为零时的贴现率。

（2）内含报酬率的计算。

【例 5-19】承接【例 5-12】，计算该项目的内含报酬率。

解：$NPV=26.79\times(P/A, i, 9)\times(P/F, i, 1)+36.79\times(P/F, i, 11)-110=0$

当 $i=16\%$时，$NPV=3.58$

当 $i=18\%$时，$NPV=-6.35$

内含报酬率介于 16%～18%，根据内插法：

$$\frac{x-16\%}{18\%-x}=\frac{0-3.58}{-6.35-0}$$

$$x=16.72\%$$

该项目的内含报酬率为 16.72%。

（3）内含报酬率法的决策规则。

计算出各方案的内含报酬率以后，可以根据企业的资本成本或要求的最低投资报酬率对方案进行取舍。当内含报酬率超过企业的资本成本时，方案是可行的；否则，方案不可行。

（4）内含报酬率法的特点。

内含报酬率的优点在于考虑了资金的时间价值，同时也反映了投资的真实报酬率。但是，这种方法的计算过程实际上是一个一元 n 次方程的求解过程。对于非常规投资项目，有可能会出现多个内含报酬率，使人们无法判断投资项目真实的内含报酬率。再者该方法对中间现金流量再投资报酬率的假设不现实，它假设按投资项目的内含报酬率再投资，而不是按市场利率进行。

4. 贴现指标之间的关系

作为项目评价的贴现指标——净现值（NPV）、现值指数（PI）、内含报酬率（IRR）之间存在下列数量关系：

当 $NPV>0$ 时，$PI>1$，$IRR>i$；

当 $NPV=0$ 时，$PI=1$，$IRR=I$；

当 $NPV<0$ 时，$PI<1$，$IRR<i$。

在这四个指标中，净现值是绝对数，现值指数是相对数，它们都必须在贴现率已知的条件下才能进行项目的评价；而内含报酬率的计算与贴现率无关，它只用来与预期的贴现率相比较，只有满足条件 $IRR>i$ 或者 $IRR=i$ 时，项目才可行。

对于投资回收期与投资利润率可作为辅助指标评价投资项目，但需注意，当辅助指标与主要指标（净现值等）的评价结论发生矛盾时，应当以主要指标的结论为准。

四、项目投资决策评价指标的应用

计算评价指标的目的是为了进行项目投资方案的对比与选优，使它们在方案的对比与选优中正确地发挥作用，为项目投资方案提供决策的定量依据。但投资方案对比与选优的方法会因项目投资方案的不同而有区别。

（一）独立方案的投资决策

独立方案是相容性投资，在决策过程中，一组相互分离、互不排斥的方案或单一方案，即选择某一方案并不排斥另一方案。独立投资方案的决策属于筛选决策，评价各方案本身是否可行，即方案本身是否达到某种预期的可行性标准。

对于单一独立方案，只要同时满足以下条件：$NPV \geqslant 0$、$PI \geqslant 1$、$IRR \geqslant i$，则项目具有财务可行性；反之，则不具有财务可行性。对于多个独立方案，应选择内含报酬率较高的方案。

（二）互斥方案的投资决策

项目投资决策中的互斥方案（相互排斥方案）是指在决策时涉及的多个相互排斥、不能同时实施的投资方案。互斥方案决策过程就是在每一个入选方案已具备项目可行性的前提下，利用评价指标从各个备选方案中最终选出一个最优方案的过程。

由于各个备选方案的投资额、项目计算期不相一致，因而要根据各个方案的使用期、投资额相等与否，采用不同的方法做出选择。

（1）项目计算期相等，原始投资额相同的方案，可采用净现值法或内含报酬率法。

所谓净现值法，是指通过比较互斥方案的净现值指标的大小来选择最优方案的方法。所谓内含报酬率法则是指通过比较互斥方案的内含报酬率指标的大小来选择最优方案的方法。净现值或内含报酬率最大的方案为优。

【例 5-20】某企业投资于一固定资产项目，有 A、B、C 三个相互排斥的备选方案，其投资总额均为 100 万元，在建设起点一次投入，项目计算期均为 5 年，基准折现率为 10%。经计算 A 方案净现值为 25.786 万元，B 方案净现值为-6.78 万元，C 方案净现值为 17.98 万元。要求：从这三个方案中选出一个最优方案。

解：B 方案净现值为-6.78 万元<0，B 方案不具有财务可行性，应予舍弃。A、C 两方案的净现值大于 0，具有财务可行性。比较两方案的净现值，A 方案大于 C 方案，所以应选择 A 方案进行投资。

（2）项目计算期相等，原始投资额不相同的方案，可采用差额法。

所谓差额法，是指在两个投资总额不同方案的差量净现金流量（ΔNCF）的基础上，计算出差额净现值（ΔNPV）或差额内含报酬率（ΔIRR），并据以判断方案孰优孰劣的方法。

在此方法下，一般以投资额大的方案减投资额小的方案，当 $NPV>0$ 或 $IRR>i$ 时，投资额大的方案较优；反之，则投资额小的方案为优。

差额净现值（ΔNPV）或差额内含报酬率（ΔIRR）的计算过程和计算技巧同净现值（NPV）或内含报酬率（IRR）完全一样，只是所依据的是 ΔNCF。

【例 5-21】某企业准备变卖一套尚可使用 6 年的旧设备，另购置一套新设备替换。取得新设备的投资额为 200 000 元，新设备预计使用年限为 6 年。旧设备的账面净值为 95 000 元，其变价净收入为 80 000 元，到第 6 年末新设备与继续使用旧设备的预计净残值相等。新旧设备的替换将在当年内完成（更新改造的建设期为零）。使用新设备可使企业每年增加营业收入 60 000 元，增加营业成本 30 000 元。设备采用直线法折旧。适用的企业所得税率为 25%，行业基准折现率为 10%。要求：采用差额内含报酬率法对是否进行更新改造做出决策。

解：更新设备比继续使用旧设备增加的投资额=200 000-80 000=120 000（元）

生产经营期每年增加的折旧额=120 000/6=20 000（元）

生产经营期每年增加的净利润=（60 000-30 000-20 000）×（1-25%）=7500（元）

因旧固定资产提前报废发生净损失而抵减的所得税=（95 000-80 000）×25%=3750（元）

ΔNCF_0=-（200 000-80 000）=-120 000（元）

ΔNCF_1=7500+20 000+3750=31 250（元）

$\Delta NCF_{2\text{-}6}$=7500+20 000=27 500（元）

根据各年的 ΔNCF，计算 ΔIRR：

31 250×（P/F，ΔIRR，1）+27 500×（P/A，ΔIRR，5）×（P/F，ΔIRR，1）-120 000=0

当 ΔIRR=10%时，ΔNPV=3180.3227

当 ΔIRR=12%时，ΔNPV=-3581.9122

采用内插法得：ΔIRR≈10.94%

因为行业基准折现率为 10%，ΔIRR≈10.94%＞10%，应当更新设备。

（3）项目计算期不相等，原始投资额也不相同的方案，可采用年等额净回收额法。

所谓年等额净回收额法，是指通过比较所有投资方案的年等额净现值指标的大小来选择最优方案的决策方法。在此法下，年等额净现值最大的方案为优。

年等额净现值=净现值/年金现值系数

【例 5-22】某投资项目，现有甲、乙两个方案可供选择，两方案各年现金净流量如表 5-3 所示。

表 5-3　两方案各年现金净流量　　单位：万元

年份	甲方案		乙方案	
	投资额	年现金净流量	投资额	年现金净流量
0	40		80	
1	40			30
2		40		30
3		45		30
4		50		30
5				30

要求：如果企业要求的收益率为 10%，请选出甲、乙两个方案哪一个为最优方案。

解：甲、乙两方案项目计算期不相等，甲方案项目计算期为 4 年，乙方案项目计算期为 5 年，采用年等额净现值法进行方案决策。

甲方案净现值=40×（P/F，10%，2）+45×（P/F，10%，3）+50×（P/F，10%，4）-40-40×（P/F，10%，1）=24.6505（万元）

甲方案年等额净现值=24.6505/（P/A，10%，4）=7.776（万元）

乙方案净现值=30×（P/A，10%，5）-80=33.724（万元）

乙方案年等额净现值=33.724/（P/A，10%，5）=8.896（万元）

乙方案年等额净现值大于甲方案年等额净现值，故应选择乙方案。

（三）资本限量决策

资本限量决策是指公司资本有一定限度，不能投资于所有可接受的项目。在这种情况下，为了使公司获得最大的利益，应在资本限额允许的范围内，按净现值率（或现值指数）的大小，结合净现值进行各种组合的排队，投资于一组使净现值最大的项目，即选择净现值最大的投资组合。具体程序如下：

第一，计算所有项目的净现值，并列出每一个项目的初始投资；

第二，接受 $NPV>0$ 的项目，如果所有可接受的项目都有足够的资本，则说明资本无限额，这一过程即可完成；

第三，如果资本不能满足所有 $NPV>0$ 的投资项目，则以各方案的净现值率（或现值指数）的高低为序，对所有的项目都在资本限额内进行各种可能的组合，并计算出各种组合的净现值总额；

第四，接受净现值合计数最大的项目组合。

【例 5-23】假设 DF 公司有 A、B、C、D、E 五个可供选择的投资项目，该公司可供投资的最大资本限额为 500 000 元。各投资项目的初始投资、净现值及净现值率见表 5-4。

表 5-4　投资项目的相关资料

投资项目	初始投资额/元	净现值	净现值率
A	120 000	67 000	0.56
B	155 000	79 500	0.53
C	30 000	111 000	0.37
D	100 000	18 000	0.18
E	125 000	111 000	0.17

在 500 000 元的资本限额内，可以形成以下投资组合：A+B+D+E，投资总额为 500 000 元，其净现值总额为 185 500 元；B+C，投资总额为 455 000 元，其净现值总额为 190 500 元。比较上述两个投资组合，B+C 组合投资总额小于资本限额 500 000 元，但实现的净现值仍是最高的，因此该组合为最优。

本章小结

投资是企业将资金在不同资产上的配置。财务管理中的投资是一个广义概念，不但包括对外投资（主要涉及证券投资），还包括对内投资（主要涉及项目投资）。

证券投资是指企业以获取投资收益或控股为目的将资金用于购买股票、债券等金融资产的投资行为。股票、债券投资的决策方法均是价值法和收益率法。在价值法下，应首先计算股票、债券的价值，然后将它们的价值与其价格进行比较，当股票、债券的价值大于或等于其价格时，股票、债券就值得投资。在收益率法下，只要股票、债券的投资收益率大于或等于企业要求的最低报酬率时，股票、债券就值得投资。

项目投资是对企业内部生产经营所需要的各种资产的投资，其目的是为保证企业生产经营过程的连续和生产经营规模的扩大。本章在对项目投资的种类、特点和方式概述的基础上，重点讲述了以下几方面的内容：

（1）项目投资的决策依据是以现金流量作为项目财务评价的基础，现金流量是一个与利润不同的概念。

现金流入量是投资项目实施后在项目计算期内所引起的企业现金收入的增加额，包括营业收入、固定资产的余值和回收流动资金及其他现金流入量。

现金流出量是指投资项目实施后在项目计算期内所引起的企业现金流出的增加额，包括建设投资、垫支的流动资金、付现成本、所得税额及其他现金流出量。

净现金流量是指投资项目在项目计算期内现金流入量和现金流出量的差额。

（2）从基本原理、决策规则和特点方面介绍了一些比较常用的项目投资决策方法：投资回收期法、投资利润率法、净现值法、现值指数法、内含报酬率法等。

思考与讨论

1. 债券的价值、收益率如何进行计算？
2. 股票的价值、收益率如何进行计算？
3. 如何进行债券、股票的投资决策？
4. 什么是项目投资的现金流量？为什么要使用它？如何进行估算？
5. 项目投资的折现、非折现指标有哪些？如何计算？各有何特点？
6. 独立、互斥、组合投资方案如何进行决策？

练习与自测

1. A 公司欲在市场上购买 B 公司曾在 1999 年 1 月 1 日平价发行的债券，每张面值 1000 元，票面利率 10%，5 年到期，每年 12 月 31 日付息。

要求：

（1）假定 2003 年 1 月 1 日的市场利率下降到 8%，若 A 在此时欲购买 B 债券，则债券的价格为多少时才可购买？

（2）假定 2003 年 1 月 1 日 B 的市价为 900 元，此时 A 公司购买该债券持有到到期时的投资收益率是多少？

（3）假定 2001 年 1 月 1 日的市场利率为 12%，此时债券市价为 950 元，A 是否购买该债券？

2. 甲企业计划利用一笔长期资金投资股票。现有 A 公司股票和 B 公司股票可供选择，甲企业只准备投资其中一家。已知 A 公司股票现行市价为每股 9 元，上年每股股利为 0.15 元，预计以后每年以 6%的增长率增长；B 公司股票现行市价每股 7 元，上年每股股利为 0.60 元，股利分配政策将一贯坚持固定股利政策。甲企业所要求的投资必要报酬率为 8%。

要求：

（1）利用股票估价模型，分别计算 A、B 公司股票价值；

（2）代甲企业做出股票投资决策。

3. DH 公司购买面值 10 万元，票面利率 5%，期限 10 年的债券。每年 12 月 31 日付息，当时市场利率为 6%。

要求：

（1）计算该债券价值；

（2）若该债券市价是 91 000 元，是否值得购买该债券？

（3）如果按 91 000 元的价格购入了该证券，并一直持有至到期日，则此时购买债券的到期收益率是多少？

4. 某上市公司本年度的净利润为 20 000 万元，每股支付股利 2 元。预计该公司未来 3 年进入成长期，净利润第 1、2 年各增长 14%，第 3 年增长 8%，第 4 年及以后保持与第 3 年的净利润水平一致。该公司一直采用固定股利支付率政策（即每年按固定的比例从净利润中支付股利），并打算今后继续实行该政策。该公司没有增发普通股和发行优先股的计划。

要求：

（1）假设投资人要求的报酬率为 10%，并打算长期持有该股票，计算该股票的价值；

（2）如果股票的价格为 24.89 元，计算该股票的投资收益率。

5. 假定无风险报酬率为 10%，市场投资组合的必要报酬率为 15%，而股票 A 的 β 系数为 1.6。

要求：

（1）若下年度的预期股利为 2.5 元，且股利成长率固定为每年 4%，则股票 A 的每股价格为多少？

（2）若无风险报酬由 10%降为 8%，则股票 A 的股价会发生什么变化？

（3）若市场投资组合的必要报酬率由 15%下降到 12%，此时股票 A 的股价应为多少？

（4）若 A 公司改变经营策略，使该公司的固定股利成长率由 4%上升为 6%，而 β 系数也由 1.6 下降到 1.4。那么，发生了上述变化后，股票 A 的价格又为多少？

6. 某企业拟建一项固定资产，需投资 65 万元，按直线法计提折旧，使用寿命 10 年，期末有 5 万元净残值。该项工程建设期为 1 年，投资额分别于年初投入 35 万元，年末投入 30 万元。预计项目投产后每年可增加营业收入 20 万元，总成本 15 万元，假定贴现率为 10%。

要求；计算该项目各年现金流量，并用净现值进行决策。

7. 某企业投资 15 500 元购入一台设备。该设备预计残值为 500 元，可使用 3 年，折旧按直线法计提。设备投产后每年销售收入增加额分别为 10 000 元、20 000 元、15 000 元，除折旧外的费用增加额分别为 4000 元、12 000 元、5000 元。企业适用的所得税率为 25%，要求的最低投资报酬率为 10%。

要求：

（1）假设企业经营无其他变化，预测未来 3 年企业每年增加的税后利润；

（2）计算该投资方案的净现值。

8. 某企业想投资一新产品，需购置一套专用设备，预计价款 900 000 元，追加流动资金 145 822 元，公司的会计政策与税法规定一致，设备按 5 年直线法计提折旧，净残值为零。该新产品预计销售单价 20 元/件，单位变动成本 12 元/件，每年需追加固定付现成本 500 000 元。公司适用的所得税率为 25%，投资者要求的最低报酬率为 10%。

要求：计算使净现值为零时的销售量水平（取整）。

9. 已知 HD 公司拟于 2016 年年初用自有资金购置设备一台，需一次性投资 200 万元。经测算，该设备使用寿命为 5 年。设备投入运营后每年可新增利润 40 万元。假定该设备按直线法折旧，无残值，不考虑建设安装期和公司所得税。

要求：

（1）计算使用期内各年现金净流量；

（2）计算该设备的投资回收期；

（3）计算该投资项目的投资利润率。

10. 某公司有一投资项目，原始投资 250 万元，其中设备投资 220 万元，垫支流动资金 30 万元。该项目建设期为 1 年，建设期资本化利息 10 万元。设备投资于建设起点投入，流动资金于建设期期末垫支。该项目寿命期为 5 年，按直线法折旧，预计残值为 10 万元。预计项目投产后第 1 年可获净利 60 万元，以后每年递增 5 万元。该公司要求的最低报酬率为 10%。

要求：

（1）计算该项目各年现金净流量；

（2）计算该项目回收期；

（3）计算该项目净现值。

11. 某公司拟用新设备取代已使用 3 年的旧设备。旧设备原价 170 000 元，当前估计尚可使用 5 年，目前的折余价值为 110 000 元，每年销售收入 30 000 元，每年付现成本 12 000 元，预计最终残值 10 000 元，目前变现价值为 80 000 元；购置新设备需花费 150 000 元，预计可使用 5 年，每年年销售收入 60 000 元，每年付现成本 24 000 元，预计最终残值 10 000 元。该公司预期报酬率 12%，所得税率 20%。税法规定该类设备应采用直线法折旧。

要求：试评价企业是否应更换设备。

12. YD 公司拟购入一设备，现有甲、乙两个方案可供选择。甲方案需投资 20 000 元，期初一次投入；建设期为 1 年，需垫支流动资金 3000 元，到期可全部收回；使用寿命 4 年，采用直线法计提折旧，假设设备无残值，设备投产后每年销售收入 15 000 元，每年付现成本 3000 元。乙方案需投资 20 000 元，采用直线法计提折旧，使用寿命 5 年，5 年后设备无残值；5 年中每年的销售收入 11 000 元，付现成本第一年 4000 元，以后逐年增加修理费 200 元，假设所得税率 20%，投资人要求的必要收益率为 10%。

要求：

（1）计算两个方案的现金净流量；

（2）计算两个方案的差额净现值；

（3）做出决策应采用哪个方案。

13. 某企业资本成本率为 10%，适用所得税税率 20%，现有资金 100 000 元，可用于以下投资方案Ⅰ或Ⅱ：

Ⅰ. 购入国库券（五年期，年利率 14%，不计复利，到期一次支付本息）。

Ⅱ. 购买新设备（使用期五年，预计残值收入为设备总额的 10%，按直线法计提折旧；设备交付使用后每年可以实现 12 000 元的税前利润）。

要求：

（1）计算投资方案Ⅰ的净现值；

（2）计算投资方案Ⅱ各年的现金流量及净现值；

（3）运用净现值法对上述投资方案进行选择。

14. DH 公司计划投资某一项目，原始投资额为 100 万元，该公司拟采用发行债券和优先股的方式筹集资金，拟平价发行面值为 500 元，票面年利率为 5%，每年付息一次，期限为 5 年的债券 1600 张；剩余资金以发行优先股的方式筹集，固定股息率 8%，所得税税率为 20%。项目所需资金全部在建设起点一次投入，建设期为一年，资本化利息为 4 万元。建设开始时需垫支 5 万元流动资金，项目终结时收回，投产后第一到第四年每年增加销售收入 38.34 万元，以后每年增加 41 万元；付现成本每年增加 11 万元；第一到第四年每年需支付利息 4 万元（采用预提方式）。该固定资产预计使用 10 年，按直接法提取折旧，预计净残值为 4 万元。该项目资本成本率为 4%。

要求：

（1）计算债券成本、优先股成本和项目综合资本成本（筹措费率忽略不计）；

（2）计算项目各年度现金净流量；

（3）计算项目的净现值；

（4）评价项目的可行性。

案例分析

案例一：小张是一家民营企业的 CEO，公司主营纺织品，在同行业企业中公司的规模属于中等偏下的水平，到 2016 年年底，小张已经接管这家公司五六年了，这家公司经营稳定，正处于缓慢发展期。公司还没有上市，目前发行普通股 1000 万股。小张对公司的业绩还比较满意，虽然他希望公司的业绩能够增长得更快一些，然而公司的股利政策却限制了公司进一步的发展。小张觉得公司上市的时机已经到了。一旦公司上市了，股东就可以通过出售股票获得资本利得，这样就会降低对较高股利的依赖，同时公司也可以通过股票上市获得资金，满足投资的需要，但小王不知该如何定价才能使公司股票发行成功。

公司最近几年的每股收益、每股股息和每股未分配利润情况如表 5-5 所示。

表 5-5　每股收益、每股股息和每股未分配利润情况表　　单位：元

年份	2012	2013	2014	2015	2016
每股收益	9.7	9.9	11.8	12.3	12.5
每股股利	6.8	6.9	8.3	8.6	8.8
每股未分配利润	2.9	3.0	3.5	3.7	3.7

公司最近经过调查，认为公司未来盈利情况非常乐观，从 2017 年起的未来五年每股收益将先高速增长，增长率为 10%，随后公司将进入稳定增长期，增长率为 5%。如果公司上市成功，公司将进行技改项目投资，公司计划降低现在的股利支付率水平，认为未来几年股利支付率保持 0.5 比较合适。公司预计的未来几年的每股收益、每股股利和每股未分配利润情况如表 5-6 所示。

表 5-6　未来每股收益、每股股息和每股未分配利润情况表　　单位：元

年份	2017	2018	2019	2020	2021	2022
每股收益	13.8	15.2	16.7	18.4	20.2	21.21
每股股利	6.9	7.6	8.35	9.2	10.1	10.605
每股未分配利润	6.9	7.6	8.35	9.2	10.1	10.605

小张决定去请教公司的 CEO，公司的 CEO 小李回答，可以按上表所示的增长模式对公司普通股进行估价，并提出必要收益率为 15%。之后，小李还补充说，国内同类纺织品企业的平均收益率为 12%。

请问：你同意小李给公司股票的定价思路吗？如果按照他的这一想法，公司股票每股价格多少合适？

案例二：SD 公司现有生产线已满负荷运转，鉴于其产品在市场上供不应求，公司准备购置一条生产线，公司及生产线的相关资料如下：

资料一：SD 公司生产线的购置有两个方案可供选择；

A 方案生产线的购买成本为 7200 万元，预计使用 6 年，采用直线法计提折旧，预计净残值率为 10%。生产线投产时需要投入营运资金 1200 万元，以满足日常经营活动需要，生产线经营期满时垫支的营运资金全部收回，生产线投入使用后，预计每年新增销售收入 11 880 万元，每年新增付现成本 8800 万元，假定生产线购入后可立即投入使用。

B 方案生产线的购买成本为 7200 万元，预计使用 8 年，当设定贴现率为 12%时净现值为 3228.94 万元。

资料二：SD 公司适用的企业所得税税率为 25%，不考虑其他相关税金，公司要求的最低投资报酬率为 12%。

资料三：SD 公司目前资本结构（按市场价值计算）为：总资本 40 000 万元，其中债务资本 16 000 万元（市场价值等于其账面价值，平均年利率为 8%），普通股股本 24 000 万元（市价 6 元/股，4000 万股），公司今年的每股股利为 0.3 元，预计股利年增长率为 10%。且未来股利政策保持不变。

资料四：SD 公司投资所需资金 7200 万元需要从外部筹措，有两种方案可供选择：

方案一为全部增发普通股，增发价格为 6 元/股。

方案二为全部发行债券，债券年利率为 10%，按年支付利息，到期一次性归还本金。假设不考虑筹资过程中发生的筹资费用。SD 公司预期的年息税前利润为 4500 万元。

要求：

（1）根据资料一和资料二，计算 A 方案的下列指标：

① 投资期现金净流量；② 年折旧额；③ 生产线投入使用后第 1-5 年每年的现金净流量；④ 生产线投入使用后第 6 年的现金净流量；⑤ 净现值。

（2）分别计算 A、B 方案的年金净流量，据以判断 SD 公司应选择哪个方案，并说明理由。

（3）根据资料二、资料三和资料四：

① 计算方案一和方案二的每股收益无差别点（以息税前利润表示）；② 计算每股收益无差别点下的每股收益；③ 运用每股收益分析法判断 SD 公司应选择哪一种筹资方案，并说明理由。

（4）假定 SD 公司按方案二进行筹资，根据资料二、资料三和资料四计算：

① SD 公司普通股的资本成本；② 筹资后 SD 公司的加权平均资本成本。

第六章　营运资金管理

【学习目标】

1. 了解营运资金的含义、特点与管理内容、掌握管理策略；

2. 了解现金管理的动机、成本，掌握最佳现金持有量的确定方法，熟悉现金日常管理的内容和方法；

3. 了解应收账款管理的目标、成本，掌握信用政策的构成与决策，熟悉应收账款日常管理的内容和方法；

4. 了解存货管理的目标、成本，掌握存货经济订购批量模型，熟悉存货日常管理的内容和方法。

【开篇案例】

C公司生产和销售甲、乙两种产品。目前的信用政策为“2/15，*N*/30”，有占销售额60%的客户在折扣期内付款并享受公司提供的折扣；不享受折扣的应收账款中，有80%可以在信用期内收回，另外20%在信用期满后10天（平均数）收回。逾期账款的收回，需要支出占逾期账款额10%的收账费用。如果明年继续保持目前的信用政策，预计甲产品销售量为4万件，单价100元，单位变动成本60元；乙产品销售量为2万件，单价300元，单位变动成本240元。

若明年将信用政策改为“5/10，*N*/20”，预计不会影响产品的单价、单位变动成本和销售的品种结构，而销售额将增加到1200万元。与此同时，客户享受折扣的比例将上升至销售额的70%；不享受折扣的应收账款中，有50%可以在信用期内收回，另外50%可以在信用期满后20天（平均数）收回。这些逾期账款的收回，需要支出占逾期账款额10%的收账费用。该公司应收账款的资本成本为12%。

要求：

（1）假设公司继续保持目前的信用政策，计算其平均收现期和应收账款应计利息；

（2）假设公司采用新的信用政策，计算其平均收现期和应收账款应计利息；

（3）计算改变信用政策引起的损益变动净额，并据此说明公司应否改变信用政策。

第一节　营运资金管理概述

一、营运资金的概念

营运资金又称营运资本，它有广义和狭义两种定义。广义的营运资金又称总营运资金，就是企业的流动资产总额，主要应用于研究企业资产的流动性和周转状况，是财务管理上关注的概念；狭义的营运资金，又称净营运资金，是指企业的流动资产总额减去各类流动负债后的余额，主要应用于衡量企业的偿债能力和财务风险，是会计上关注的概念。

二、营运资金的特点

为了有效地管理企业的营运资金，必须研究营运资金的特点，以便有针对性地进行管理。通常营运资金具有以下特点：

1. 营运资金周转的短期性

企业占用在流动资产上的资金，周转一次所需时间较短，通常会在 1 年或 1 个营业周期内收回，对企业影响较小。根据这一特点，营运资金可通过商业信用、银行短期借款等筹资方式来加以解决。

2. 营运资金数量的波动性

流动资产的数量会随企业内外部条件的变化而变化，时高时低，波动很大。特别是对于季节性企业，随着企业内外部条件的变动，流动负债的数量也会相应发生变动。财务人员应有效地预测和控制这种波动，以防止其影响企业正常的经营活动。对于流动资产管理来说，要尽量使流动资产的数量变动与企业生产经营波动保持一致，以满足企业需要。

3. 营运资金实物形态的变现性

短期投资、应收账款、存货等流动资产一般具有较强的变现能力，如果遇到意外情况，企业出现资金周转不灵、现金短缺时，便可以迅速变卖这些资产，以获取现金。这对财务上应付临时性资金需求具有重要意义。

4. 营运资金实物形态的并存性

企业营运资金的实物形态是经常变化的，一般在现金、材料、在产品、产成品、应收账款、现金之间顺序转化。企业筹集的资金，一般以现金形式存在，为了保证生产经营的正常进行，必须拿出一部分现金去采购材料。这样有一部分现金便转化为材料；材料投入生产后，当产品进一步加工完成后，就成为准备出售的产成品；产成品经过出售有的可直接获得现金，有的则因赊销而形成应收账款经过一定时期以后，应收账款通过收现又转化为现金。总之，流动资金每次循环都要经过采购、生产、销售过程，并表现为现金、材料、在产品、产成品、应收账款等具体形态。为此，在进行流动资产管理时，必须在各项流动资产上合理配置资金数额，以使资金周转顺利进行。

5. 营运资金来源的多样性

企业筹集长期资本的方式比较固定，一般有吸收直接投资、发行股票、发行债券、银行长期借款等。企业筹集营运资金的方式却较为灵活多样，通常有银行短期借款、短期融资券、商业信用、应交税金、应交利润、应付工资、应付费用、预收货款、票据贴现等。

三、营运资金管理的主要内容

1. 现金管理

现金管理的目的是在保证企业生产经营所需现金的同时，节约使用资金，并从暂时闲置的现金中获得最多的收益。持有足够的现金不仅能增强企业资产的流动性，还能应付意外事件对现金的需求，从而降低企业的财务风险。加强现金管理是企业营运资金管理中的一项较为重要的内容。

2. 应收账款管理

企业存在应收账款，一方面可以提高企业的竞争能力，扩大销售，减少存货；另一方面应收账款的各种成本的增加又不可避免。因此，制定合理的信用政策，权衡应收账款的收益与风险，比较不同方案下的成本与收益，追求应收账款管理效益最大化。

3. 存货管理

存货是流动资产的重要组成部分。存货控制和管理效率的高低，直接影响企业资产的流动性和生产经营过程的连续性。存货管理的目的在于控制存货投资水平，降低存货成本，加速存货周转率。

四、营运资金管理策略

由于营运资金具有上述一些特点，所以进行营运资金管理是一项非常重要的工作。那么，究竟应采取什么样的策略进行管理呢？

（一）营运资金的投资策略

营运资金投资策略即企业流动资产的投资策略，是指在营利性和风险性权衡的基础上，营运资金存量规模的选择。通常，营运资金的投资策略有三种基本类型：

1. 保守的营运资金投资策略

这种策略不但要求企业流动资产总量要足够充裕，在总资产中占比较高，还要求流动资产中流动性较高的项目也要保持足够的数量。该策略虽降低了企业的风险，但也降低了企业的盈利能力。因为在企业总资产一定的情况下，投放在流动资产上的资金量加大，必然导致投放在获利能力较强的长期资产上的资金减少，所以这种策略是一种低风险、低收益的管理策略。一般情况下，企业在外部环境不确定程度较高时，为规避风险多采用这种策略。

2. 激进的营运资金投资策略

这种策略不但要求企业最大限度地削减流动资产存量，使其在总资产中的占比尽可能低，而且还要尽量减少流动性较高项目在流动资产中的占比。该策略虽然可以增加企业的资产报酬率，但也相应提高了企业的流动性风险。所以，激进的营运资金投资策略是一种高风险、高收益的策略。一般来讲，它只适合外部环境相当稳定的企业。

3. 适中的营运资金投资策略

这种策略要求企业流动资产的存量管理介于前两者之间，由此所形成的风险和收益也介于前两者之间。一般来讲，企业流动资产的数量按其功能划分可分为两部分：一部分是正常需求量，满足正常生产经营活动的需要；另一部分是保险储备量，应付意外情况的发生。适中的营运资金投资策略就是在保证企业正常生产经营对流动资产需求的情况下，留有一定的保险储备，并在流动资产各项目之间确定一定的比例构成。

总之，企业在制定营运资金投资策略时，首先需要权衡的是资产的收益性与风险性。增加流动资产投资会增加流动资产的持有成本，降低资产的收益性，但会提高资产的流动性。反之，减少流动资产投资会降低流动资产的持有成本，增加资产的收益性，但资产的流动性会降低，短缺成本会增加。因此，从理论上来讲，最优的流动资产投资应该是使流动资产的持有成本与短缺成本之和最低。

其次制定营运资金投资策略时还应充分考虑企业经营的内外部环境。通常，银行和其他借款人对企业流动性水平非常重视，因为流动性是这些债权人确定信用额度和借款利率的主要依据之一。他们还会考虑应收账款和存货的质量，尤其是当这些资产被用来当作一项贷款的抵押品时。

（二）营运资金的融资策略

营运资金的融资策略是为流动资产筹措资金的策略选择，解决的是流动资产与流动负债的匹配问题。具体而言就是如何安排临时性流动资产和永久性流动资产的资金来源。

为了更好地理解营运资金的融资策略，有必要在学习之前将几组概念辨析一下：

临时性流动资产和永久性流动资产。流动资产按用途划分，可分为临时性流动资产和永久性流动资产。临时性流动资产是指受季节性或周期性影响的流动资产，如季节性存货、经营旺季的应收账款等。永久性流动资产是指为满足企业长期稳定发展需要，即使处于销售和经营低谷也必须保留的流动资产。

自发性短期负债和临时性短期负债。流动负债按形成方式划分，可分为自发性短期负债和临时性短期负债。自发性短期负债是指直接产生于企业生产经营中的商业信用筹资，如应付账款、应付工资等。临时性短期负债则是为了满足临时性流动资金的需要而发生的负债，如为了满足临时性需要而向银行借入的短期借款。

长期融资和短期融资。长期融资包括权益融资和长期负债融资，短期融资则是各种类型的流动负债融资。

根据企业对待风险的态度以及企业承受风险的能力，营运资金融资策略可分为以下三类：

1. 配比型融资策略

在配比型融资策略中，企业用临时性短期负债实现对临时性流动资产进行融资，而用自发性短期负债和长期融资对永久性流动资产和长期资产进行融资。

在这种策略下，由于是将资产与负债的期间相配合，尽可能地降低企业不能偿还到期债务的风险，尽可能地降低债务的资本成本，所以该政策要求企业的临时性短期负债的筹资计划必须严密，尽量实现现金流与预期安排相一致。但是，企业往往达不到资产与负债的完全匹配。所以，此策略是一种理想的融资策略，在现实生活中难以实现。

2. 保守型融资策略

保守型融资策略是指企业利用长期融资和自发性短期负债在对永久性流动资产和长期资产进行融资外，也对部分临时性流动资产进行融资的策略。

在这种策略下，由于临时性短期负债所占比重较小，企业无法偿还到期债务的风险较低；另外，因长期负债资本成本较高，以及经营淡季时仍需负担长期负债的利息，会降低企业的收益。所以保守型融资策略是一种风险和收益均较低的营运资金筹资策略。

3. 激进型融资策略

激进型融资策略是指企业不但安排临时性短期负债满足全部临时性流动资产的资金需要，还要解决部分永久性资产的资金需要。一方面，在这种策略下，由于临时性负债所占比重较大，且临时性负债的资本成本一般低于长期融资的资本成本，所以该策略下企业资本成本较低；另一方面，临时性负债的偿还期限较短，这样企业需要频繁地举新债、还旧债，从而加大融资困难和不确定性风险。所以激进型融资策略是一种风险和收益均较高的营运资金筹资策略。

综上所述，进行营运资金管理的策略主要有营运资金的投资策略、融资策略两种，究竟选用哪种方法应视具体情况而定。同时，营运资金在管理过程中应保证合理的资金需求、提高资金使用效率、节约资金使用成本和保持足够的短期偿债能力。

第二节　现金管理

现金有狭义和广义之分。狭义的现金仅指库存现金。广义的现金则包括现金及其等价物，如银行存款、其他货币资金、有价证券等。现金是企业流动性最强的资产，但是闲置的现金盈利能力极差。现金管理就是要权衡持有过多现金导致资金使用率低下和现金短缺引起的支付风险二者之间的关系。

一、持有现金的动机

持有现金的基本需求包括交易性需求、预防性需求和投机性需求，其具体内容详见表 6-1。

表 6-1　现金持有动机及影响因素

动机	含义	影响因素
交易性需求	为维持日常周转及正常商业活动所需持有的现金额	① 向客户提供的商业信用条件（同向）； ② 从供应商那里获得的信用条件（反向）； ③ 业务的季节性

续表

动机	含义	影响因素
预防性需求	企业需要维持充足现金，以应付突发事件（大客户违约）	持有现金额的多少取决于： ① 企业愿冒缺少现金风险的程度（反向）； ② 企业预测现金收支可靠的程度（反向）； ③ 企业临时融资的能力（反向）
投机性需求	为抓住突然出现的获利机会而持有的现金	如证券价格的突然下跌，企业若没有用于投机的现金，就会错过这一机会
注意：企业的现金持有量一般小于三种需求下的现金持有量之和，因为为某一需求持有的现金也可以用于满足其他需求		

二、持有现金的成本

1. 机会成本

机会成本是指因持有一定现金余额而丧失的再投资收益，一般可用企业投资收益率来表示。例如，某企业进行证券投资的收益率是 10%，若该企业持有 1000 万现金，没有用这部分现金进行证券投资，就会丧失 100 万元的投资收益，形成机会成本。现金持有量越大，机会成本越高，反之就越低。

机会成本=现金平均持有量×投资收益率

2. 转换成本

转换成本是指企业用现金购入有价证券或是转让有价证券换取现金时所需要付出的一定的交易费用，如委托买卖佣金、委托手续费、证券过户费、实务交割手续费等。

转换成本包括固定性转换成本和变动性转换成本。固定性转换成本与每次现金转换金额无关。但是，在现金需要量既定的前提下，现金持有量越少，进行证券变现的次数就越多，相应的转换成本也就越高；反之，现金持有量越多，证券变现的次数就越少，需要转换的成本开支也就越少。可见，在现金需求总量一定的前提下，固定性转换成本同现金持有量呈反向变动关系。其计算公式为：

固定性转换成本总额=证券变现次数×每次的转换成本

变动性转换成本，如证券委托买卖佣金、手续费等，是按每次现金转换金额乘以一定的手续费率进行计算的。但是，在现金需求总量一定的前提下，证券转换总额也是既定的。此时，无论证券转换多少次，所需支付的委托成交费用都是相同的。因此，变动性转换成本在现金需求总量既定的条件下，属于与决策无关的成本，自然不予考虑。后面讨论的转换成本仅指固定性转换成本。

3. 短缺成本

短缺成本是指因现金持有量不足而又无法及时变现的有价证券加以补充，给企业所带来的损失，包括直接损失和间接损失。直接损失是由于现金的短缺而使企业生产经营及投资受到的影响及造成的损失。例如，由于现金短缺无法及时购入生产所需材料，造成停工待料的损失。间接损失则是由于现金的短缺而给企业带来的无形损失，如企业由于不能按期交货给企业信用、形象等方面造成的伤害。

现金的短缺成本随现金持有量的增加而降低，随现金持有量的减少而上升，即与现金持有量呈反向变动关系。

4. 管理成本

管理成本是指为了对所持有现金进行管理而发生的管理费用，主要包括管理人员的工资及必要的安全设施费用等。持有现金的管理费用在一定范围内与持有现金的数量没有密切的关系，属于与决策无关的成本。

三、最佳现金持有量确定

1. 成本分析模式

成本分析模式，是根据对企业持有现金的机会成本、管理成本和短缺成本来确定最佳现金持有量的方法。该模式下，企业最佳现金持有量就是使上述三种成本之和最小时的现金持有量。其计算公式为：

现金总成本=min（机会成本+管理成本+短缺成本）

【例 6-1】某企业为寻求最佳现金持有量，现拟定四种现金持有方案，如表 6-2 所示。

表 6-2 现金持有方案 单位：元

	甲方案	乙方案	丙方案	丁方案
现金持有量	25 000	50 000	75 000	100 000
机会成本	2500	5000	7500	10 000
管理成本	10 000	10 000	10 000	10 000
短缺成本	12 500	7000	3500	0
总成本	25 000	22 000	21 000	20 000

注：该企业的投资收益率为 10%。

由表 6-2 可知，四种方案中丁方案的总成本最低，因此，该企业的最佳现金持有量是 100 000 元。

成本分析模式适用范围广泛，尤其适用于现金收支波动较大的企业，但是持有现金的短缺成本较难准确预测。

2. 存货模型

存货模式是将现金看作企业的一种特殊存货，按照存货管理中的经济批量法的原理，确定企业现金最佳持有量的方法。这一模式是由美国经济学家威廉·J. 鲍莫于 1952 年首先提出的，故又称为“鲍莫模型”。

采用存货模式测算最佳现金持有量是建立在下列假设基础上的：① 企业未来年度的现金需求总量可以预测；② 可通过出售短期有价证券来获得所需现金；③ 现金支出是均匀的，且每当现金余额接近于零时，短期证券就可转换为现金，即企业不存在短缺成本。

在此模式中，现金管理总成本仅包括两部分：一是机会成本，二是转换成本。

若 TC 为现金管理总成本；C 为现金持有量；R 为短期有价证券的利率；F 为每次的转换成本；T 为一定时期的现金总需求量，则持有现金的总成本为：

$$TC=\frac{C}{2}R+\frac{T}{C}F$$

总成本、持有成本和转换成本与现金持有量的关系如图 6-1 所示。

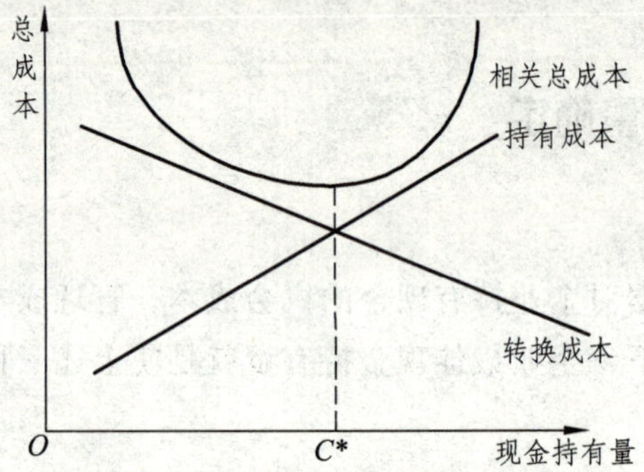

图 6-1　存货模型

最佳现金持有量就是使上述两种成本之和最小时的现金持有量。从图 6-1 可知，持有现金的总成本与现金持有量呈 U 形曲线关系，可用导数的方法求出其最小值，即最佳现金持有量 C^*。其计算公式为：

最佳现金持有量 $C^*=\sqrt{\frac{2TF}{R}}$

此外，在最佳现金持有量基础上，还有以下几个引申公式：

最低相关总成本=$\sqrt{2TFR}$

最佳转换次数=T/C^*

最佳交易间隔时间=360/最佳转换次数

【例 6-2】某企业预计全年现金需要量为 16 000 元，现金与有价证券的转换成本为每次 50 元，有价证券的年利率为 10%，计算最佳现金持有量。

解：最佳现金持有量为 $C^*=\sqrt{\frac{2\times16\,000\times50}{10\%}}=4000$（元）

存货模型的优点是计算结果比较精确，但它是以现金支出均匀发生、现金持有成本和转换成本易于预测为前提条件推算得到的。当企业现金收支波动较大时，这种方法的应用就受到了局限。

3. 随机模型

随机模型是在现金需求量难以预测的情况下进行现金持有量控制的方法。其基本原理是，企业根据历史经验和现实需要，测算出一个现金持有量的控制范围，即制定出现金持有量的上限和下限，将现金持有量控制在上下限之内。若现金持有量在控制的上下限之内，则不必进行现金与有价证券的转换，保持它们各自的现有存量；当现金持有量达到上限或下限时，通过现金与有价证券的转换，使现金持有量回到返回线。以上关系中的上限量、现金返回线可按下列公式计算：

$$R=\sqrt[3]{\frac{3b\delta^2}{4i}}+L$$

式中：R 为最优现金返回线，b 为每次有价证券的固定转换成本；i 为有价证券每日的利息率；δ 为预期每日现金余额变化的标准差（可根据历史资料测算）；L 为现金存量下限（受到企业每日的最低现金需要、管理人员的风险承受倾向等因素的影响）。

现金存量的上限（H）的计算公式：$H=3R-2L$

【例 6-3】假定甲企业有价证券的年利率为 9%，每次固定转换成本为 50 元，甲企业认为任何时候其银行活期存款及现金余额均不能低于 1000 元，又根据以往经验测算出现金余额波动的标准差为 800 元。试计算最优现金返回线 R、现金控制上限 H。

解：有价证券日利率=9%/360=0.025%

$$R=\sqrt[3]{\frac{3\times 50\times 800^2}{4\times 0.025\%}}+1000=5579\text{（元）}$$

$$H=3R-2L=3\times 5579-2\times 1000=14\ 737\text{（元）}$$

该企业目标现金余额为 5579 元。若现金持有额达到 14 737 元时，企业需买进 9158（14 737-5579）元的证券，降低现金持有水平；反之，若现金持有额达到 14 737 元时，企业需卖出 4579（5579-1000）元的证券，提高现金持有水平。

四、现金的日常管理

现金的日常管理主要存在于以下两方面：

（一）加速收款

为了提高现金的使用效率，加速现金周转，企业应尽量加速账款的收回。一般来说，企业账款收回包括三个阶段：客户开出支票、企业收到支票、银行结算支票。企业账款收回的时间包括支票邮寄时间、支票在企业停留时间以及支票结算时间。前两个阶段时间的长短不但与客户、企业、银行之间的距离有关，而且与收款的效率有关。在实际工作中，缩短这两段时间的方法一般有锁箱法、银行业务集中法等。

1. 锁箱法

这是西方企业加速现金流转的一种常用方法。企业可以在各主要业务所在地城市租用专门的邮政信箱，并开立分行存款户。客户将支票直接寄往该邮箱而不是企业，当地银行每日开启信箱，将客户支票立即结算，并通过电汇再将款项拨给企业总部所在地银行。锁箱法不仅缩短了支票邮寄时间，还简化了公司办理收账、货款存入银行等手续，因而也缩短了支票在企业的停留时间。

2. 银行业务集中法

这是一种企业建立多个收款中心来加速现金流转的方法。在该方法下，企业指定一个主要开户行（通常在企业总部所在地）为集中银行，并在收款额较集中的若干地区设立收款中心；客户将支票直接汇给当地收款中心，中心收款后立即存入当地银行，当地银行在进行票据交换后立即转给企业总部所在银行。该方法同样缩短了支票邮寄时间，也就是缩短了现金从客户到企业的中间周转时间。

除上述两种方法外，还可以采取电汇、大额款项专人处理、企业内部往来多边结算、集中轧抵等办法，缩短支票邮寄和停留时间。

银行办理支票的结算时间一般说来与企业自身努力关系不大。但从我国的现实情况看，不同专业银行之间的清算时间要长于同一专业银行内部的清算时间，这样企业就可以根据客户付款的专业银行在该行开立账户；或者在各主要专业银行开设账户，然后按客户银行的性质，指定客户将货款汇入同一专业银行的本企业账户中。

（二）控制支出

与现金收入的管理相反，现金支出管理的主要任务是尽可能地延缓现金的支出时间。当然，这种延缓必须是合理合法的，否则企业延期支付账款所得到的收益将远远低于其由此而遭受的信用损失。延期支付款项的方法主要有：

1. 使用现金“浮游量”

所谓现金浮游量是指企业账户上现金余额与银行账户上所示存款余额之间的差额，即企业已做付款记账而银行尚未付出的那笔款项。这主要是因为有些支票企业已开出，但客户还未到银行兑现。如能正确预测浮游量并加以利用，可节约大量现金。

2. 推迟应付款的支付

企业在不影响信誉的情况下，应尽可能推迟应付款的支付。例如，充分利用供货方提供的信用期，选择离供货方较远的银行或金融机构处理给供货人的欠款支票等。

3. 汇票付款

在使用支票付款时，只要受票人将支票放进银行，付款人就要无条件地付款。但汇票不是“见票即付”的付款方式，在受票人将汇票存入银行后，银行要将汇票送交付款人承兑，并由付款人将一笔相当于汇票金额的现金存入银行后，银行才会付款给受票人。这样就可能合法地延期付款。

4. 延缓工资支付

有的企业在银行单独开设一个账户专供支付职工工资，每到工资支付日时，向这一账户存入资金，再由银行转账给职工个人账户。为了最大限度度地减少这个账户存款余额，企业可预先估计出开出支付工资支票到银行兑现的时间。例如，某企业在每月 5 日支付工资，根据经验，5、6、7 日及 7 日以后的兑现率分别为 20%、25%、30%和 25%。这样，企业就不必在 5 日存足支付全部工资所需的现金，而可以将余下的部分现金用于其他投资。

第三节　应收账款管理

应收账款，是指企业因销售产品或提供劳务等业务，应向购货单位或接受劳务单位收取的款项，是企业流动资产投资的重要组成部分。随着市场经济的发展，商业信用的推行，企业应收账款数额明显增多，应收账款管理已成为流动资产管理中一个重要的问题。企业进行应收账款管理，一方面，可以提高企业的竞争能力，扩大销售，减少存货；另一方面，应收账款各种成本的增加又不可避免。因此，制定合理的信用政策，权衡应收账款的收益与风险，比较不同方案下的成本与收益，追求应收账款管理效益最大化，就成为应收账款的管理目标。

一、应收账款的成本

1. 机会成本

应收账款的机会成本是指企业的资金被应收账款占用所丧失的潜在收益，它与应收账款的数额有关，与应收账款占用时间的长短有关，也与参照利率有关。参照利率可用以下两种方法确定：① 假定资金没被应收账款占用，即应收账款款项已经收讫，那么这些资金便可用于投资，取得投资收益，参照利率就是投资收益率；② 若这些资金可扣减筹资数额，供企业经营中使用而减少筹资用资的资金成本，参照利率就是企业的平均资本成本率。

计算公式为：

应收账款机会成本=维持赊销业务所需要的资金×参照利率

=应收账款平均余额×变动成本率×参照利率

其中：　应收账款平均余额=赊销收入净额/应收账款周转率

=（销收入净额×应收账款周转期）/360

上式中应收账款周转期，相当于应收账款平均收账期，在平均收账期不清楚的情况下，可用信用期限近似替代。

2. 管理成本

应收账款的管理成本是指企业对应收账款进行管理而发生的开支。管理成本包括对客户的信用调查费用、应收账款记录分析费用、催收账款费用等。在应收账款一定数额范围内，管理成本一般为固定成本。

3. 坏账成本

坏账成本是指应收账款因故不能收回而发生的损失。存在应收账款就难以避免坏账的发生，这会给企业带来不稳定与风险，企业可按有关规定以应收账款余额的一定比例提取坏账准备。坏账成本一般与应收账款的数额大小有关，与应收账款拖欠时间的长短有关。

二、信用政策

信用政策就是应收账款的管理政策，是指企业为对应收账款投资进行规划与控制而确立的基本原则与行为规范，包括信用标准、信用条件和收账政策。

1. 信用标准

信用标准是企业提供商业信用时要求客户所应具备的最低条件，通常以预期的坏账损失率表示。如客户达不到信用标准，则不能享受企业的信用或只能享受较低的信用优惠。信用标准必须合理，如果过高会使企业客户减少，这虽然有利于减少坏账损失及收账费用，但也可能会造成销售下降、库存增加，企业的竞争力受到削弱。相反，如果企业放宽信用标准，虽然有利于扩大销售收入，提高企业的市场份额，但同时也会导致坏账损失风险和收账费用增加。因此，企业应根据具体情况，制定适当的信用标准。

企业在设定某一顾客的信用标准时，往往先要评估它赖账的可能性。这可以通过“5C”系统来完成。所谓“5C”系统，就是评估顾客信用的五个方面，即品质（Character）、能力（Capacity）、资本（Capital）、抵押（Collateral）和条件（Conditions）。

（1）品质。品质就是客户的信誉，即客户履行其偿债义务的可能性。它是信用评价体系中的首要因素。企业必须设法了解客户过去的付款记录，看其是否具有按期如数付款的一贯做法、与其他供货企业的关系是否良好。

（2）能力。能力是指客户的偿债能力，即其流动资产的数量和质量以及与流动负债的比例。同时，还应注意客户流动资产的质量，看是否有存货过多、过时或质量下降，而影响其变现能力和支付能力的情况。

（3）资本。资本是指客户的财务实力和财务状况，表明客户可能偿还债务的背景指标主要是根据有关的财务比率来测定客户净资产的大小及其获利的可能性。

（4）抵押品。抵押是指顾客拒付款项或无力支付款项时能被用作抵押的资产。这对于不知底细或信用状况有争议的顾客尤为重要。一旦收不到这些客户的款项，便以抵押品抵补。如果这些顾客能够提供足够的抵押资产，就可以考虑向他们提供相应的交易信用。

（5）经济状况。经济状况是指可能影响顾客付款能力的经济环境。例如，顾客万一出现经济不景气，会对顾客的付款产生什么影响，顾客会如何做等，这一点可以通过了解顾客在过去困难时期的付款历史，来分析外部环境的变化对客户偿付能力的影响及客户是否具有较强的应变能力。

企业通过上述五个方面的分析，基本上可以对客户的信用状况做出评价，从而作为企业向客户提供商业信用的依据。

2. 信用条件

信用条件是企业接受客户信用订单时所提出的付款要求。一旦某客户符合企业的信用标准而成为信用客户时，就会面临信用条件的选择。信用条件主要包括信用期限、折扣期限、现金折扣率。

（1）信用期限。

信用期限是企业给予顾客的付款时间。例如，若某企业允许顾客在购货后 50 天内付款，则信用期为 50 天。信用期过短，不足以吸引顾客，在竞争中会使销售额下降；信用期过长，对销售额增加固然有利，但只顾及销售增长而盲目放宽信用期，所得的收益有时会被增长的费用抵消，甚至造成利润减少。因此，企业必须慎重考虑恰当的信用期。

信用期的确定，主要是分析改变现行信用期对收入和成本的影响。延长信用期，会使销售额增加，产生有利影响。与此同时，应收账款、收账费用和坏账损失增加，会产生不利影响。当前者大于后者时，可以延长信用期，否则不宜延长。如果缩短信用期，情况与此相反。

【例 6-4】某公司采用 30 天按发票金额付款的信用政策，现在拟将信用期放宽至 60 天，仍按发票金额付款即不给折扣。假设风险投资的最低报酬率为 15%，其他有关的数据见表 6-3。试分析采用 60 天的信用期是否可行？

表 6-3　不同信用期的有关数据表　　单元：元

	30 天	60 天
销售额	500 000	600 000
变动成本	400 000	480 000
固定成本	50 000	50 000
收账费用	3000	4000
坏账损失	5000	9000

解：在分析时，先计算放宽信用期得到的收益，然后计算增加的成本，最后根据两者比较的结果做出判断。

① 收益的增加=（600 000−480 000）−（500 000−400 000）=20 000（元）

② 应收账款机会成本的增加：

30 天信用期的机会成本=$\dfrac{500\ 000}{360}\times 30\times\dfrac{400\ 000}{500\ 000}\times 15\%$=5000（元）

60 天信用期的机会成本=$\dfrac{600\ 000}{360}\times 60\times\dfrac{480\ 000}{600\ 000}\times 15\%$=120 009（元）

机会成本的增加=12 000−5000=7000（元）

③ 收账费用的增加=4000−3000=1000（元）

④ 坏账损失的增加=9000−5000=4000（元）

⑤ 改变信用期的税前收益：

净收益=收益增加−成本费用增加=20 000−（7000+1000+4000）=8000（元）

由于收益的增加大于成本，故采用 60 天信用期可行。

（2）现金折扣。

现金折扣是企业为鼓励顾客提前付款而给予价格上的一些扣减，其目的在于缩短应收账款的平均收款期。另外，现金折扣也能招揽一些视折扣为减价出售的顾客来购货，借此扩大销售量。折扣的表示常采用如 5/10、3/20、*n*/30 这样一些符号形式。这些符号的含义为：5/10 表示 10 天内付款，可享受 5%的价格优惠，即只需支付原价的 95%，如原价为 10 000 元，只支付 9500 元；3/20 表示 20 天内付款，可享受 3%的价格优惠；*n*/30 表示付款的最后期限为 30 天，此时付款无优惠。

企业采用什么程度的现金折扣，要与信用期间结合起来考虑。例如，要求顾客最迟不超过 30 天付款，若希望顾客在 20 天、10 天付款，能给予多大折扣？或者给予 5%、3%的折扣，能吸引顾客在多少天内付款？不论是信用期间还是现金折扣，都可能给企业带来收益，但也会增加成本。现金折扣带给企业的好处前面已讲过，它使企业增加的成本，指的是价格折扣损失。当企业给予顾客某种现金折扣时，应当考虑折扣所能带来的收益与成本孰高孰低，权衡利弊后再做决断。

因为现金折扣是与信用期间结合使用的，所以确定折扣程度的方法与程序实际上与前述确定信用期间的方法与程序是一致的，只不过要把所提供的延期付款时间和折扣综合起来，看各方案所提供的延期付款时间与折扣能取得多大的收益增量，再计算各方案带来的成本变化，最终确定最佳方案。

【例 6-5】沿用例 6-4 资料，假定该公司在放宽信用期的同时，为了吸引顾客尽早付款，提出了 1/30，*n*/60 的现金折扣条件，估计会有一半的顾客（按 60 天信用期所能实现的销售量计）将享受现金折扣的优惠。试分析是否应当放宽信用期，提供现金折扣？

① 收益的增加=（600 000-480 000）-（500 000-400 000）=20 000（元）

② 应收账款机会成本的增加：

30 天信用期的机会成本$=\dfrac{500\ 000}{360}\times 30\times\dfrac{400\ 000}{500\ 000}\times 15\%=5000$（元）

当提供现金折扣后，信用期=30×50%+60×50%=45

提供现金折扣后的机会成本$=\dfrac{600\ 000}{360}\times 45\times\dfrac{480\ 000}{600\ 000}\times 15\%=9000$（元）

机会成本的增加=9000-5000=4000（元）

③ 收账费用的增加=4000-3000=1000（元）

坏账损失的增加=9000-5000=4000（元）

④ 现金折扣成本的增加=600 000×1%×50%=3000（元）

⑤ 提供现金折扣后的的税前收益

净收益=收益增加-成本费用增加=20 000-（4000+1000+4000+3000）=8000（元）

由于收益的增加大于成本，故应放宽信用期，提供现金折扣。

3. 收账政策

收账政策是指客户违反信用条件，拖欠甚至拒付账款时企业应采取的策略。

首先，企业应投入一定收账费用以减少坏账的发生。一般来说，随着收账费用的增加，坏账损失会逐渐减少，但收账费用不是越多越好，因为收账费用增加到一定数额后，坏账损失不再减少，说明在市场经济条件下不可能绝对避免坏账。收账费用投入多少合适要在权衡增加的收账费用和减少的坏账损失后做出。

其次，企业对客户欠款的催收应做到有理、有利、有节。对超过信用期限不多的客户宜采用电话、发短信等方式提醒对方付款；对久拖不还的欠款，应调查分析客户欠款不还的原因：如客户确因财务困难而无力支付，则应与客户相互协商沟通，寻求解决问题的较理想的办法，甚至对客户予以适当帮助、进行债务重整等；如客户欠款后恶意赖账、品质恶劣，则应逐渐加强催账力度，直至诉诸法律，并将该客户从信用名单中剔除。对客户的强硬措施应尽量避免，要珍惜与客户之间的友情，以有利于树立企业的良好形象。

三、应收账款的日常管理

1. 制定合理的信用政策

信用政策的制定既要考虑不会因过严而使销售额下降，又要考虑不会因过松而使相应成本增加，因此就是要在收益与成本之间做出权衡。

2. 加强应收账款的风险分析，建立坏账准备制度

应收账款发生后，企业应采取种种措施，尽可能按期收回应收账款。一般而言，顾客拖欠账款时间越长，发生坏账损失的风险也就越高。日常企业应做好应收账款风险（账龄）分析，建立坏账准备制度，密切关注应收账款的回收进度和发生的变化。

（1）建立应收账款坏账准备制度。企业应遵循稳健性原则，对风险损失的可能性预先进行估计，积极建立弥补坏账损失的准备制度，根据《企业会计准则》的规定和企业实际情况，合理计提坏账准备。

（2）降低应收账款风险可将应收账款转化为应收票据。由于应收票据具有很强的追索性，到期前可以背书转让或贴现，能够在一定程度上降低风险损失。所以，当客户到期不能偿还货款时，企业可要求客户开具承兑汇票以抵销其应收账款。

3. 不断完善收账政策

当企业应收账款受到顾客拖欠或拒付时，企业应当首先分析现行的信用政策和信用审批制度是否存在纰漏，然后对违约客户的信用等级重新调查摸底，进行再认识，对不同信用等级客户制定出不同的收账政策。

企业在催收账款时肯定要发生收账费用，有些收款方式的收账费用还会很高。一般来说，收账费用越高，收账措施越有力，收回账款的可能性就越大，损失就越小。因此，企业在制定收账政策时，要在收账费用和减少坏账损失之间做出权衡，制定出有效的收账措施，提高应收账款变现的能力。

4. 加强应收账款成本管理

应收账款一旦形成，企业就不可避免地要承担相应的成本。应收账款不断增多，会占用

企业正常周转的流动资金，影响企业正常经营。因此，企业管理层在生产经营过程中，要逐步更新观念，从注重企业效益入手，切实抓好企业管理工作，降低应收账款的资金占用；要严格赊销审批手续，加强赊销数额的管理；要从融资成本考虑，如果赊销额占企业流动资产总量比重较大，其成本会增大，风险也会随之增大，影响企业正常运行；要加强应收账款的核对和定期核查，防范因管理不严而出现的挪用、贪污及资金体外循环等问题，避免呆坏账的产生；对发生的呆、坏账，要在取得确凿证据后，根据确认坏账的标准，应及时入账，防止资金损失。总之，企业必须加强应收款成本管理，制定严格的信用政策和收账政策，尽量减少不必要的费用支出，把损失降到最低限度。

综上所述，应收账款的日常管理是一项系统性的管理活动，企业要加强财务管理，充分利用规章制度等制约机制，发挥管理工作的整体效率，坚持原则性和灵活性相结合的原则，在确保企业经营成果的同时，尽量避免呆、坏账损失，促进企业持续、稳定地发展。

第四节　存货管理

存货是指企业在生产经营过程中为生产或销售而储备的物资，如材料、在产品、产成品等，是流动资产的重要组成部分。企业持有存货的基本目的是为了保证生产经营活动的顺利进行，因此，绝大多数工商企业均拥有相当规模的存货。由于存货占用企业的大量资金，所以企业对存货管理效率的高低对其财务状况的影响极大。为此，加强存货的规划与控制，使存货规模保持在合理的水平上，就成为企业财务管理的一项重要工作。

一、存货的成本

存货的成本主要由以下几部分构成：

1. 取得成本（TC_a）

取得成本是指存货取得时发生的成本，主要包括购置成本和订货成本。

购置成本，是指存货本身的价值，等于购置数量与单价的乘积。

订货成本，是指企业为组织进货而开支的费用，如办公费、差旅费、邮资、电话费、运输费、检验费、入库搬运费等支出。订货成本有一部分与订货次数有关，如差旅费、邮资、电话费等，这些费用与进货次数呈同方向变动，因而称为变动性订货成本；另一部分与订货次数无关，如专设采购机构的基本开支等，这类成本便是固定性订货成本。

2. 储存成本（TC_c）

储存成本是指企业为持有存货而发生的费用，主要包括存货资金占用费（存货资金的机会成本）、仓储费用、保险费、存货毁损变质损失等。与进货费用一样，储存成本可以按照与储存数量的关系分为变动性储存成本和固定性储存成本两类。

固定性储存成本与存货储存数量的多少没有直接联系，如仓库折旧费、仓库职工的固定月工资等；而变动性储存成本则随着存货储存数量的增减成比例变动，如存货资金的应计利息、存货毁损和变质损失、存货的保险费等。企业要降低储存成本，主要措施是采用小批量订货方式，增加订货次数，从而减少存货的储存数量。

3. 缺货成本（TC_s）

缺货成本是因存货不足而给企业造成的损失，包括由于材料供应中断造成的停工损失、成品供应中断导致延误发货的信誉损失和丧失销售机会的损失等。如果生产企业能够以替代材料解决库存材料供应中断之急，缺货成本便表现为替代材料紧急采购的额外开支。

存货总成本可用以下公式表示：

$$TC = TC_a + TC_c + TC_s = DU + \frac{D}{Q}K + F_1 + \frac{Q}{2}K_c + F_2 + SK_u\frac{D}{Q}$$

式中：D 为存货年需求量；F_1 为订货固定成本；U 为存货的单价；F_2 为储存固定成本；Q 为存货每次进货量；K_u 为单位缺货成本；K 为单位订货变动成本；K_c 为单位储存变动成本；S 为一次订货的缺货量。

二、最佳进货量的确定

1. 经济批量

存货的经济批量又称最佳经济批量，是使一定时期存货的相关总成本最低的进货批量。

2. 企业在进行经济批量决策时常基于以下假设

（1）能及时补充存货，即需要存货时便可立即取得存货；

（2）能集中到货，即不是陆续入库；

（3）不允许缺货，即无缺货成本，TC_s 为零；

（4）需求量稳定并能预测，即 D 为已知常量；

（5）存货单价不变，即 U 为已知常量，且不存在数量折扣；

（6）企业现金充足，不会因现金短缺而影响进货；

（7）所需存货市场供应充足，不会因为买不到需要的存货而影响生产。

3. 最佳经济批量的计算

根据上述假设条件，与存货订购批量、批次直接相关的只有订货变动成本和变动储存成本两项。这样，存货总成本计算公式可简化为：

$$TC = \frac{D}{Q}K + \frac{Q}{2}K_c$$

当 TC 值最小时得到的进货批量为 Q^*，称之为最佳经济批量（或最佳订货量）。相关指标计算公式如下：

$$最佳经济批量 Q^* = \sqrt{\frac{2KD}{K_c}}$$

$$最佳经济批量下的总成本 = \sqrt{2KDK_c}$$

最佳订货次数=D/Q^*

最佳订货周期=360/最佳订货次数

经济订货批量占用资金=（$Q^*/2$）U

【例 6-6】某企业每年耗用甲材料 7200 千克，该材料单位成本为 20 元，单位储存成本为 2 元，一次订货成本为 50 元。则

最佳经济批量 $Q^*=\sqrt{\frac{2\times 7200\times 50}{2}}$=600（千克）

相关总成本=$\sqrt{2\times 7200\times 50\times 2}$=1200（元）

4. 经济批量模型的扩展

（1）存在数量折扣情况下经济进货批量的确定。

为了鼓励客户购买更多的商品，销售企业通常会给予不同程度的价格优惠，即实行数量折扣或称价格折扣。购买越多，所获得的价格优惠越大。此时，进货企业对经济进货批量的确定，除了考虑订货成本与变动储存成本外，还应考虑存货的购置成本，因为此时存货购置成本已经与进货数量的大小有了直接联系，属于决策的相关成本。

其计算的基本步骤为：首先按照基本模式确定无数量折扣情况下的经济进货批量及其相关总成本，然后加进不同批量的购置成本差异因素，通过比较确定成本总额最低的进货批量。

【例 6-7】ABC 公司甲材料的年需要量为 8000 千克，每千克标准进价为 15 元。销售企业规定：客户每批购买量不足 1000 千克的，按照标准价格计算；每批购买量 1000 千克以上、2000 千克以下的，价格优惠 2%；每批购买量 2000 千克以上的，价格优惠 3%。已知每批变动订货成本为 50 元，单位材料的年储存成本为 5 元。试计算其经济进货批量。

① 在没有数量折扣（即进货批量在 1000 千克以下）时的经济进货批量和相关存货成本总额：

经济进货批量=$\sqrt{\frac{2\times 8000\times 50}{5}}$=400（千克）

存货成本总额=8000×15+8000/400×50+400/2×5=122 000（元）

② 进货批量在 1000 ~ 1999 千克，可以享受 2%的价格优惠。在此范围内，购置成本总额是相同的，逐项计算可发现，越是接近价格优惠的进货批量，成本总额就越低，这是一个规律。所以，在可享受 2%的价格优惠的批量范围内，成本总额最低的进货批量是 1000 千克，存货成本总额计算如下：

存货成本总额=8000×15×（1−2%）+8000/1000×50+1000/2×5=120 500（元）

同理，在享受 3%价格优惠的进货批量（即进货批量在 2000 千克以上）范围内，成本总额最低的进货批量为 2000 千克，存货成本总额计算如下：

存货成本总额=8000×15×（1-3%）+8000/2000×50+2000/2×5=121 600（元）

通过比较可以发现，在各种价格条件下的批量范围内，成本总额最低的进货批量为 1000 千克。当然这一结论是建立在基本经济进货模式的其他各种假设条件均能具备的前提之上的。

（2）存在缺货情况下经济进货批量的确定。

允许缺货情况下，企业对经济进货批量的确定，就不仅要考虑进货费用与储存费用，而且还必须考虑可能的缺货成本。此时存货相关总成本的计算公式为：

存货相关总成本=变动性订货成本+变动性储存成本+缺货成本

允许缺货情况下的经济进货批量计算公式为：

$$Q = \sqrt{\frac{2KD}{K_C} \times \frac{K_C + K_u}{K_u}}$$

一次订货的缺货量 $S = \dfrac{QK_c}{K_C + K_u}$

【例 6-8】某企业甲材料年需要量为 32 000 千克，每次变动订货成本为 60 元，单位储存成本为 4 元，单位缺货成本为 8 元。试计算其经济进货批量。

解：$Q = \sqrt{\dfrac{2 \times 3200 \times 60}{4} \times \dfrac{4 + 8}{8}}$=1200（千克）

一次订货的缺货量 $S = \dfrac{1200 \times 4}{4 + 8}$=400（千克）

（3）保险储备量与再订货点。

在许多情况下，企业的存货会受存货需求与耗用以及每次订货的保障程度等不确定因素的影响而发生短缺，因此，企业就不能等到存货全部用尽后才去订货，而必须留有一定的保险储备量，并确定合理的订货点。

① 保险储备量的确定。订货间隔期是指为保证生产经营的顺利进行，而测定出的要提前购入存货的天数。影响保险储备量的因素主要是存货需求量和订货间隔期。其计算公式为：

保险储备量=（预计每天最大耗用量-平均每天正常耗用量）×订货间隔期

【例 6-9】某企业存货的经济进货批量为 270 千克，30 天订货一次，订货间隔期为 10 天，每天最大耗用量为 12 千克。试计算该企业的保险储备量是多少？

解：保险储备量=（12-270÷30）×10=30（千克）

企业增加保险储备量，可以有效减少缺货所造成的损失，但会使存储费用增加。因此，企业必须在减少缺货损失和增大存储费用之间权衡得失，使二者之和达到最小，这时的保险储备量才是最合理的。

② 再订货点的确定。再订货点是指当企业存货降低到某一数量时，采购部门就应立即再一次订货。一般企业再订货点的确定方法是企业订货间隔期内正常耗用量加保险储备量之和。其计算公式为：

再订货点=（平均每天正常耗用量×订货间隔期）+保险储备量

=预计每天最大耗用量×订货间隔期

当企业达到再订货点时，便立即发出订货单，等到下批订货到达，原有库存正好用到保险储备量，此时新购入的存货恰好接上，保证了正常的生产经营。

【例 6-10】某企业甲材料的经济订货批量为 300 件，平均每天正常耗用 25 件，高耗用量为 40 件，订货间隔期为 6 天。试计算该企业何时再订货？

解：再订货点=25×6+（40-25）×6=40×6=240（件）

上述计算说明，该企业在甲材料库存量降至 240 件时，就需要进行再一次订货。

三、存货日常管理

（1）要完善内部控制制度，明确职权，保证效力。首先，内部控制的基础就是要形成权力的相互制约，在存货管理的过程中要保证采购权、验收权和保管权分属于不同的部门，以避免徇私舞弊情况的发生，保证内控的效力。其次，要提高员工的素质和业务能力，定期对员工进行培训。培训的内容包括如何提高采购员的议价能力、验收员对产品质量的判断能力、保管员的物资管理能力等各个方面。最后，还要增加对原材料价格的市场调查，这样不仅能够保证企业采购货物价格最低，降低企业的成本，还能避免采购员收取回扣损害企业利益。

（2）要根据企业自身的实际需求，采用适合于本企业的订货方法。存货过多会加重存储的成本，过少会阻碍生产的正常进行，所以算出最恰当的采购数量便成了采购之前的主要工作。采购数量如何实现保证价格和储存成本的总成本最低，可以采用经济批量法进行计算，依据实际情况计算出来的采购数量在不出现意外的情况下可以降低总成本。

同时，要改善存货管理的环境。采用先进的管理方法，要保证存货验收的及时性，以及时发现购入的存货是否足数以及是否满足采购的质量要求。在保管工作上要以合理存放和科学保养为前提，结合存货的特征采用现代化的技术和方法，为存货的保管创造适宜的环境。

（3）依据实际情况采用合理的存货计价方法，以减轻企业的税收支出。

（4）要健全存货的出库制度，保证账实相符。对存货的领取要有统一的规定，应控制各部门的领用数量，并且各部门之间对每期领取的数量相互之间要协商好，以避免一个部门将所有存货领走而其他部门急需却无料的情况出现。存货的进出库都需要进行记录，进库要填进库单，出库要填出库凭证，这样才能保证存货的完整。同时，要做好存货的盘点，对重大物资要每季度或者每半年盘点一次，不仅要清查数量是否与账相符，还要确定物资的质量是否符合生产的要求。对于不符合生产要求的存货可以采取降价销售的方式加以处理，尽可能地降低企业的损失。

本章小结

营运资金也称营运资本，是指一个企业维持日常生产经营活动所需的资金。企业持有现金有三个目的：交易动机、预防动机、投机动机。现金成本包括持有成本、转换成本、短缺成本和管理成本。现金管理的重点是确定合理的现金持有量，在保证企业生产经营活动所需现金的同时，尽量减少企业闲置的现金数量，提高资金收益率。所以，要确定一个最佳现金持有量。最佳现金持有量的确定包括成本分析模式、存货分析模式和随机模式等。

应收账款进行管理的目标是要在扩大销售与增加成本之间进行权衡，以选择最佳的信用政策，用较小的成本、较低的风险获取更大的收益。应收账款的成本有机会成本、管理成本和坏账成本。应收账款信用政策的确定主要包括信用标准、信用额度、信用条件和收账政策。

存货的成本有取得成本、储存成本和缺货成本。存货管理的目标是要在存货的成本与收益之间进行利益权衡，实现两者的最佳组合。实现存货管理目标的关键在于确定一个最佳进货数量，即通过存货经济批量模型来实现。

思考与讨论

1. 营运资金的管理策略有哪些？
2. 企业持有现金的动机与成本分别是什么？
3. 确定最佳现金持有量的方法有哪几种？分别是如何确定的？
4. 如何加强现金的日常控制与管理？
5. 应收账款的成本有哪些？如何进行核算？
6. 信用政策包含哪些内容？如何进行决策？
7. 什么是“5C”评估法？怎样利用“5C”评估法确定企业的信用水平？
8. 如何加强应收账款的日常控制与管理？
9. 存货的成本有哪些？如何进行核算？
10. 什么是存货的经济批量？如何在不同情况下确定它？
11. 如何加强存货的日常控制与管理？

练习与自测

1. 甲企业现金收支状况平稳，预计全年（按 360 天计算）需要现金 10 万元，现金与有价证券的转换成本为每次 800 元，有价证券的年利率为 10%。

要求：

（1）计算最佳现金持有量；

（2）计算转换成本和持有机会成本；

（3）计算最低现金管理相关总成本；

（4）计算有价证券交易次数及有价证券交易间隔期。

2. KH 公司预计全年（一年按 360 天计算）现金需要量为 50 万元，有价证券的年利率为 12%，该公司现金管理相关总成本目标为 3000 元。

要求：

（1）计算有价证券的转换成本的限额；

（2）计算最优现金余额；

（3）计算最佳有价证券的交易间隔期。

3. ZY 股份公司现有 A、B、C 三种现金持有方案，有关资料见表 6-4。

表 6-4　现金持有成本　　　　　　　　单位：万元

项　目	A	B	C
现金持有量	100	200	400
机会成本率	10%	10%	10%
短缺成本	56	25	0
管理成本	5	5	5

要求：选择最佳方案。

4. 某企业计划年度销售收入 7200 万元，全部采用商业信用方式销售。客户在 10 天内付款折扣 2%；超过 10 天但在 20 天内付款，折扣 1%；超过 20 天但在 30 天内付款，按全价付款。预计客户在 10 天内付款的比率为 50%，20 天内付款的比率为 30%，超过 20 天但在 30 天内付款的比率为 20%。同期有价证券年利率为 10%，变动成本率为 50%。

要求：

（1）计算企业应收账款平均收账期；

（2）计算每日信用销售额；

（3）计算应收账款余额；

（4）计算应收账款机会成本。

5. 某企业只生产销售一种产品，每年的赊销额为 240 万元，该企业产品变动成本率为 80%，资金利润率为 25%。企业现有 A、B 两种收账政策可供选用，相关资料见表 6-5。

表 6-5　不同收账政策情况表

项　目	A 政策	B 政策
平均收账期/天	60	45
坏账损失率/%	3	2
应收账款平均余额/万元		
应收账款机会成本/万元		
坏账损失/万元		
年收账费用/万元	1.8	7
收账成本合计		

要求：

（1）计算填列表中的空白部分（一年按 360 天计算）；

（2）对上述收账政策进行决策；

（3）若企业倾向于选择 B 政策，判断若其他条件不变，B 政策的收账费用上限为多少？

6. 某公司的年赊销收入为 720 万元，平均收账期 60 天，坏账损失为赊销额的 10%，年收账费用为 5 万元。该公司认为通过增加收账人员等措施，可以使平均收账期降为 50 天，坏账损失降为赊销额的7%，假设公司的资金成本率为6%，变动成本率为50%。

要求：为使上述变更经济上合理，计算年收账费用的上限（每年按360天计算）。

7. 若某企业A材料年需用量为4800千克，年单位储存成本12元，每次进货费用50元。试计算A材料的经济进货批量。

8. 某企业全年需从外购入某零件1200件，每批进货费用400元，单位零件的年储存成本6元，该零件每件进价10元。销售企业规定：客户每批购买量不足600件，按标准价格计算，每批购买量达到600件，价格优惠3%。

要求：

（1）计算该企业进货批量为多少时，才是有利的；

（2）计算该企业最佳的进货次数；

（3）计算该企业最佳的进货间隔期。

9. B企业全年需S原料1000吨，订货后每天能运达10吨，而企业每天需消耗3吨。每次订货的订货成本为70元，每吨S原料平均储存成本20元。

要求：计算最优订货批量及全年最低相关总成本。

案例分析

案例一：上海DF公司是亚洲地区的玻璃套装门分销商，套装门在香港生产然后运至上海。管理当局预计2018年度需求量为10 000套。套装门购进单价为395元（包括运费）。与订购和储存这些套装门相关的资料如下：

（1）2017年进货次数共22次，总处理成本13 400元，其中：固定成本10 760元，预计未来成本性态不变。

（2）香港原产地商品进入内地要经双方海关检查，每次费用280元。

（3）套装门从香港运抵上海后，接受部门要进行检查。为此雇用一名检验人员，每小时工资2.50元，每次检验工作需要8小时。

（4）公司租借仓库来储存套装门，估计固定成本为每年2500元，另外加上每套门4元/年。

（5）在储存过程中通常会出现破损，估计破损成本平均每套门28.5元/每年。

（6）占用资金利息等其他储存成本每套门20元/年。

（7）假设一年250天的工作日。

（8）从发出订单到货物运到上海通常需要6个工作日。

问题：

（1）计算每次变动进货费用。

（2）计算单位存货的变动年储存成本。

（3）计算经济进货批量。

（4）计算每年与批量相关存货总成本，计算相关进货费用和相关储存成本。

（5）计算最佳的进货次数。

（6）若不考虑保险储备，计算存货的再订货点。

（7）若据以往数据统计显示，从发出订单到货物运到上海最长用了10个工作日，最多的每日需要量为 70 套，则 DF 公司应建立的保险储备是多少？此时存货的再订货点为多少？

案例二：拥有 81 名博士、1323 名硕士和 2484 名学士的 ZX 通讯以其高科技含星和精心理财结出丰硕的果实。以每股收益 0.97 元的骄人成绩暂列深圳上市公司之首，向股东交上一份满意的答卷。仔细阅读该公司的年报后，从中能够发现许多值得称道之处。

ZX 通讯几项主要财务指标的简要剖析如下：

依据该公司所公布的财务报表，经整理计算后其主要经济指标如下：1998 年年末流动比率为 1.70，速动比率为 0.73，营运资金为 79 890 万元，资产负债率为 53.19%，显示该公司的资产负债率较低，短期偿债能力较强。产品销售利润率为 15.94%，主营业务利润率为 52.91%，表明该公司的获利能力很强，主营业务突出。应收账款周转率为 12.01 次，存货周转率为 1.2 次，表明该公司的销售回款能力较强，平均应收账款占用天数仅为 30 天，但存货转率并不快，平均占用天数为 180 天，然而这不过是表面现象。因为期末存货数额 110 955 万元中有 3314 万元的预收账款因素，按 1998 年销售收入 196 844 万元来衡量，其存货积压的风险并不大。正如该公司年报摘要中所分析的那样“主要系本公司产品品种和生产量增加，并为 1999 年经营规模进一步扩大准备所致”。总之，我们欣喜地看到该公司的高科技人才研制，开发生产了高附加值的通信类产品并取得了良好的市场效果。

ZX 通讯精心理财的具体举措如下所述：

该公司结出的硕果除了高科技人才功不可没外，其精心的理财举措也是不可或缺的。纵观其年报摘要，至少有以下几方面是值得称道的：

第一，以商业信用为依托采用灵活多样的结算方式筹措生产经营所需资金并降低资金成本。从年报摘要中我们看到，该公司利用其产品畅销的良好势头增加了预收客户的款项 3314 万元，以其大量的原材料需求量为“筹码”从原材料供应商处融通资金——开具商业票据 16 680 万元，公司主要股东通力合作暂时让渡“应收股利”的使用权 6205 万元。前三项资金合计 26 199 万元，这一数额相当于当期“主营业务成本” 92 218 万元的 28.41%，这对该公司生产经营的资金保障起到了巨大的推动作用。

第二，采取灵活多变的结算办法加快产品销售并加速货款回笼。从年报摘要中可以看到，该公司的“应收票据”中有 396 万元，表明企业为扩大产品销售渠道在资金结算上给客户提供了方便。而在“财务费用”的说明中称“财务费用较上年同期增加人民币 67 679 330.26 元，增长 566.15%，这主要是为了加快货款回收而增加现金折扣所致”。不难看出，该公司以其产品的高附加值为“后盾”，果断采用“现金折扣”的方式来结算货款，以诱人的折扣为“诱饵”刺激用户尽快付款，从而加快了货款回笼速度，使全年“应收账款周转率”高达 12 次，此举可谓相当高明。

第三，居安思危，用足用活相关地方性政策法规。公司年报中披露 1998 年计提了“风险准备金” 19 741 万元，其实际效果是节约所得税支付 1418 万元，为公司提供了无资金成本的生产经营资金。与此同时，公司将当年所计提的“风险准备金”，几乎全部用于技术开发投人，相信在众多的高科技人才保障的情况下，所投人的技术开发资金必将形成新的良性循环。

综上所述，我们不难得出这样的基本结论：ZX 通讯硕果的形成，其高科技人才的技术开发能力和精明的财务管理人才的高超理财技巧均功不可没。

问题：

（1）试分析 ZX 通讯的营运资本管理战略。

（2）ZX 通讯的各项理财措施中体现了哪些营运资本管理的基本原理？他们是怎样贯彻和实施的？

资料来源：赵伟，吴智勇. 财务管理模拟实训教程[M]. 北京：电子工业出版社，2010.

第七章 分配管理

【学习目标】

1. 了解利润分配的概念、意义、原则，掌握分配的顺序；

2. 了解股利分配理论，掌握股利政策的内容及影响因素，熟悉具体股利政策的基本原理、优缺点和适用范围；

3. 了解股票分割的含义，掌握股票分割的意义及与股票股利的区别；

4. 了解股票回购的含义、类型，掌握股票回购的动机、影响。

【开篇案例】

NF公司是一家大型钢铁公司，公司业绩一直很稳定，其盈余的长期增长率为12%。2016年公司税后盈利为1000万元，当年发放股利共250万元。2017年因公司面临一次投资机会，预计其盈利可达到1000万元，而投资总额则为900万元，预计2018年以后仍会恢复到12%的增长率。公司目标资本结构为负债/权益为4∶5。现在公司面临股利分配政策的选择，可供选择的股利分配政策有固定股利支付率政策、剩余股利政策以及固定或稳定增长的股利政策。

试问：如果你是该公司的财务分析人员，请你计算2017年公司实行不同股利政策时的股利水平，并比较不同的股利政策，做出你认为正确的选择。

第一节 利润分配概述

一、利润分配的概念

利润是企业在一定会计期间的经营成果，反映企业的经营业绩情况。利润分配有广义和狭义之分。广义的利润分配是指对企业收入和利润进行分配的过程；狭义的利润分配则仅指对企业净利润的分配。本章所讨论的利润分配是对净利润的分配，即狭义的利润分配范畴。实际上，利润分配就是以企业实现的净利润为对象，按照国家财务制度规定的分配形式和分配顺序，在国家、企业和投资者之间进行的分配。

二、利润分配的意义

利润分配作为现代企业财务管理的重要内容之一，对于维护企业与各相关利益主体间的财务关系，提升企业价值具有重要意义。

（1）企业通过利润分配，可以形成一部分自行安排的资金，有利于优化企业资本结构及扩大再生产，为企业的生产积累后备力量。

（2）企业通过利润分配，可以处理、协调企业各方面利益相关者的需求。例如，企业在利润分配时不仅要考虑企业所有者、经营者与职工之间的利益关系，也要考虑债权人未偿付本金的保障程度，否则会在一定程度上削弱企业的偿债能力。

（3）利润分配的过程与结果关系到所有者的各项合法权益，影响着企业是否长期稳定地发展。因为企业所有者应得的投资收益需要通过企业的利润分配来实现，获得投资收益的多少也取决于企业盈利状况及利润分配政策。

三、利润分配的原则

1. 依法分配原则

为规范企业的收益分配行为，国家制定和颁布了若干法规，这些法规规定了企业收益分配的基本要求、一般程序和重大比例。企业的收益分配必须依法进行，这是正确处理企业各项财务关系的关键。

2. 兼顾职工利益原则

企业的净利润归投资者所有，是企业的基本制度。但企业职工不一定是企业的投资者，净利润就不一定归他们所有，而企业的利润是由全体职工的劳动创造的，他们除了获得工资和奖金等劳动报酬以外，还应该以适当的方式参与净利润的分配。如外商投资企业按规定提取储备基金、企业发展基金、职工奖励及福利基金。

3. 分配与积累并重原则

企业的收益分配，要正确处理长远利益和近期利益这两者的关系，坚持分配与积累并重。企业除按规定提取法定盈余公积金外，还可适当留存一部分利润作为积累，这部分未分配利润仍归企业所有者所有。这部分积累的净利润不仅可为企业扩大生产筹措资金，增强企业发展能力和抵抗风险的能力，同时还可供未来年度进行分配，起到以丰补歉、平抑利润分配数额波动、稳定投资报酬率的作用。

4. 投资与收益对等原则

企业收益分配应当体现“谁投资谁受益”、收益大小与投资比例相适应，即投资与收益对等原则，这是正确处理企业与投资者利益关系的立足点。投资者因投资行为，以出资额依法享有利润分配权；企业在向投资者分配利润时，要遵守公开、公平、公正的“三公”原则，不搞幕后交易，不帮助大股东侵蚀小股东利益，一视同仁地对待所有投资者，任何人不得以其在企业中的特殊地位谋取私利，这样才能从根本上保护投资者的利益。

四、利润分配的顺序

根据我国有关法律的规定，一般企业和股份有限公司每期实现的净利润，应按下列顺序进行分配：

1. 弥补以前年度亏损

企业当期实现的净利润首先应按照规定弥补以前年度亏损（当期实现的净利润对以前年度亏损的弥补过程，实际上就是形成可供投资者分配利润的过程；若可供投资者分配利润为负数，即亏损并未弥补完，因此不能进行后续分配；若可供投资者分配利润为正数，即产生累计盈利，可以进行后续分配）。如果企业发生年度亏损，可以用下一年度的税前利润弥补，下一年度税前利润不足弥补时，可以在未来五年内连续弥补，五年内未弥补完的亏损，用税后利润加以弥补。其中，税后利润弥补亏损可以用当年实现的净利润，也可以用盈余公积转入。

2. 提取法定盈余公积金

根据《公司法》的规定，法定盈余公积金的提取比例为当年税后利润或可供投资者分配利润的 10%。当年累计提取的法定盈余公积金达到注册资本的 50%时，可以不再提取。该项资金主要用于弥补亏损、转增资本和派发股利。但企业用盈余公积金转增资本后，所留存的法定公积金不得低于转增前公司注册资本的 25%。

3. 提取任意盈余公积金

根据《公司法》的规定，企业从税后利润中提取法定盈余公积金后，经股东大会决议，还可以从税后利润中提取任意盈余公积金。提取任意盈余公积金的目的主要是为了控制与均衡股利分配水平，避免各年之间股利水平的大幅度波动。

法定公积金和任意公积金是企业的留存收益，是企业从税后利润中提取的积累资本，是企业用于防范和抵御风险，提高经营能力的重要资本来源。

4. 向股东（投资者）分配股利（利润）

企业在按照上述程序弥补亏损，提取公积金之后所剩的税后利润，可以根据股利政策向股东（投资者）分配股利（利润）。按照现行制度规定，股份有限公司依法回购后暂未转让或注销的股份，不得参与利润分配；企业弥补以前年度亏损和提取公积金后，当年没有可供分配的利润时，一般不得向股东分配股利；如果股东大会或董事会违反上述分配程序，在抵补亏损和提取法定盈余公积金之前向股东分派股利的，必须将违反规定发放的股利收回公司。

【例 7-1】ABC 公司 2009 年年初未分配利润账户的贷方余额为 37 万元，2009 年发生亏损 100 万元，2010 年至 2014 年间的每年税前利润为 10 万元，2015 年税前利润为 15 万元，2016 年税前利润为 40 万元。所得税税率为 20%，盈余公积金计提比例为 10%。

要求：（1）2015 年是否交纳所得税？是否计提盈余公积金？

（2）2016 年可供投资者分配的利润为多少？

解：（1）2015 年年初未分配利润=37-100+10×5=-13（万元）（为以后年度税后利润应弥补的亏损）

2015 年应交纳所得税=15×20%=3（万元）

2015 年税后利润=15-3=12（万元）

企业可供分配的利润=12-13=-1（万元），不能计提盈余公积金。

（2）2016年税后利润=40×（1-20%）=32（万元）

可供给分配的利润=32-1=31（万元）

计提盈余公积金=31×10%=3.1（万元）

可供投资者分配的利润=31-3.1=27.9（万元）

第二节　股利政策

股利政策是指在法律允许的范围内，企业是否发放股利、发放多少股利以及何时发放股利的方针及对策。股利政策的本质是公司管理层决定当前盈利的分配比例以及分配的未来时间分布问题，其最终目标是使公司价值最大化。

一、股利分配理论

股利分配理论是对股利分配利益关系的倾向性认识，其核心问题是股利政策与公司价值的关系问题。具有代表性的股利分配理论主要有以下几种：

（一）股利无关论

股利无关论是由美国经济学家莫迪利安尼（Modigliani）和财务学家米勒（Miller）于1961年提出的。股利无关论（也称MM理论）认为，在一定的假设条件限定下，股利政策不会对公司的价值或股票的价格产生任何影响。一个公司的股票价格完全由公司的投资决策的获利能力和风险组合决定，而与公司的利润分配政策无关。该理论是建立在完全市场理论之上的，假定条件包括以下五个方面：

（1）市场具有强式效率；

（2）不存在任何公司或个人所得税；

（3）不存在任何筹资费用（包括发行费用和各种交易费用）；

（4）公司的投资决策与股利决策彼此独立（公司的股利政策不影响投资决策）；

（5）股东对股利收入和资本增值之间并无偏好。

（二）股利相关论

1.“在手之鸟”理论

该理论认为，用留存收益再投资给投资者带来的收益具有较大的不确定性，并且投资的风险随着时间的推移会进一步增大，因此，投资者更喜欢现金股利，而不愿意将收益留存在公司内部，而去承担未来的投资风险。

2. 信号传递理论

信号传递理论认为，在信息不对称的情况下，公司可以通过股利政策向市场传递有关公司未来赢利能力的信息，从而影响公司股价。一般来讲，预期未来盈利能力强的公司往往愿意通过相对较高的股利支付水平，把自己同预期盈利能力差的公司区别开来，以吸引更多的投资者。

3. 所得税差异理论

所得税差异理论由莱森伯格（Litzenberger）和拉姆斯韦（Ramaswamy）1979 年提出。所得税差异理论认为，由于普遍存在的税率的差异及纳税时间的差异，资本利得收入比股利收入更有助于实现收益最大化目标，企业应当采用低股利政策。

4. 代理理论

代理理论认为，股利政策有助于减缓管理者与股东之间的代理冲突，股利政策是协调股东与管理者之间代理关系的一种约束机制。较多地派发现金股利至少具有以下几个好处：①公司管理者将公司的赢利以股利的形式支付给投资者，则管理者可以支配的“自由现金流量”就相应减少了，这在一定程度上可以抑制公司管理者过度地扩大投资或进行特权消费，从而保护外部投资者的利益；②较多的派发现金股利，减少了内部融资，导致公司进入资本市场寻求外部融资，从而公司可以经常接受资本市场的有效监督，这样便可以通过资本市场的监督减少代理成本。

二、股利政策的内容

企业的股利政策一般包括以下几部分：股利支付形式、股利支付率、具体的股利政策和股利支付程序。

1. 股利支付形式

（1）现金股利，又称派息或派现，是指股份公司以现金的形式发放给股东的股利。发放现金股利的多少主要取决于公司的股利政策和经营业绩。由于投资者一般都希望得到现金股利，所以现金股利的发放会对股票价格产生直接影响。上市公司发放现金股利主要出于以下三方面的考虑：投资者偏好、减少代理成本、传递公司未来信息。公司采用现金股利形式时，必须要有足够的未指明用途的留存收益（未分配利润）和足够的现金。

（2）财产股利。财产股利是指企业以现金以外的财产支付股利，主要是以公司所拥有的其他企业的有价证券，如债券、股票等，作为股利支付给股东。由于这种股利形式不会增加公司的现金流出，所以当公司资产变现能力较弱时，还是一种可行的支付方式。但这种支付方式不易为广大股东所接受，同时会影响公司的形象。投资者会认为公司财务状况不好，变现能力下降，从而导致股价下跌，所以企业很少采用这种股利支付方式。

（3）负债股利。负债股利是指公司以负债支付的股利。通常以公司的应付票据支付给股东，也有发行公司债券抵付股利的。由于票据和债券大都是带息的，所以发放负债股利会加大公司支付利息的压力，但可缓解公司资金不足的矛盾。这种支付方式也只是公司的一种权宜之计，大多数的股东不喜欢这种股利支付方式。

负债股利和财产股利实际上是现金股利的替代，这两种股利方式目前在我国公司实务中很少使用，但并非法律所禁止。

（4）股票股利，又称送股，是指应分给股东的股利以额外增发股票形式来发放。以股票作为股利，一般都是按在册股东持有股份的一定比例来发放，对于不满一股的股利仍采用现金发放。

股票股利最大的优点就是，节约现金支出，因而常被现金短缺的企业所采用。发放股票股利时，在企业账面上只需减少未分配利润项目金额的同时，增加股本和资本公积等项目金额，并通过中央清算登记系统增加股东持股数量。显然，发放股票股利是一种增资行为，须经股东大会同意，并按法定程序办理增资手续。但发放股票股利与其他的增资行为不同的是，它不增加股东财富，企业的财产价值和股东的股权结构也不会改变，改变的只是股东权益内部各项目的金额。

【例 7-2】ABC 公司发放股票股利前的股东权益状况如表 7-1 所示。

表 7-1　ABC 公司发放股票股利前的股东权益状况表　　单位：万元

项目	金额
股本（面额 1 元，已发行普通股 1000 万股）	1000
资本公积	2000
未分配利润	5000
所有者权益合计	8000

公司决定发放 10%的股票股利，如果股票股利按市价计价，当时的市价是每股 10 元，则 ABC 公司发放股票股利后的股东权益状况如表 7-2 所示。

表 7-2　ABC 公司发放股票股利前的股东权益状况表　　单位：万元

项目	金额
股本（面额 1 元，已发行普通股 1100 万股）	1100
资本公积	2900
未分配利润	4000
所有者权益合计	8000

其中：未分配利润=5000−1000×10%×10=4000（万元）

资本公积=2000+1000×10%×（10−1）=2900（万元）

股本=1000+1000×10%×1=1100（万元）

尽管股票股利不直接增加股东财富，也不增加公司价值，但对于公司和股东都有特殊意义。

对公司的意义在于：

① 不需要向股东支付现金，在再投资机会较多的情况下，公司就可以为再投资提供成本较低的资金，从而有利于公司的发展。

② 当大比例发放股票股利时，可以降低每股股票价值，既有利于促进股票的交易和流通，又有利于吸引更多的投资者成为公司股东，进而使股权更为分散，有效地防止公司被恶意控制。

③ 可以传递公司未来发展良好的信息，从而增强投资者的信心，对股价产生一定的稳定作用。

对股东的意义在于：

① 当公司发放少量股票股利时，通常股价并不会随之成比例的下降，或是不会立即引起股价的波动，这意味着股票价格实际上相对上升，股东因此可以从中获得实际的好处。

② 如前所述，股票股利可以传达公司未来利好的消息，而由于股票股利通常被成长中的公司所采用，预示未来公司会有较好的盈利及增长，故某些情况下，发放股票股利非但不会使股价下降，反而会使股价略有上升。

③ 由于股利收入和资本利得税率的差异，若股东把股票股利出售，还会给他们带来资本利得纳税上的好处。

【注意】

（1）派现，即公司发放现金股利；

（2）送股，即公司发放股票股利；

（3）配股，是上市公司向原股东发行新股、筹集资金的行为（其实送股可以看成是一种特殊的配股，只是配股价为零）；

（4）转增，是上市公司将公司的资本公积金转化为股本的形式赠送给股东的一种分配方式。

2. 股利支付率

股利支付率又称股利发放率，是现金股利总额与净利润的比率，其计算公式为：

股利支付率=现金股利总额/净利润

股利支付率是股利政策的核心要素。确定股利支付率，首先要弄清公司在满足未来发展所需的资本支出需求和营运资本需求，有多少现金可用于发放股利，然后考察公司所能获得的投资项目的效益如何。如果现金充裕，投资项目的效益又很好，就应少发或不发股利；如果现金充裕但投资项目效益较差，则应多发股利。

3. 具体的股利政策

（1）剩余股利政策。

剩余股利政策是指公司在有良好投资机会时，根据目标资本结构，测算出投资所需的权益资本额，先从盈余中留用，然后将剩余的盈余作为股利发放。

采用剩余股利政策，一般应遵循下列步骤：

① 设定目标资本结构，在此结构下，公司的加权平均资本成本将达到最低水平；② 确定公司的最佳资本预算，并根据公司的目标资本结构预计资金需求中所需增加的权益资本数额；③ 最大限度地使用留存收益来满足资金需求中所需的权益资本数额；④ 留存收益在满足公司权益资本增加后，若还有剩余再用来发放股利。

【例 7-3】某公司上年税后利润 600 万元，今年年初公司讨论决定股利分配的数额。预计今年需要增加投资资本 800 万元。公司的目标资本结构是权益资本占 60%，债务资本占 40%，今年继续保持。按法律规定，至少要提取 10%的公积金。公司采用剩余股利政策，计算公司应分配的股利数额。

解：利润留存=800×60%=480（万元）

股利分配=600-480=120（万元）

剩余股利政策实质上是公司的一个筹资决策，现金股利仅仅是优先安排投资项目权益融资后的剩余额。该政策的优点在于，可降低再投资的资金成本，保持最佳资本结构，实现企业价值长期最大化。

但这种政策也有其缺点：一是若完全遵照执行剩余股利政策，股利发放额就会每年随着投资机会和盈利水平的波动而波动；二是不利于投资者安排收入与支出，也不利于树立公司的良好形象。因此，该政策一般适合于公司的初创阶段（经营风险高，有投资需求但融资能力差）或衰退阶段（盈利能力、股利支付能力下降）。

（2）固定或稳定增长的股利政策。

固定或稳定增长的股利政策是指公司将每年派发的股利额固定在某一特定水平或是在此基础上维持某一固定比率逐年稳定增长。

采用这种股利政策的好处是：① 稳定的股利向市场传递公司正常发展的信息，有利于树立公司的良好形象，增强投资者信心，稳定股票的价格；② 稳定的股利额有利于投资者安排股利收入与支出，有利于吸引那些打算进行长期投资并对股利有很高依赖性的股东；③ 为了将股利维持在稳定的水平上，即使推迟某些投资方案或暂时偏离目标资本结构，也可能比降低股利或股利增长率更为有利。

采用这种政策的缺点是：一方面，股利的支付与企业的盈利相脱节；另一方面，在企业无利可分时，若依然实施该政策，也是违反《公司法》的行为。因此，该政策一般适用于经营比较稳定或正处于成长期的企业，但也很难被长期使用。

（3）固定股利支付率政策。

固定股利支付率政策是指公司从净利润中提取某一固定百分比的部分作为股利分配给股东。固定股利支付率越高，公司留存的盈余就越少。采用这种政策的公司是把派发股利作为优先考虑的目标，然后才是保留盈余，与剩余股利政策的顺序恰好相反。

采用这种政策的优点是：股利与公司盈余紧密地配合，体现了多盈多分、少盈少分、无盈不分的股利分配原则；公司每年按固定的比例从税后利润中支付现金股利，从企业支付能力的角度看，这是一种稳定的股利政策。

采用这种政策的缺点是：

① 年度间股利支付额波动较大，股利的波动很容易给投资者带来经营状况不稳定、投资风险较大的不良印象，成为公司的不利因素。② 容易使公司面临较大的财务压力。因为公司实现的盈利多，并不代表公司有充足的现金派发股利，只能表明公司盈利状况较好而已。③ 合适的固定股利支付率的确定难度大。如果固定股利支付率确定得较低，不能满足投资者对投资收益的要求；而固定股利支付率确定得较高，没有足够的现金派发股利时会给公司带来巨大的财务压力。

因此，该政策比较适用于那些净利润和财务状况较为稳定的公司。

（4）低正常股利加额外股利政策。

低正常股利加额外股利政策是指公司事先设定一个较低的正常股利额，每年除了按正常股利额向股东发放股利外，还在企业盈余较多、资金较为充裕的年度向股东发放额外股利。

采用这种政策的优点是：

① 赋予公司一定的灵活性，使公司在股利发放上留有余地和具有较大的财务弹性。公司可根据每年的具体情况，选择不同的股利发放水平，以稳定和提高股价，进而实现公司价值的最大化。② 使那些依靠股利度日的股东每年至少可以得到虽然较低但比较稳定的股利收入，从而吸引住这部分股东。

采用这种政策的缺点是：

① 由于年份之间公司盈利的波动使额外股利不断变化，容易给投资者造成收益不稳定的感觉。② 当公司在较长时期持续发放额外股利后，可能会被股东误认为是"正常股利"，一旦取消，传递出去的信号可能会使股东认为这是公司财务状况恶化的表现，进而导致股价下跌。

所以，对于那些盈利随着经济周期而波动较大的公司或者盈利与现金流量很不稳定时，采用此种政策不失为一种最佳选择。

4. 股利支付程序

企业通常在年度末，计算出盈利之后，才决定是否向股东发放股利。但是，在资本市场中，股票可以自由交易，公司的股东也经常变换。那么，哪些人应该领取股利？对此，公司必须事先确定与股利支付相关的时间界限。这个时间界限包括四个方面：

（1）股利宣告日。

股利宣告日是公司董事会将股利支付情况予以公告的日期。在宣告分配方案的同时，还要公布股权登记日、除息日和股利发放日。我国股份公司一般是一年发放一次或两次股利，即在年末和年中分配。在西方国家，股利通常是按季度支付。

（2）股权登记日。

股权登记日是有权领取本期股利的股东资格登记截止日期。企业规定股权登记日是为了确定股东能否领取股利的日期界限，因为股票是经常流动的，所以确定这个日期是非常必要的。凡是在股权登记日这一天登记在册的股东才有资格领取本期股利，而在这一天之后登记在册的股东，即使是在股利发放日之前买到的股票，也无权领取本次分配的股利。

（3）除权日。

除权日是除去股利的日期，即领取股利的权利与股票分开的日期。在除权日前，股利权从属于股票，持有股票者即享有领取股利的权利；从除权日开始，股利权与股票相分离，新购入股票的人不能分享股利。在除权日之前进行交易的股票含有股利，其价格高于在除权日之后进行交易的股票价格。目前，我国股权登记日的下一个工作日为除权日。

（4）股利发放日。

股利发放日是将股利发放给股东的日期。在这一天，企业应将股利打入股东资金账户。

【例 7-4】以上海证券交易所为例，某股份公司董事会在股东大会召开后公布最后分红方案的公告中称："在 2016 年 3 月 10 日 M 公司在某地召开的股东大会上，通过了董事会关于每股普通股分派股息 0.4 元的 2015 年度股息分配方案。股权登记日是 2016 年 4 月 17 日，除息日是 2016 年 4 月 18 日，股利支付日为 2016 年 4 月 24 日，特此公告。”此例中，股利宣告日是 3 月 10 日；股权登记日是 4 月 17 日；除息日是 4 月 18 日；股利发放日为 4 月 24 日。

三、股利政策的影响因素

在实际工作中，公司股利政策的制定与选择要受诸多因素的影响，主要包括：法律、债务契约、公司自身和股东等方面。

（一）法律因素（见表 7-3）

表 7-3 股利分配的法律制约因素

资本保全约束	不能用资本（包括实收资本或股本和资本公积）发放股利，其目的在于维持公司完整的资本基础，保护债权人的合法利益
资本积累约束	规定公司必须按照一定的比例和基数提取各种公积金，股利只能从企业可供分配的利润中支付
超额累积利润约束	超额累积利润是指企业的留存收益超过法律认可的水平。如果公司为了避税而使留存收益大大超过了公司目前及未来的投资需要时，将被加征额外的税款（因为股东所获得的收益包括股利收入和资本利得，前者的税率一般大于后者，公司通过少发股利，可以累积利润使股价上涨来帮助股东避税。我国的法律对公司累积利润未做限制性规定）
偿债能力约束	如果企业无力偿付到期债务或因支付股利后会影响企业偿还债务和正常经营，那么为了保障债权人的利益，企业不能发放股利

（二）公司因素（见表 7-4）

表 7-4 股利分配的公司制约因素

盈余的稳定性	盈利能力较强、相对稳定的企业能够较好地把握自己，因此有可能支付较高的股利；而盈余状况不稳定的企业，由于对未来盈余的把握小，不敢贸然采取多分配政策，而较多采取较低股利支付率的政策
资产的流动性	保证有一定数量的现金和其他适当的流动资产是维持企业正常经营的基础和必备条件。较多地支付现金股利，会减少企业现金持有量，使资产的流动性降低。因此，如果企业的资产流动性差，即使收益可观也不宜分配过多的现金股利
筹资能力	不同的企业在资本市场上的筹资能力有一定的差异，筹资能力较强的公司，容易在资本市场上筹集到资本，具有较强的股利支付能力，往往采取比较宽松的股利政策；筹资能力较弱的公司，则应采取比较紧缩的股利政策，少发放现金股利，增加留存收益
投资机会	如果公司有良好的投资机会，必然需要大量的资金支持，因而往往会将大部分盈余用于投资，而少发放股利，这样可以加速企业的发展，增加未来的收益；如果公司暂时缺少良好的投资机会，为防止保留大量现金造成资金浪费，则倾向于向股东多发放现金股利
资本成本	在制定股利政策时，要充分考虑到企业对资金的需求及企业的资金成本等问题，选择比较经济的筹资渠道，以降低资金成本。例如，采用留存收益作为内部筹资的方式，不仅不需要支付筹资费用，而且其资金成本也较低，这种方式要优于发行新股和举债筹资

（三）股东和其他因素（见表 7-5）

表 7-5　股利分配的股东和其他制约因素

控制权	企业的股利支付率高，必然导致保留盈余减少，这就意味着将来有可能会通过发新股为新的投资项目筹资，这时企业控制权就会被稀释。因此，这些企业的股东往往限制股利的支付，而愿意较多地保留盈余，以使企业用留存收益投资，防止控制权旁落他人
稳定的收入	公司股东的收益包括两部分，即股利收入和资本利得。对于永久性持有股票的股东来说，往往希望拥有较稳定的股利收入，反对公司留利过多。如果公司留存较多的收益，则这些股东将首先反对。还有一些股东支持“一鸟在手”理论，他们认为公司留存收益带来的新收益或股票交易价格产生的资本利得具有很大的不确定性，还是取得现实的确定股利较稳妥
避税	企业股东获得的股利收入和资本利得都需要缴纳一定的所得税，而前者的所得税税率（累进税率）高于后者。即使对这两种收入课以相同的税率，由于对股利收入课税发生在股利分发时，而对资本利得课税则可以递延到实际出售股票时，考虑到资金的时间价值，其资本利得的实际税负也小于股利收入的税负。因此，为了减轻税负，高收入阶层的股东出于避税考虑，通常愿意企业少支付股利而将较多的盈余保留下来以作为再投资
债务契约	为了保证债权人的利益不受侵害，债权人通常会在债券契约、租赁合同中加入关于借款公司股利政策条款，以限制公司股利的发放。比如： ① 未来股利只能用协议签订以后的新的收益支付（即限制动用以前的留存收益）； ② 流动资金低于一定标准时不得支付股利； ③ 利息保障倍数低于一定标准时不得支付股利
通货膨胀	在通货膨胀时期，企业一般采用偏紧的利润分配政策。原因在于，出现通货膨胀之后，货币购买力下降，固定资产重置资金会出现缺口，为了弥补缺口，企业往往少发放现金股利

第三节　股票分割与股票回购

一、股票分割

1. 股票分割的含义及其影响

股票分割是指将面额较高的股票转换成面额较低的股票的行为。例如，将原来的 1 股股票转换成 2 股股票。股票分割不属于某种股利支付方式，但其所产生的效果与发放股票股利近似。

股票分割后，发行在外的股数增加，使每股面额降低，每股盈余下降，但公司价值不变，股东权益总额、股东权益各项目金额及其相互间的比例也不会改变。

【例 7-5】某公司原发行面额 2 元的普通股 200 000 股，若按 1 股换成 2 股的比例进行股票分割，分割前、后的股东权益项目见表 7-6、表 7-7，分割前后的每股收益计算如下：

表 7-6　股票分割前的股东权益　　单位：元

项目	金额
普通股（面额 2 元，已发行 200 000 股）	400 000
资本公积	800 000
未分配利润	4 000 000
股东权益合计	5 200 000

假设公司本年净利润为 440 000 元，则每股收益=440 000÷200 000=2.2（元）

表 7-7　股票分割后的股东权益　　单位：元

项目	金额
普通股（面额 1 元，已发行 400 000 股）	400 000
资本公积	800 000
未分配利润	4 000 000
股东权益合计	5 200 000

假定股票分割后的净利润不变，则每股收益=440 000÷400 000=1.1（元）。

2. 股票分割的意义

（1）降低公司股票价格。

由于股票分割是在不增加股东权益的情况下增加流通中的股票数量，分割后每股股票所代表的股东权益的价值将降低，每股股票的市场价格也将相应降低。当股票的市场价格过高时，股票交易会因每手交易所需的资金量太大而受到影响，特别是许多小户、散户，因资金实力有限而难以入市交易，使这类股票的流通性降低，股东人数减少。因此，许多公司在其股价过高时采用股票分割的方法降低股票的交易价格，提高公司股票的流通性，使公司的股东多。

（2）传递远期良好信号。

一般而言，股票分割往往是成长中的公司所为，因此，公司进行股票分割往往被视为一种利好消息而影响其股票价格，这样公司股东就能从股份数量和股票价格中获得相对收益。

（3）增加股东的现金股利。

股票分割在有些情况下也会增加股东的现金股利。尽管股票分割后各股东持有的股数增加，但持股比例不变，持有股票的总价值不变。不过，只要股票分割后每股现金股利的下降幅度小于股票分割幅度，股东仍能多获现金股利。例如，假定某企业股票分割前每股现金股利 3 元，某股东持有 100 股，可分得现金胜利 300 元；企业按 1 换 2 的比例进行股票分割后，该股东股数增为 200 股，若现金股利降为每股 1.8 元，该股东可得现金股利 360 元，仍大于其股票分割前所得的现金股利。

（4）为新股发行做准备。

在新股发行之前利用股票分割降低股价，有利于提高股票的可转让性和促进市场交易活动，由此增加投资者对股票的兴趣，促进新发行股票的销售。

3. 股票分割与股票股利的比较

股票分割不属于股利支付方式，但从实践效果看，股票分割与股票股利产生的效果非常接近，但两者还是有差异的。

（1）从股票分割和股票股利对公司的影响来看，共同之处在于公司股东权益总额均不变。不同之处在于，股票股利将使股本总数扩大，公司留存收益减少，每股面值不变；而股票分割则不影响公司的股本总额和留存收益，仅使每股面额变小。

（2）从两者对市场的影响来看，共同之处在于都对投资者传递了较为积极的信息。不同之处在于，股票分割必定能促使股票市价下降，而股票股利则不一定。一般来说，股票股利的数额较大时，才可能使股票市价大幅下降。因此，只有在公司股价急剧上涨且预期难以下降时，才采用股票分割的方法降低股价。而在公司股价上涨幅度不大时，通常采用发放股票股利的方法将股价维持在理想的范围之内。

二、股票回购

1. 股票回购的含义

股票回购是指上市公司在二级市场将本公司发行在外的普通股通过现金方式购回的行为。公司不得随意收购本公司的股份，按我国《公司法》规定，只有在以下四种情形下才能实施回购行为：一是减少公司注册资本；二是与持有本公司股份的其他公司合并；三是将股份奖励给本公司职工；四是股东因对股东大会做出的公司合并、分立决议持异议，要求公司收购其股份。

2. 股票回购的动机

（1）现金股利的替代。现金股利政策会对公司产生未来的派现压力，而股票回购不会。当公司有富余资金时，通过回购股东所持股票将现金分配给股东，这样股东就可以根据自己的需要选择继续持有股票或出售获得现金。

（2）改善公司的资本结构。股票回购是改善公司资本结构的一个较好途径。回购一部分股份后，负债在公司总资产中的比重就会上升，而所有者权益的比重则会下降。

（3）传递公司信息。过低的股价，无疑将对公司经营造成严重影响。股价过低，使人们对公司的信心下降，使消费者对公司产品产生怀疑，削弱公司出售产品、开拓市场的能力。在这种情况下，公司回购本公司股票以支撑公司股价，有利于改善公司形象。股价在上升过程中，投资者又重新关注公司的运营情况，消费者对公司产品的信任增加，公司也有了进一步配股融资的可能。因此，股价过低时回购股票，是维护公司形象的有力途径。

（4）基于控制权考虑。公司回购股票，使市场上流通股的比重降低，加大了收购人在二级市场上的收购难度，使其难以收购到足够股份以取得目标公司的控制权；同时，通过股票回购适当地提高资产负债率，更充分有效地发挥财务杠杆效应，从而提升公司股价，增大收购人的收购成本。

3. 股票回购的方式（见表7-8）

表7-8 股票回购的方式

分类标准	分类名称	具体内容
回购地点	场内公开收购	①上市公司作为普通投资者，通过在证券公司设立的证券账户以当前市场价格购买方式进行股票回购。 ②在国外较为成熟的股票市场上，这种方式较为流行
	场外协议收购	①股票发行企业与某一或者几个持有本企业大量股票的股东直接协商，通过协议的方式来回购自己企业股票的一种方式。 ②协商的内容包括价格和数量的确定以及执行时间等
回购的融资方式	举债回购	①企业通过向银行等金融机构借款的办法来回购本企业股票。 ②其目的主要是为了防止其他企业对本企业的敌意并购
	现金回购	企业利用本企业拥有的剩余资金来回购本企业的股票
	混合回购	企业既动用剩余资金，又向银行等金融机构举债来回购本企业股票
回购价格的确定方式	固定价格要约回购	①企业为了在短时间内回购数量相对较多的股票，在特定时间发出的以某一高出股票当前市场价格的出价来回购既定数量股票的要约。 ②它的优点在于赋予现有股东向本企业出售其所持股票的均等机会
	荷兰式拍卖回购	企业指定回购价格的范围和计划回购的股票数量，然后持有本企业股票的股东进行投标，各自说明愿意以某一特定价格水平出售股票的数量；企业汇总所有股东提交的价格和数量，确定此次股票回购的“价格与数量曲线”，并根据实际回购数量确定最终的回购价格，从而降低企业在回购时的成本

4. 股票回购的影响

股票回购对公司的影响主要表现在以下几方面：

（1）股票回购需要大量资金，容易造成资金紧张，降低资产流动性，影响公司的后续发展。

（2）股票回购无异于股东退股和公司资本的减少，也可能会使公司的发起人股东更注重创业利润的实现，从而不仅在一定程度上削弱了对债权人利益的保护，而且忽视了公司的长远发展，损害了公司的根本利益。

（3）股票回购容易导致公司操纵股价。公司回购自己的股票容易导致其利用内幕消息进行炒作，加剧公司行为的非规范化，损害投资者的利益。

本章小结

利润分配是对税后净利润的分配。利润分配的项目包括盈余公积金、公益金、向投资者分配利润（股利）。其分配顺序依次是：弥补以前年度亏损、提取法定盈余公积金、支付优先股股利、提取任意盈余公积金、向投资者分配利润（股利）。不同所有制形式和经营方式的企业都应遵循该分配顺序。

公司的盈余在股东与公司留存之间如何分配，取决于公司的股利政策。在股利政策的制定上，应以有利于实现企业价值最大化为目标，充分结合法律因素、股东因素、公司因素和其他几个方面的相关影响因素来进行。股利政策包括股利支付形式、股利支付率的确定、股利支付程序及具体股利政策。具体股利政策主要有以下基本类型：剩余股利政策、固定股利政策、固定股利支付率政策、正常股利加额外股利政策等。不同的股利政策各有利弊，企业应当结合自身的需要以及市场环境的影响选择最适合的股利政策。

股票分割是指将面额较高的股票转换成面额较低的股票的行为。股票分割不属于某种股利支付方式，但其所产生的效果与发放股票股利近似。股票回购是指股份公司出资将其发行流通在外的股票以一定价格购回予以注销或作为库藏股的一种资本运作方式，回购时应在考虑其影响因素和效应的前提下，合理选择回购方式。

思考与讨论

1. 利润分配的意义、原则有哪些？
2. 利润分配应遵循什么样的程序？
3. 股利政策的内容有哪些？分别说明各种具体股利政策的分配方法并评价其优缺点。
4. 影响股利政策的因素有哪些？
5. 股票股利、股票回购、股票分割对公司会产生怎样的影响？
6. 试比较股票股利与股票分割的异同。
7. 股票回购的动机是什么？

练习与自测

1. A 公司 2011 年亏损 20 万元，2012 年盈利 2 万元，2013 年盈利 3 万元，2014 年盈利 5 万元，2015 年盈利 8 万元，2016 年盈利 10 万元。假设无纳税调整事项，所得税率为 25%。

试问：

（1）2015 年是否应交纳所得税？能否进行利润分配？

（2）2016 年是否应交纳所得税？交纳多少？应否提取法定盈余公积和公益金？按 15%的比率计提法定盈余公积和公益金，应提取多少？

2. 某公司净利润 900 万元，流通在外的普通股为 1000 万股，公司决定每 10 股分配股票股利 1 股，并按发放股票股利后的股数支付现金股利，每股 0.2 元，公司股票市场价格为 3 元，计算当年股利支付总额及股利支付率。

3. A 公司目前发行在外的股数为 1000 万股，该公司的产品销路稳定，拟投资 1200 万元，扩大生产能力 50%。该公司想要维持目前 50%的负债比率，并想继续执行 10%的固定股利支付率政策。该公司在 2016 年的税后利润为 500 万元。

要求：该公司 2017 年为扩充上述生产能力必须从外部筹措多少权益资本？

4. ABC 公司制订了未来 5 年的投资计划，相关信息如下：公司的理想资本结构为负债与权益比率为 2∶3，公司流通在外的普通股有 125 000 股（见表 7 9）。

表 7-9　净利润与投资规模情况表　　单位：万元

年份	年度内的总投资规模	年度内的净利润
1	35	25
2	47.5	45
3	20	60
4	98	65
5	60	39

要求：

（1）若公司采用剩余股利政策，

① 如每年采用剩余股利政策，每年发放的每股股利为多少？

② 如在规划的 5 年内总体采用剩余股利政策，每年的每股固定股利为多少？

（2）若公司采用每年每股 0.5 元加上年终额外股利，额外股利为净收益超过 250 000 元部分的 50%，则每年应发放的股利为多少？

（3）若企业的资金成本率为 6%，从股利现值比较看，采用每年每股 0.5 元加上年终额外股利，额外股利为净收益超过 250 000 元部分的 50%和每年采用剩余股利政策，哪种政策股利现值小？

5.A 公司年初未分配利润 350 万元，本年实现盈利 900 万元，没有纳税调整事项，所得税率 25%，按净利润的 15%计提法定盈余公积和公益金，公司实行稳定的股利政策，每股分配现金股利 0.1 元，流通在外的普通股总计 3000 万股，每股面值 1 元。

要求：

（1）计算当年的净利润；

（2）计算应提取的法定盈余公积和公益金；

（3）计算当年应分配的现金股利；

（4）分配以后的未分配利润。

6. A 公司 2016 年年初所有者权益总额为 150 000 万元，其中股本 50 000 万元（每股面值 1 元），资本公积 60 000 万元，盈余公积 25 000 万元，未分配利润 15 000 万元。2016 年实现净利润 15 000 万元，按净利润的 15%提取法定盈余公积和公益金，决定每 10 股发放股票股利 1 股，并按发放股票股利后的股本发放现金股利，每股 0.1 元，A 公司股票市价 2 元。

要求：

（1）计算提取的盈余公积和公益金；

（2）计算发放的现金股利总额；

（3）计算分配后的所有者权益结构。

7. 某公司当年实现税后利润 3000 万元，股利分配前的所有者权益情况如下：股本 5000 万元（面值 1 元），资本公积 2000 万元，盈余公积 1000 万元，未分配利润 4500 万元，该公司决定每 10 股发放股票股利 1 股，该公司股票目前市价为 4 元，试问发放股票股利后所有者权益结构有何变化？

案例分析

案例一：1976 年，苹果计算机公司创立。到 1980 年，该公司研制生产的家用电脑销售超过 13 万台，销售收入达到 1.17 亿美元。1980 年苹果公司首次公开发行股票上市。到 1986 年，苹果公司的销售收入已经达到 19 亿美元，实现净利润 1.54 亿美元。1980 年至 1986 年，苹果公司的净利润年增长率达到 53%，苹果公司在 1986 年与马克公司联合进入办公用电脑市场。由于办公用电脑市场竞争激烈，1987 年，苹果公司的销售收入实现了 42%的增长。于是，市场对于苹果公司能否持续增长表示怀疑。为了增强投资者的信心，苹果公司在 1987 年 4 月 23 日宣布首次分配季度股利，每股支付现金股利 0.12 美元，同时按 1：2 的比例进行股票分割。对于苹果公司首次分配股利，市场反应非常强烈，股利分配方案宣布当日，股价就上涨了 1.75 美元，在 4 个交易日里，股价上涨了约 8%，在之后的 3 年多时间里，苹果公司的经营业绩保持良好的增长，截止到 1990 年，实现销售收入 55.58 亿美元，净利润 4.75 亿美元。1986—1990 年，销售收入平均年增长率为 31%，净利润平均增长率为 33%。可是，自 1990 年以后，苹果公司的业绩开始逐年下滑，1996 年亏损 7.42 亿美元，1997 年亏损 3.79 亿美元。苹果公司的股价也从 1990 年的每股 48 美元跌至 1997 年的 24 美元。苹果公司自 1987 年首次分配股利开始，一直坚持每年支付大约每股 0.45 美元的现金股利，直到 1996 年才不得不停止发放。

请考虑苹果公司为什么决定 1987 年首次发放现金股利，并进行股票分割。

资料来源：https://wenku. baidu.com/view/1358596987c24028905fc364. html.

案例二：海王化纤公司股票与 1999 年上市，此后经营状况一直不错，业绩良好且较稳定。当年及此后三年，公司支付的股利一般在每股 0.3 元上下浮动。2003 年因纺织品出口时受反倾销影响，加上国内市场竞争加剧，公司收益明显滑坡，当年总资产收益率从上年的 10%下降到 3%，现金流量状况也日趋恶化。针对此种情况，公司于 2004 年年初召开董事会，研究 2003 年股利分配方案。会上，公司董事长张伟、副董事长李辉、懂事王丹、赵奎分别发表了自己的看法。

张伟：公司自上市以来。财务状况和经营业绩一直都较好，因此每年都向投资者支付了一定的现金股利，在投资者甚至整个股市树立了良好的形象，增强了投资者购买本公司股票的信心，推动了公司的发展壮大。但是从去年情况看，公司的经营中遇到了一些问题，财务状况很不理想，而且根据分析判断，这种状况还要持续相当长一段时间。我的初步想法是，可以考虑继续执行现金股利的政策，但目前公司的未分配利润尚有 6000 万元，公司计划拿出 4000 万元进行投资，开拓新的国外市场，增强国内市场竞争力。但扩大投资对股利分配必然产生影响，看大家有什么看法。

李辉：我认为追加投资、改善经营状况的想法是好的，但是 2003 年仍然应该分配一定比例的现金股利，理由是：第一，公司多年来一直分配现金股利，且比例不算低，如果突然停止现金股利分配，肯定会引发投资者不满，甚至可能导致外界对公司发现能力的猜疑，影响公司已有形象，有可能使财务状况进一步恶化；第二，根据测算，如果公司维持上年的现金股利支付水平，只需要 5000 万元左右的现金，公司仍然有能力支付，而且公司目前的资产负债率仅为 40%，低于行业平均水平，因此，如果追加投资出现现金缺口，公司还可以通过适当举债的方式筹集现金。

王丹：我认为2003年公司应暂停支付现金股利，可以考虑采用支付股票股利的方式。理由是：第一，公司目前经营状况和业绩不理想，导致留存收益减少、投资能力下降，需要追加较多投资才可能改善这一局面，如果发放现金股利，资金缺口会进一步加大，因此，发放现金股利的方式无异于涸泽而渔；第二，公司目前确实还有举债能力，但由于经营困境还要持续一段时间，举债并不能从根本上解决问题，相反，在经营状况不理想的情况下举债反而会放大财务杠杆系数、加大财务风险，同样也可能影响企业形象；第三，支付股票股利不仅能维持投资者信心、保持公司形象，还可以节约现金支出，减轻现金缺口压力。

赵奎：我同意王丹暂停支付现金股利的观点及理由，但不赞成分配股票股利的主张。理由是：如果分配股票股利，公司股本必然下降，从而导致公司股票市价下跌，影响公司形象。因此建议2003年不要发放任何形式的股利。

请对海王公司董事会成员的发言做出简要分析，并阐明自己的观点。

资料来源：https://wenku. baidu.com/view/faoc40dcce.2f0066f5332217. html.

第八章　预算管理

【学习目标】

1. 了解预算管理的主要内容；

2. 掌握预算的不同编制方法，并能对其进行对比分析；

3. 能够熟练编制业务预算、专门决策预算和现金预算，并能根据上述预算编制预计财务会计报表。

【开篇案例】

A 公司只生产一种产品，相关预算资料如下：

资料 1：预计每个季度实现的销售收入均以赊销方式售出，其中 60%在本季度内收到现金，其余 40%要到下一季度收讫，假定不考虑坏账因素。部分与销售预算有关的数据如表 8-1 所示。

表 8-1　销售预算　　单位：元

季度	一	二	三	四	全　年
销售收入	117 000	117 000	128 700	128 700	491 400
期初应收账款	20 800				
第一季度销售收入现额					
第二季度销售收入现额					
第三季度销售收入现额					
第四季度销售收入现额					
现金收入合计					

资料 2：预计每个季度所需要的直接材料均以赊购方式采购，其中 50%于本季度内支付现金，其余 50%需要到下个季度付讫，假定不存在应付账款到期现金支付能力不足的问题。部分与直接材料采购预算有关的数据如表 8-2 所示。

表 8-2　直接材料预算　　单位：元

季度	一	二	三	四	全　年
预计材料采购成本	70 200	70 200	76 050	77 220	293 670
期初应付账款	10 000				
第一季度采购付现					
第二季度采购付现					
第三季度采购付现					
第四季度采购付现					
现金支出合计					

资料 3：预计公司的年变动制造费用预算总额为 200 000 元，年预算工时为 40 000 小时，其中第 1 季度工时为 8000 小时，第 2 季度工时为 9000 小时，第 3 季度工时为 11 000 小时，第 4 季度工时为 12 000 小时，年固定制造费用总额为 360 000 元，其中折旧费用为 120 000 元。

表 8-3 制造费用预算 单位：元

季度	一	二	三	四
变动制造费用				
固定制造费用				
现金支出合计				

要求：

（1）根据资料 1、2，填写表中空缺部分的数据；

（2）根据资料 1、2，计算预算年度应收账款和应付账款的年末余额；

（3）根据资料 3 计算预算的变动制造费用分配率，填写表中空缺部分的数据。

第一节 预算管理的主要内容

一、预算的特征与作用

（一）预算的特征

预算是企业在预测、决策的基础上，以数量和金额的形式反映企业未来一定时期内经营、投资、财务等活动的具体计划，是为实现企业目标而对各种资源和企业活动做出的详细安排。

通常，预算具有以下一些特征：首先，预算与企业的战略或目标保持一致，因为预算为实现企业目标而对各种资源和企业活动所做的详细安排；其次，预算是数量化的并且具有可执行性，因为预算作为一种数量化的详细计划，它是对未来活动的细致、周密安排，是未来经营活动的依据。因此，数量化和可执行性是预算最主要的特征。

（二）预算的作用

预算的作用主要表现在以下三个方面：

（1）预算通过引导和控制经济活动，使企业经营达到预期目标；

（2）预算可以实现企业内部各个部门之间的协调；

（3）预算可以作为业绩考核的标准。

二、预算的分类

预算的具体分类见表 8-4。

表 8-4　预算分类表

<table>
<tr><td rowspan="3">根据预算内容的不同</td><td>业务预算</td><td>业务预算也称为经营预算，是指与企业日常经营活动直接相关的经营业务的各种预算</td><td>包括销售预算、生产预算、直接材料预算、直接人工预算等</td></tr>
<tr><td>专门决策预算</td><td>专门决策预算是企业不经常发生的、一次性的重要决策预算</td><td>如资本支出预算</td></tr>
<tr><td>财务预算</td><td>财务预算是企业在计划期内反映有关预计现金收支、财务状况和经营成果的预算</td><td>包括现金预算、预计利润表和预计资产负债表等内容</td></tr>
<tr><td colspan="4">注意：财务预算也称总预算，其他预算称为辅助预算或分预算</td></tr>
<tr><td rowspan="2">从预算指标覆盖的时间长短划分</td><td>短期预算</td><td colspan="2">通常将预算期在一年以内（含一年）的预算称为短期预算</td></tr>
<tr><td>长期预算</td><td colspan="2">预算期在一年以上的称为长期预算</td></tr>
<tr><td colspan="4">注意：① 一般情况下，企业的业务预算和财务预算多为一年期的短期预算，年内再按季或月细分，而且预算期间往往与会计期间保持一致。
② 专门决策预算属于长期预算。</td></tr>
</table>

三、预算体系

各种预算是一个有机联系的整体。一般将由业务预算、专门决策预算和财务预算组成的预算体系，称为全面预算体系。其结构如图 8-1 所示。

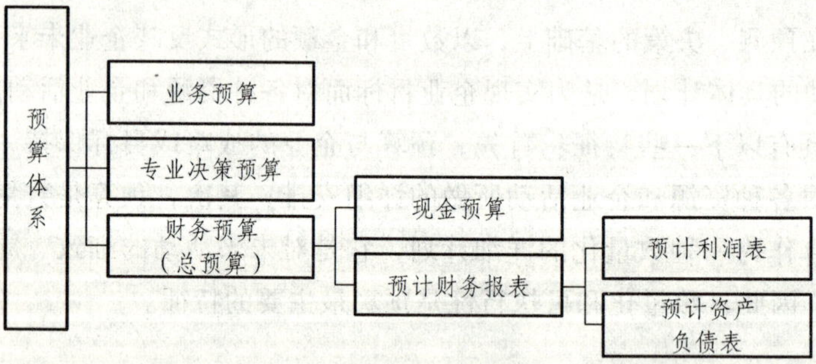

图 8-1　全面预算体系

四、预算工作的组织

预算工作的组织包括决策层、管理层和考核层、执行层，具体详见表 8-5。

表 8-5　预算工作组织表

机构	职责	层级
董事会或类似机构	对企业预算管理负总责。根据情况设立预算委员会或指定财务管理部门负责预算管理事宜，并对企业法定代表人负责	决策层

续表

机构	职责	层级
预算委员会或财务管理部门	拟订预算的目标、政策，制定预算管理的具体措施和办法，审议、平衡预算方案，组织下达预算，协调解决预算编制和执行中的问题，组织审计、考核预算的执行情况，督促企业完成预算目标	管理层和考核层
财务管理部门	具体负责企业预算的跟踪管理，监督预算的执行情况，分析预算与实际执行的差异及原因，提出改进管理的意见与建议	
企业内部职能部门	具体负责本部门业务涉及的预算编制、执行、分析等工作，并配合预算委员会或财务管理部门做好企业总预算的综合平衡、协调、分析、控制与考核等工作。其主要负责人参与企业预算委员会的工作，并对本部门预算执行结果承担责任	
企业所属基层单位	负责本单位现金流量、经营成果和各项成本费用预算的编制、控制、分析工作，接受企业的检查、考核。其主要负责人对本单位财务预算的执行结果承担责任	执行层

第二节　预算的编制方法与程序

一、预算的编制方法

（一）增量预算法与零基预算法

按其出发点的特征不同，编制预算的方法分为增量预算法和零基预算法。

1. 增量预算法

增量预算法是指以基期成本费用水平为基础，结合预算期业务量水平及有关降低成本的措施，通过调整有关费用项目而编制预算的方法。

该种方法在编制过程中需遵循以下一些假设：

（1）企业现有业务活动是合理的，不需要进行调整；

（2）企业现有各项业务的开支水平是合理的，在预算期内予以保持；

（3）以现有业务活动和各项活动的开支水平确定预算期各项活动的预算数。

增量预算法的缺陷是可能导致无效费用开支项目无法得到有效控制，因为不加分析地保留或接受原有的成本费用项目，可能使原来不合理的费用继续开支而得不到控制，形成不必要开支合理化，造成预算上的浪费。

2. 零基预算法

零基预算全称为“以零为基础编制计划和预算的方法”，是在编制费用预算时，不考虑以往会计期间所发生的费用项目或费用数额，而是一切以零为出发点，从实际需要逐项审议预算期内各项费用的内容及开支标准是否合理，在综合平衡的基础上编制费用预算的一种方法。

零基预算法的编制程序如下：

（1）企业内部各级部门的员工，根据企业的生产经营目标，详细讨论计划期内应该发生的费用项目，并对每一费用项目编写一套方案，提出费用开支的目的以及需要开支的费用数额。

（2）划分不可避免费用项目和可避免费用项目。

对于不可避免费用项目必须保证资金供应；对于可避免费用项目，则需要逐项进行成本与效益分析。

注意：① 不可避免费用，是指通过管理当局的决策行动不能改变其数额的费用，如管理人员的工资、固定资产的租金等。② 可避免费用，是指通过管理当局的决策行动可以改变其数额的成本，如广告费、职工培训费等。该类费用的开支对企业的业务经营肯定有好处，但其支出数额的多少并非绝对不可改变。

（3）划分不可延缓费用项目和可延缓费用项目。

应优先安排不可延缓费用项目的支出，然后再根据需要，按照费用项目的轻重缓急确定可延缓项目的开支。

注意：① 不可延缓费用，是指已选定的某一方案，即使在企业财力负担有限的情况下，也不能推迟执行，否则会影响企业大局，那么与这一方案相关的费用，即为不可延缓费用，如污染治理费用等。② 可延缓费用，是指在企业财力负担有限的情况下，对已决定选用的某一方案如推迟执行，还不影响企业的大局，那么与这一方案有关的费用，即为可延缓费用，如新建办公楼的费用。

零基预算的优点表现在：① 不受现有费用项目的限制；② 不受现行预算的束缚；③ 能够调动各方面节约费用的积极性；④ 有利于促使各基层单位精打细算，合理使用资金。

其缺点主要是编制工作量大。

（二）固定预算法与弹性预算法

编制预算的方法按其业务量基础的数量特征不同，可分为固定预算法和弹性预算法。

1. 固定预算法

固定预算法又称静态预算法，是指在编制预算时，只根据预算期内正常、可实现的某一固定的业务量（如生产量、销售量等）水平作为唯一基础来编制预算的方法。

其缺点主要是适应性差、可比性差。

2. 弹性预算法

弹性预算法又称动态预算法，是在成本性态分析的基础上，依据业务量、成本和利润之间的联动关系，按照预算期内可能的一系列业务量（如生产量、销售量、工时等）水平编制系列预算的方法。

理论上，弹性预算法适用于编制全面预算中所有与业务量有关的预算，但实务中主要用于编制成本费用预算和利润预算，尤其是成本费用预算。

注意：① 选择业务量的计量单位。以手工操作为主的车间，就应选用人工工时；制造单一产品或零件的部门，可以选用实物数量；修理部门可以选用直接修理工时等。

②确定适用的业务量范围。一般来说，可定在正常生产能力的 70%～110%，或以历史上最高业务量和最低业务量为其上下限。

弹性预算法又分为公式法和列表法两种具体方法：

（1）公式法。

公式法是运用总成本性态模型（$y=a+bx$），测算预算期的成本费用数额，并编制成本费用预算的方法。

注意：因为任何成本都可用公式“$y=a+bx$”来近似地表示，所以只要在预算中列示 a（固定成本）和 b（单位变动成本），便可随时利用公式计算任一业务量（x）的预算成本（y）。

【例 8-1】A 企业经过分析得出某种产品的制造费用与人工工时密切相关，采用公式法编制的制造费用预算如表 8-6 所示。

表 8-6　制造费用预算（公式法）

业务量范围	420～660（人工工时）	
费用项目	固定费用（元/月）	变动费用（元/人工工时）
运输费用		0.20
电力费用		1.00
材料费用		0.10
修理费用	85	0.85
油料费用	108	0.20
折旧费用	300	
人工费用	100	
合　计	593	2.35
备　注	当业务量超过 600 工时后，修理费中的固定费用将由 85 元上升为 185 元	

在业务量为 420～600 人工工时的情况下，$y=593+2.35x$；

在业务量为 600～660 人工工时的情况下，$y=693+2.35x$。

公式法的优点是，便于在一定范围内计算任何业务量的预算成本，可比性和适应性强，编制预算的工作量相对较小。其缺点在于：① 按公式进行成本分解比较麻烦，对每个费用子项目甚至细目逐一进行成本分解，工作量很大；② 对于阶梯成本和曲线成本只能先用数学方法修正为直线，才能应用公式法；③ 必要时还需在“备注”中说明适用不同业务量范围的固定费用和单位变动费用。

（2）列表法。

列表法是在预计的业务量范围内将业务量分为若干个水平，然后按不同的业务量水平编制的预算。

【例 8-2】根据表 8-6，A 企业采用列表法编制的制造费用预算如表 8-7 所示。

表 8-7 制造费用预算（列表法） 单位：元

直接人工工时	420	480	540	600	660
变动成本：					
运输费用（b=0.2）	84	96	108	120	132
电力费用（b=1.0）	420	480	540	600	660
材料费用（b=0.1）	42	48	54	60	66
合　计	546	624	702	780	858
混合成本：					
修理费用	442	493	544	595	746
油料费用	192	204	216	228	240
合　计	634	697	760	823	986
固定成本：					
项目略					
合　计	400	400	400	400	400
总　计	1580	1721	1862	2003	2244

试计算业务量为 500 小时的预算成本。

解：

① 变动成本=500×（0.2+1+0.1）=650（元）；

② 固定成本=400（元）

③ 混合成本：

设实际业务的预算修理费为 X 元，则：

修理费用	直接人工工时
544	540
X	500
493	480

采用比例关系式，解之得：X=510（元）

采用同样方法可以计算得出实际业务量下的预算油料费用为 208 元。

④ 500 小时预算成本=650+400+510+208=1768（元）

列表法的优点是：不管实际业务量多少，不必经过计算即可找到与业务量相近的预算成本；混合成本中的阶梯成本和曲线成本，可按总成本性态模型计算填列，不必用数学方法修正为近似的直线成本。但是，运用列表法编制预算，在评价和考核实际成本时，往往需要运用插值法来计算“实际业务量的预算成本”，比较麻烦。

（三）定期预算法与滚动预算法

编制预算的方法按其预算期的时间特征不同，可分为定期预算法和滚动预算法。

1. 定期预算法

定期预算法是指在编制预算时，以不变的会计期间（如日历年度）作为预算期的一种编制预算的方法。

这种方法能够使预算期间与会计期间相对应，便于将实际数与预算数进行对比，也有利于对预算执行情况进行分析和评价。但是该法固定以 1 年为预算期，在执行一段时期之后，往往使管理人员只考虑剩下来的几个月的业务量，缺乏长远打算，导致一些短期行为的出现。

2. 滚动预算法

滚动预算法又称连续预算法或永续预算法，是指在编制预算时，将预算期与会计期间脱离开，随着预算的执行不断地补充预算，逐期向后滚动，使预算期始终保持为一个固定长度（一般为 12 个月）的一种预算方法。

采用滚动预算法编制预算，按照滚动的时间单位不同可分为逐月滚动、逐季滚动和混合滚动。

（1）逐月滚动。

逐月滚动是以月份为预算的编制和滚动单位，每个月调整一次预算的方法。按照逐月滚动方式编制的预算比较精确，但工作量较大。

例如，在 2016 年 1 月至 12 月的预算执行过程中，需要在 1 月末根据当月预算的执行情况修订 2 月至 12 月的预算，同时补充 2017 年 1 月份的预算。

（2）逐季滚动。

逐季滚动是以季度为预算的编制和滚动单位，每个季度调整一次预算的方法。逐季滚动编制的预算比逐月滚动的工作量小，但精确度较差。

（3）混合滚动。

混合滚动是指在预算编制过程中，同时以月份和季度作为预算的编制和滚动单位的方法。这种预算方法的理论依据是：人们对未来的了解程度具有对近期把握较大，对远期的预计把握较小的特征。

如对 2017 年 1 月份至 3 月份逐月编制详细预算，4 月份至 12 月份分别按季度编制粗略预算；3 月末根据第一季度预算的执行情况，编制 4 月份至 6 月份的详细预算，并修订第三至第四季度的编制，同时补充 2018 年第一季度的预算；6 月末根据当季预算的执行情况，编制 7 月份至 9 月份的详细预算，并修订第四季度至 2018 年一季度的预算，同时补充 2018 年第二季度的预算，以此类推。

【例 8-3】某公司甲车间采用滚动预算方法编制制造费用预算。已知 2016 年分季度的制造费用预算如表 8-8 所示（其中间接材料费用忽略不计）。

表 8-8　2016 年全年制造费用预算　　单位：元

项　目	第一季度	第二季度	第三季度	第四季度	合计
直接人工预算总工时/小时	11 400	12 060	12 360	12 600	48 420
变动制造费用					

续表

项　目	第一季度	第二季度	第三季度	第四季度	合计
间接人工费用	50 160	53 064	54 384	55 440	213 048
水电与维修费用	41 040	43 416	44 496	45 360	174 312
小　计	91 200	96 480	98 880	100 800	387 360
固定制造费用					
设备租金	38 600	38 600	38 600	38 600	154 400
管理人员工资	17 400	17 400	17 400	17 400	69 600
小　计	56 000	56 000	56 000	56 000	224 000
制造费用合计	147 200	152 480	154 880	156 800	611 360

2016 年 3 月 31 日公司在编制 2016 年第二季度 ~ 2017 年第一季度滚动预算时，发现未来的四个季度中将出现以下情况：

（1）间接人工费用预算工时分配率将上涨 50%；

（2）原设备租赁合同到期，公司新签订的租赁合同中设备年租金将降低 20%；

（3）2016 年第二季度到 2017 年第一季度预计直接人工总工时分别为 12 100 小时、13 000 小时、11 600 小时、11 720 小时。

则编制的 2016 年第二季度到 2017 年第一季度制造费用预算如表 8-9 所示。

表 8-9　2016 年第二季度到 2017 年第一季度制造费用预算　　单位：元

项　目	2016 年度			2017 年度	合计
	第二季度	第三季度	第四季度	第一季度	
直接人工预算总工时/小时	12 100	13 000	11 600	11 720	48 420
变动制造费用					
间接人工费用	79 860	85 800	76 560	77 352	319 572
水电与维修费用	43 560	46 800	41 760	42 192	174 312
小　计	123 420	132 600	118 320	119 544	493 884
固定制造费用					
设备租金	30 880	30 880	30 880	30 880	123 520
管理人员工资	17 400	17 400	17 400	17 400	69 600
小　计	48 280	48 280	48 280	48 280	193 120
制造费用合计	171 700	180 880	166 600	167 824	687 004

注：① 直接人工费用预算工时分配率=（21 3048/48 420）×（1+50%）=6.6（元/小时）

② 水电与维修费用预算工时分配率=174 312/48 420=3.6（元/小时）

③ 每季度设备租金预算额=38600×（1-20%）=30 880（元）

二、预算的编制程序

企业编制预算，一般应按照“上下结合、分级编制、逐级汇总”的程序进行。通常包括以下一些环节：

1. 下达目标

企业董事会或经理办公会根据企业发展战略和预算期经济形势的初步预测，在决策的基础上，提出下一年度企业预算目标，包括销售或营业目标、成本费用目标、利润目标和现金流量目标等，并确定预算编制的政策，由预算委员会下达各预算执行单位。

2. 编制上报

各预算执行单位按照企业预算委员会下达的预算目标和政策，结合自身特点以及预测的执行条件，提出本单位详细的预算方案，上报企业财务管理部门。

3. 审查平衡

企业财务管理部门对各预算执行单位上报的财务预算方案进行审查、汇总，提出综合平衡的建议。在审查、平衡过程中，预算委员会应当进行充分协调，对发现的问题提出初步调整意见，并反馈给有关预算执行单位予以修正。

4. 审议批准

企业财务管理部门在有关预算执行单位修正调整的基础上，编制企业预算方案，报财务预算委员会讨论。对于不符合企业发展战略或预算目标的事项，企业预算委员会应当责成有关预算执行单位进一步修订、调整。在讨论、调整的基础上，企业财务管理部门正式编制企业年度预算方案，提交董事会或经理办公会审议批准。

5. 下达执行

企业财务管理部门对董事会或经理办公室审议批准的年度总预算，一般在次年 3 月底以前，分解成一系列的指标体系，由预算委员会逐级下达各预算执行单位执行。

第三节　预算编制与执行

一、业务预算的编制

（一）销售预算

销售预算的主要内容是销量、单价和销售收入。销量是根据市场预测或销售合同并结合企业生产能力确定的。单价是通过价格决策确定的。销售收入是两者的乘积，在销售预算中计算得出。

销售预算中通常还包括预计现金收入的计算，其目的是为编制现金预算提供必要的资料。

预计现金收入=当期销售当期收现+当前收回前期应收款

=当前销售收入×当期收入当期收现比率+∑（以前某期收入×以前某期收入当期收现比率）

【例 8-4】ABC 公司编制的 2017 年分季度销售预算（见表 8-10）。其中，在各季度的销售收入中，60%货款于本季度收到，另 40%货款将于下季度收到。

表 8-10　销售预算　　单位：元

季度	一	二	三	四	全　年
销售数量/件	100	150	200	180	630
销售单价/元/件	200	200	200	200	200
销售收入	20 000	30 000	40 000	36 000	126 000
预计现金收入					
上年应收账款	6200				6200
第一季度（销售 20 000）	12 000	8000			20 000
第二季度（销售 30 000）		18 000	12 000		30 000
第三季度（销售 40 000）			24 000	16 000	40 000
第四季度（销售 36 000）				21 600	21 600
现金收入合计	18 200	26 000	36 000	37 600	117 800

（二）生产预算

生产预算是在销售预算的基础上编制的，其主要内容有销售量、生产量、期初和期末存货量。

该预算只有实物量指标，没有价值量指标。无法直接为现金预算提供资料。

预计生产量=预计销售量+预计期末存货-预计期初存货

其中：① 预计销售量来自销售预算；② 预计期末存货按下期销售量的一定比例计算；③ 预计期初存货来自上期期末存货。

【例 8-5】ABC 公司编制的 2017 年分季度生产预算（见表 8-11）。假设期末存量按下期销售数量的 10%确定，年初产成品存货 10 件，年末存货 20 件。

表 8-11　生产预算　　单位：件

季度	一	二	三	四	全　年
销售数量/件	100	150	200	180	630
加：预计期末存货	15	20	18	20	20
合计	115	170	218	200	650
减：预计期初存货	10	15	20	18	10
预计生产量	105	155	198	182	640

（三）直接材料预算

直接材料预算是为规划预算期直接材料采购金额的一种业务预算。直接材料预算以生产预算为基础编制，同时考虑原材料存货水平。

预计材料采购量=预计生产需用量+期末存量-期初存量

其中：预计生产需用量=预计生产量（来自生产预算）×单位产品材料用量（来自标准成本资料或消耗定额资料）

预计采购金额=预计材料采购量×材料单价

预计采购现金支出=本期采购本期付现+前期采购本期付现

【例 8-6】ABC 公司编制的 2017 年分季度直接材料预算。假设材料采购金额（货款）的 50%在本季度内付清，50%在下季度付清，期末存量按下期生产需用量的 20%确定。年初存量为 300 千克，年末存量为 400 千克。（见表 8-12）

表 8-12　直接材料预算

季度	一	二	三	四	全　年
预计生产量/件	105	155	198	182	640
单位产品材料用量/千克 / 件	10	10	10	10	10
生产需用量/千克	1050	1550	1980	1820	6400
加：预计期末存量/千克	310	396	364	400	400
减：预计期初存量/千克	300	310	396	364	300
预计材料采购量/千克	1060	1636	1948	1856	6500
单价/（元 / 千克）	5	5	5	5	5
预计采购金额/元	5300	8180	9740	9280	32 500
预计现金收入					
上年应付账款	2350				2350
第一季度（采购 5300）	2650	2650			5300
第二季度（采购 8180）		4090	4090		8180
第三季度（采购 9740）			4870	4870	9740
第四季度（采购 9280）				4640	4640
合计	5000	6740	8960	9510	30 210

（四）直接人工预算

直接人工预算是一种既反映预算期内人工工时消耗水平，又规划人工成本开支的业务预算。直接人工预算也是以生产预算为基础编制的。

人工总成本=人工总工时×每小时人工成本

其中：人工总工时=预计生产量（来自生产预算）×单位产品工时

【例 8-7】ABC 公司编制的 2017 年分季度直接人工预算。（见表 8-13）

表 8-13　直接人工预算

季度	一	二	三	四	全　年
预计产量/件	105	155	198	182	640
单位产品工时/小时/件	10	10	10	10	10
人工总工时/小时	1050	1550	1980	1820	6400
每小时人工成本/（元 / 小时）	2	2	2	2	2
人工总成本/元	2100	3100	3960	3640	12 800

（五）制造费用预算

制造费用预算分为变动制造费用和固定制造费用两部分。

变动制造费用以生产预算为基础来编制；固定制造费用需要逐项进行预计，通常与本期产量无关，按每季实际需要的支付额预计，然后求出全年数。

为了便于以后编制现金预算，制造费用预算还需预计现金支出。制造费用中，除折旧外都需支付现金，所以，根据每个季度制造费用数额扣除折旧费后，便可得到“现金支出的费用”。

【例 8-8】ABC 公司编制的 2017 年分季度制造费用预算。

表 8-14　制造费用预算　　单位：元

季度	一	二	三	四	全　年
变动制造费用：					
间接人工（1 元/件）	105	155	198	182	640
间接材料（1 元/件）	105	155	198	182	640
修理费（2 元/件）	210	310	396	364	1280
水电费（1 元/件）	105	155	198	182	640
小计	525	775	990	910	3200
固定制造费用：					
修理费	1000	1140	900	900	3940
折旧	1000	1000	1000	1000	4000
管理人员工资	200	200	200	200	800
保险费	75	85	110	190	460
财产税	100	100	100	100	400
小计	2375	2525	2310	2390	9600
合计	2900	3300	3300	3300	12 800
减：折旧	1000	1000	1000	1000	4000
现金支出的费用	1900	2300	2300	2300	8800

为了便于以后编制产品成本预算，需要计算小时费用率，其公式为：

变动制造费用分配率=年度变动制造费用总额/年度人工总工时

=3200/6400=0.5（元/小时）

固定制造费用分配率=9600/6400=1.5（元/小时）

（六）产品成本预算

产品成本预算，是销售预算、生产预算、直接材料预算、直接人工预算、制造费用预算的汇总。其主要内容是产品的单位成本和总成本。

【例 8-9】ABC 公司编制的 2017 年产品成本预算。（见表 8-15）

表 8-15　产品成本预算

	单位成本			生产成本/640 件	期末存量/20 件	销货成本/630 件
	每千克或每小时	耗用量	成本/元			
直接材料	5	10 千克	50	32 000	1000	31 500
直接人工	2	10 小时	20	12 800	400	12 600
变动制造费用	0.5	10 小时	5	3200	100	3150
固定制造费用	1.5	10 小时	15	9600	300	9450
合计			90	57 600	1800	56 700

（七）销售及管理费用预算

销售费用预算是指为了实现销售预算而支付的费用预算。它以销售预算为基础。

管理费用多属于固定成本，所以，管理费用预算一般是以过去的实际开支为基础，按预算期可预见的变化来调整。

【例 8-10】ABC 公司编制的 2017 年销售费用预算和管理费用预算。假定全年的销售与管理费用均匀支付。

表 8-16　销售费用和管理费用预算　　单位：元

项　目	金　额
销售费用：	
销售人员工资	2000
广告费	5500
包装、运输费	3000
保管费	2700
折　旧	1000
管理费用：	
管理人员薪金	4000
福利费	800

续表

项目	金额
保险费	600
办公费	1400
折旧	1500
合计	22 500
减：折旧	2500
全年支付现金	20 000
每季度支付现金（20 000÷4）	5000

二、专门决策预算的编制

专门决策预算主要是长期投资预算（又称资本支出预算），通常是指与项目投资决策相关的专门预算，它往往涉及长期建设项目的资金投放与筹集，并经常跨越多个年度。

编制专门决策预算的依据，是项目财务可行性分析资料以及企业筹资决策资料。

专门决策预算的要点是准确反映项目资金投资支出与筹资计划，它同时也是编制现金预算和预计资产负债表的依据。

【例 8-11】ABC 公司编制的 2017 年专门决策预算。（见表 8-17）

表 8-17　专门决策预算表　　**单位：元**

项目	第一季度	第二季度	第三季度	第四季度	全年
投资支出预算	50 000	—	—	80 000	130 000
借入长期借款	30 000	—	—	60 000	90 000

三、财务预算的编制

（一）现金预算

现金预算是以业务预算和专门决策预算为依据编制的，专门反映预算期内预计现金收入与现金支出，以及为满足理想现金余额而进行筹措或归还借款等的预算。

现金预算由可供使用现金、现金支出、现金余缺、现金筹措与运用四部分构成。

其中：可供使用现金=期初现金余额+现金收入

现金余缺=可供使用现金-现金支出

期末现金余额=现金余缺+现金筹措-现金运用

注意：借款与还本付息的相关现金流量体现在现金筹措与运用之中，不在现金收入与现金支出中反映。

假设没有事先的资金筹措与运用，现金余额可按图 8-2 中的情况进行处理。

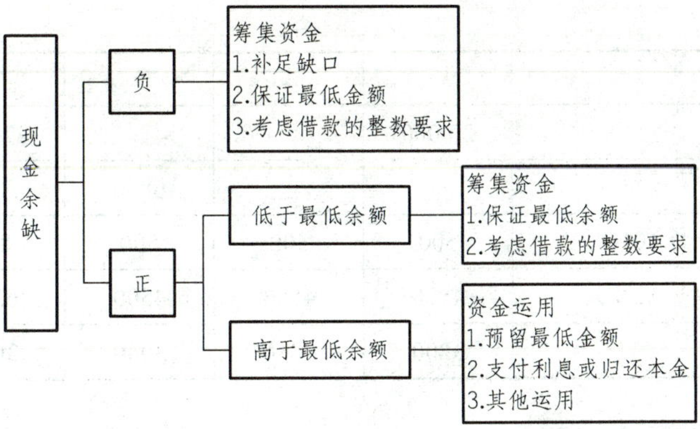

图 8-2 现金余额分情况处理图

【例 8-12】ABC 公司编制的 2017 年分季度现金流量预算。假设：① 理想的现金余额是 3000 元；② 银行要求借款额必须是 1000 元的整数倍，借款利息按季支付；③ 新增借款发生在季度的期初，归还借款发生在季度的期末；④ 如果需要归还借款，先归还短期借款，归还的数额为 100 元的整数倍。

长期借款利率为 12%，短期借款利率为 10%。ABC 公司上年末的长期借款余额为 120 000 元，所以，前三季度的长期借款利息均为：（120 000+30 000）×12%/4=4500（元），第四季度的长期借款利息=（120 000+30 000+60 000）×12%/4=6300（元）。

表 8-18 现金预算 单位：元

季度	一	二	三	四	全 年
期初现金余额	8000	3200	3060	3040	8000
加：现金收入（表 8-10）	18 200	26 000	36 000	37 600	117 800
可供使用现金	26 200	29 200	39 060	40 640	125 800
减：现金支出					
直接材料（表 8-12）	5000	6740	8960	9510	30 210
直接人工（表 8-13）	2100	3100	3960	3640	12 800
制造费用（表 8-14）	1900	2300	2300	2300	8800
销售及管理费用（表 8-16）	5000	5000	5000	5000	20 000
所得税费用	4000	4000	4000	4000	16 000
购买设备（表 8-17）	50 000			80 000	130 000
股 利				8000	8000
现金支出合计	68 000	21 140	24 220	112450	225 810
现金余缺	（41 800）	8060	14 840	（71 810）	（100 010）
现金筹措与运用					
借入长期借款（表 8-17）	30 000			60 000	90 000

续表

季度	一	二	三	四	全　年
取得短期借款	20 000			22 000	42 000
归还短期借款			6800		6800
短期借款利息（年利 10%）	500	500	500	880	2380
长期借款利息（年利 12%）	4500	4500	4500	6300	19 800
期末现金余额	3200	3060	3040	3010	3010

其中：

（1）第一季度长期借款利息支出 4500 元，现金余额-41 800 元，借入长期借款 30 000 元，因此，本季公司现金存量为-16 300 元；远远低于公司理想的现金余额 3000 元，所以，公司必须取得短期借款。

若设需要取得的短期借款为 X 元，则根据理想的期末现金余额要求可知：

$-41\,800+30\,000+X-X\times10\%/4-4500=3000$，

解得 $X=19\,794.88$ 元

由于按要求必须是 1000 元的整数倍，所以第一季度需要取得的短期借款为 20 000 元；该笔借款本季需要支付的利息为 500 元（20 000×10%/4=500 元）。

第一季度期末现金余额=-41 800+30 000+20 000-4500-500=3200（元）

（2）第二季度的长期借款利息支出 4500 元，短期借款利息支出 500 元，现金余额 8060 元，因此，本季公司现金存量为 3060 元；高于公司理想的现金余额 3000 元，但归还借款必须是 100 元的整数倍，所以，本季还不能归还借款

第二季度期末现金余额=8060-4500-500=3060（元）

（3）第三季度的长期借款利息支出 4500 元，短期借款利息支出 500 元，现金余额 14 840 元，因此，本季公司现金存量为 9840 元；高于公司理想的现金余额 3000 元，本季度可归还短期借款 6840 元；但归还借款必须是 100 元的整数倍，所以，本季只能归还短期借款 6800 元。

第三季度期末现金余额=14 840-4500-500-6800=3040（元）

（4）第四季度短期借款利息支出=（20 000-6800）×10%/4=330（元）

第四季度的长期借款利息支出为 6300 元，短期借款利息支出 330 元，现金余额-71 810 元，借入长期借款 60 000 元，因此，本季度公司现金存量为-18 440 元；远低于公司理想的现金余额 3000 元，所以，公司必须取得短期借款。

若设需要取得的短期借款为 X 元，则根据理想的期末现金余额要求可知：

$-71\,810+60\,000+X-X\times10\%/4-6300-330=3000$

解得 $X=21\,989.74$ 元

由于按要求必须是 1000 元的整数倍，所以第四季度需要取得的短期借款为 22 000 元；该笔借款在本季需要支付的利息为 550 元（22 000×10%/4=550 元）。

第四季度期末现金余额=-71 810+60 000+22 000-6300-330-550=3010（元）

（二）预计利润表

预计利润表用来综合反映企业在计划期的预计经营成果，是企业最主要的财务预算表之一。编制预计利润表的依据是各业务预算、专门决策预算和现金预算。

【例 8-13】ABC 公司编制的 2017 年的预计利润表。（见表 8-19）

表 8-19　预计利润表　　单位：元

项　目	金　额
销售收入（表 8-10）	126 000
销售成本（表 8-15）	56 700
毛　利	69 300
销售及管理费用（表 8-16）	22 500
利　息（表 8-18）	22 180
利润总额	24 620
所得税费用（估计）	16 000
净利润	8620

注意："所得税费用"项目是在利润规划时估计的，并已列入现金预算。它通常不是根据"利润总额"和所得税税率计算出来的，因为有诸多纳税调整的事项存在。

（三）预计资产负债表

预计资产负债表用来反映企业在计划期末预计的财务状况。

预计资产负债表的编制需以计划期开始日的资产负债表为基础，结合计划期间各项业务预算、专门决策预算、现金预算和预计利润表进行编制。它是编制全面预算的终点。

【例 8-14】ABC 公司编制的 2017 年的预计资产负债表见表 8-20。

表 8-20　预计资产负债表　　单位：元

资　产	年初余额	年末余额	负债和股东权益	年初余额	年末余额
流动资产：			流动负债：		
货币资金	8000	3010	短期借款	0	35 200
应收账款	6200	14 400	应付账款	2350	4640
存　货	2400	3800	流动负债合计	2350	39 840
流动资产合计	16 600	21 210	非流动负债：		
非流动资产：			长期借款	120 000	210 000
固定资产	43 750	37 250	非流动负债合计	120 000	210 000
在建工程	100 000	230 000	负债合计	122 350	249 840
非流动资产合计	143 750	267 250	股东权益		
			股　本	20 000	20 000

续表

资产	年初余额	年末余额	负债和股东权益	年初余额	年末余额
			资本公积	5000	5000
			盈余公积	10 000	10 000
			未分配利润	3000	3620
			股东权益合计	38 000	38 620
资产总计	160 350	288 460	负债和股东权益合计	160 350	288 460

总结：

① 在生产领域的相关预算中，综合性最强的是产品成本预算（以生产预算、直接材料预算、直接人工预算和制造费用预算为基础）；② 财务预算相对于业务预算、专门决策预算而言，综合性最强；③ 在财务预算中，综合性最强的是预计资产负债表。进一步来讲，在全面预算体系中，预计资产负债表的综合性也是最强的。

四、预算执行与调整

企业预算一经批复下达，各预算执行单位就必须认真组织实施，将预算指标层层分解，从横向到纵向落实到内部各部门、各单位、各环节和各岗位，形成全方位的预算执行责任体系。

企业正式下达的预算，一般不予调整。

当预算执行单位在执行中由于市场环境、经营条件、政策法规等发生重大变化，致使预算的编制基础不成立，或者将导致预算执行结果产生重大偏差，可以调整预算。调整时由预算执行单位逐级向企业预算管理委员会提出书面报告。财务管理部门，应当对预算执行单位的预算调整报告进行审核分析，集中编制企业年度预算调整方案，提交预算委员会以至于企业董事会或经理办公会议批准，然后下达执行。预算调整时应注意以下一些问题：① 预算调整事项不能偏离企业发展战略；② 预算调整方案应当在经济上能够实现最优化；③ 预算调整重点应当放在财务预算执行中出现的重要的、非正常的、不符合常规的关键性差异方面。

企业还应建立预算分析制度，由预算委员会定期召开预算执行分析会议，全面掌握预算的执行情况，研究、落实解决预算执行中存在问题的政策措施，纠正预算的执行偏差。

本章小结

预算是企业在预测、决策的基础上，以数量和金额的形式反映企业未来一定时期内经营、投资、财务等活动的具体计划，是为实现企业目标而对各种资源和企业活动所做的详细安排。以数量化和可执行性作为其最主要的特征。各种预算是一个有机联系的整体。一般将由业务预算、专门决策预算和财务预算组成的预算体系，称为全面预算体系。企业编制预算的方法主要有固定预算、弹性预算、增量预算、零基预算、定期预算和滚动预算等。

在全面预算体系中，最重要的部分是编制财务预算。财务预算是指一系列专门反映企业未来一定预算期内预计现金收入、支出、经营成果和财务状况等价值指标的各种预算的总称，具体包括现金预算表、预计利润表、预计资产负债表等。编制财务预算是企业财务管理的一项重要工作。

思考与讨论

1. 什么是全面预算？全面预算包括哪些内容？
2. 财务预算有哪些编制方法？分别有哪些优缺点？
3. 现金预算与日常业务预算有什么内在联系？
4. 如何依据日常业务预算与现金预算编制预计财务报表？

练习与自测

1. 某企业的装配车间，正常年生产能力的机器工作小时为6000小时，有关制造费用的资料如表8-21所示。

表8-21　制造费用情况表

费用项目	变动费用率/（元/小时）	固定费用/（元/6000小时）
间接材料	15	1200
间接人工	3	48 000
维修费用	3	3600
水电费	2	2400
折旧费		90 000
办公费		1800
其他费用		5400
小　　计	23	152 400

要求：

（1）若2016年的生产能力预计为5400小时，计算确定装配车间的制造费用预算；

（2）若2016年的生产能力预计为6600小时、固定费用中的折旧费将增长5%，计算确定装配车间的制造费用预算。

2. 某企业生产和销售A种产品，预算期2016年四个季度预计销售量分别为1000件、1 500件、2000件和1800件；A种产品预计单位售价为100元。假设每季度销售收入中，本季度收到现金60%，另外40%要到下季度才能收回。上年末应收账款余额为60 000元。

要求：

（1）计算各季度销售收入预算数；

（2）计算各季度现金收入预算数；

（3）计算年末应收账款预算数。

3. 某企业生产B种产品，预算期2016年四个季度预计销售量分别为2000件、1800件、2400件和2200件；年初结存量400件；预计各季度期末结存量为下一季度销售量的20%；预计2017年一季度销售量2100件。

要求：计算各季度生产量的预算数。

4. 某企业只生产 B 产品，预算期有关生产量的资料同第 3 题，假设该产品只耗用一种材料，每件产品耗用材料 5 千克；预计每季末材料库存量分别为 3000 千克、3200 千克、3600 千克、3400 千克；材料单价为 3 元；材料采购的货款 60%在本季度内付清，另外 40%在下季度付清；年初应付账款 10 000 元在一季度付清，年初材料结存量为 2800 千克。

要求：

（1）计算各季度材料采购量预算数；

（2）计算各季度采购材料现金支出预算数。

5. 某企业生产的 B 产品，预算期有关生产、销售量的资料同第 3、4 题；预计单位生产成本为：直接材料 15 元、直接人工 6 元、变动制造费用 8 元；年初结存 B 产品的总成本为 12 000 元，发出存货采用先进先出法计价。

要求：

（1）计算 2016 年 B 产品的生产总成本；

（2）计算 2016 年 B 产品的销售总成本。

6. 某企业编制销售及管理费用预算，收集的有关资料如表 8-22 所示。

表 8-22 销售及管理费用情况表 单位：元

项目	变动费用率（按销售收入）	第一季度	第二季度	第三季度	第四季度
预计销售收入		300 000	320 000	350 000	400 000
变动销管费用					
销售佣金	1%	3000	3200	3500	
运输费	1.5%	4500	4800	5250	
广告费	3%	9000	9600	10 500	12 000
固定销管费用					
薪金		30 000	30 000	30 000	30 000
办公用品		3000	3000	3000	3000
折旧费		6000	6000	6000	6000
其他		5000	5000	5000	5000

要求：

（1）计算各季度销售及管理费用预算数；

（2）计算全年销售及管理费用现金支出预算数。

7. 某商品流通企业正在着手编制明年的现金预算，有关资料如下：

（1）年初现金余额为 10 万元，应收账款 20 万元，存货 30 万元，应付账款 25 万元；预计年末应收账款余额为 40 万元，存货 50 万元，应付账款 15 万元。

（2）预计全年销售收入为 100 万元，销售成本为 70 万元，工资支付现金 20 万元，间接费用 15 万元（含折旧费 5 万元），购置设备支付现金 25 万元，预计各种税金支出 14 万元，利息支出 12 万元。

（3）企业要求的最低现金余额为 25 万元，若现金不足，需按面值发行债券（金额为 10 万的整数倍数），债券票面利率为 10%，期限 5 年，到期一次还本付息，不考虑债券筹资费用。企业所得税率为 25%。

要求：

（1）计算全年经营现金流入量；

（2）计算全年购货支出；

（3）计算现金余缺；

（4）计算债券筹资总额；

（5）计算期末现金余额。

8. 某公司 2016 年 12 月份不含税销售额和 2017 年 1—2 月份的预计不含税的销售额分别为 150 万、100 万、200 万。其他有关资料如下：

（1）当月含税销售收入中当月收现 60%，其余部分下月收回。

（2）材料采购成本（不含税）为下月不含税销售额的 80%。当月含进项税的采购金额中当月付现 70%，下月支付其余的 30%。

（3）假设每月末现金余额越低越好，但不得低于 3 万元，现金余缺通过银行借（还）款来调整。

（4）借款年利率为 12%，借款或还款的本金必须是 5000 元的整倍数，利随本清，借款在期初，还款在期末。

（5）假设该企业销售的产品和购买的材料适用的增值税税率为 17%。

要求：

（1）计算确定 2017 年 1 月份销售现金流入量和购买材料的现金流出量；

（2）计算确定 2017 年 1 月 31 日资产负债表中“应收账款”和“应付账款”项目金额；

（3）假设 2017 年 1 月份预计的现金收支差额为-12.32 万元，计算确定 1 月末的现金余额；

（4）假设 2017 年 2 月份预计的现金收支差额为 7.598 万元，计算确定 2 月末的现金余额。

9. 某批发市场目前财务部门正在编制 2016 年 12 月份的预算，有关资料如下：

（1）预计 2016 年 11 月 30 日的资产负债表如表 8-23 所示。

表 8-23　资产负债表　　单位：万元

资产	金额	负债及所有者权益	金额
货币资金	22	应付账款	162
应收账款	76	短期借款	18
存货	132	长期借款	120
固定资产	470	实收资本	600
无形资产	300	盈余公积	80
		未分配利润	20
资产总计	1000	负债及所有者权益总计	1000

（2）销售收入预计：2016 年 11 月 200 万元，12 月 220 万元；2017 年 1 月 230 万元。

（3）销售收现预计：销售当月收回 60%，次月收回 38%，其余 2%无法收回（坏账）。

（4）采购付现预计：销售商品的 80%在前一个月购入，销售商品的 20%在当月购入；所购商品的进货款项，在购买的次月支付。

（5）预计 12 月份购置固定资产需支付 10 万元；全年折旧费 216 万元；除折旧外的其他管理费用均须用现金支付，预计 12 月份为 25 万元；12 月末归还到期的短期借款 18 万元。

（6）预计销售成本率 75%。

（7）预计长期借款年利率 9%，短期借款年利率为 6%，利息按月支付。

（8）企业最低货币资金余额 20 万元；预计货币资金余额不足 20 万元时，在每月月初从银行借入，借款金额是 1 万元的整数倍，借款年利率为 6%，利息按月支付。

（9）按月计提坏账准备。

要求：

（1）计算 12 月份销售收回的货币资金、进货支付的货币资金、新借入的银行借款；

（2）计算 12 月份货币资金、应收账款、应付账款、存货的期末余额；

（3）计算 12 月份税前利润。

10. 甲公司计划本年只生产一种产品，有关资料如下：

（1）每季的产品销售货款有 60%于当期收到现金，有 40%于下个季度收到现金，预计第一季度末的应收账款为 3800 万元，第二季度的销售收入为 8000 万元，第三季度的销售收入为 12 000 万元。产品售价为 1000 元/件。

（2）每一季度末的库存产品数量等于下一季度销售量的 20%。单位产品材料定额耗用量为 5 千克，第二季度末的材料结存量为 8400 千克，第二季度初的材料结存量为 6400 千克，材料计划单价 10 元/千克。

（3）材料采购货款在采购的季度支付 80%，剩余的 20%在下季度支付，未支付的采购货款通过“应付账款”核算，第一季度末的应付账款为 100 万元。

要求：

（1）确定第一季度的销售收入；

（2）确定第二季度的销售现金收入合计；

（3）确定第二季度的预计生产量；

（4）确定第二季度的预计材料采购量；

（5）确定第二季度采购的现金支出合计。

11. 已知：某公司 2016 年 1—3 月实际销售额分别为 38 000 万元、36 000 万元和 41 000 万元，预计 4 月份销售额为 40 000 万元。每月销售收入中有 70%能于当月收现，20%于次月收现，10%于第三个月收讫，不存在坏账。假定该公司销售的产品在流通环节只需缴纳消费税，税率为 10%，并于当月以现金交纳。该公司 3 月末现金余额为 80 万元，应付账款余额为 5000 万元（需在 4 月份付清），不存在其他应收应付款项。

4 月份有关项目预计资料如下：采购材料 8000 万元（当月付款 70%）；工资及其他支出 8400 万元（用现金支付）；制造费用 8000 万元（其中折旧费等非付现费用为 4000 万元）；销

售费用和管理费用1000万元（用现金支付）；所得税费用是1900万元；购买设备12 000万元（用现金支付）。现金不足时，通过向银行借款解决。4月末现金余额要求不低于100万元。

要求：根据上述资料，计算该公司4月份下列预算指标：

（1）经营性现金流入；

（2）经营性现金流出；

（3）现金余缺；

（4）应向银行借款的最低金额；

（5）4月末应收账款余额。

案例分析

ZH物流公司是2003年以某国有企业为主体改制而成的一家非生产性的国有控股企业，主要从事仓储和运输服务。改制前公司较为混乱，多年持续亏损。改制后公司组织编制了2004年度预算，主要目标是全面主营业务收入达到6900万元，主营业务利润达到2970万元，营业利润和利润总额实现盈亏平衡。但该公司2004年度实际执行情况为：全年主营业务收入6930万元，与预算相比，主营业务成本增加2367万元，营业税金节约105万元，管理费用增加762万元，财务费用增加18万元，发生营业外支出246万元。经注册会计师审计，以前年度损益调整项目调增利润498万元，利润总额为-2760万元。

经过深入了解后发现下列问题：

（1）该公司主营业务中业务保税仓储服务是改制后新拓展的业务，毛利率为-30%，传统仓储业务毛利率接近零，运输业务毛利率30%，2004年公司三类业务营业额完成比率依次为300%、80%和30%。

（2）相关费用中包括因2003年被A企业起诉，2004年法院判决向A企业赔款246万元，纵横公司全部计入营业外支出；管理费用中有90万元是上述败诉支付的诉讼费用。此外，因为编制预算时预计能精简机构、节约开支，但实际操作的难度太大，其他期间费用只能据实列支，无法节约。

针对ZH公司预算执行失败的情况，分析原因并提出改进建议。

资料来源：赵伟，吴智勇. 财务管理模拟实训教程[M]. 北京：电子工业出版社，2010.

第九章　财务控制

【学习目标】

1. 了解财务控制的概念、特征、分类及其条件，熟悉财务控制的方法；
2. 掌握成本中心、利润中心和投资中心的基本内容和考核指标；
3. 了解内部转移价格的含义，熟悉内部转移价格的类型。

【开篇案例】

某公司下设A、B两个投资中心，有关资料见表9-1。

表9-1　A、B投资中心具体情况　　单位：元

投资中心	A中心	B中心	总公司
息税前利润	120 000	450 000	570 000
部门平均营业资产	2 000 000	3 000 000	5 000 000
平均资本成本	10%	10%	

现有一个追加投资的方案可供选择：若A中心追加投入1 500 000元经营资产，每年将增加120 000元息税前利润。假定资产供应有保证，剩余资金无法用于其他方面，暂不考虑剩余资金的机会成本。

要求：

（1）计算追加投资前A中心以及总公司的投资报酬率和剩余收益指标；

（2）计算A中心追加投资后，A中心以及总公司的投资报酬率和剩余收益指标；

（3）根据投资报酬率指标，分别从A中心和总公司的角度评价上述追加投资方案的可行性，并据此评价该指标；

（4）根据剩余收益指标，分别从A中心和总公司的角度评价上述追加投资方案的可行性，并据此评价该指标。

第一节　财务控制概述

一、财务控制的概念及特征

财务控制，是指财务控制主体以法律、法规、制度和财务预算目标等为依据，通过财务手段衡量和矫正企业的经营管理活动，使之按照既定的计划进行，确保与企业财务有关的战略得以实现的过程。它是财务管理的重要环节，并与财务预测、财务决策、财务分析一起构

成财务管理系统，是财务管理系统的重要组成部分。

财务控制通常具有以下一些特征：

（1）以价值形式为控制手段。财务控制以实现财务预算为目标，而财务预算所包括的现金预算、预计利润表和预计资产负债表都是以价值形式予以反映的（即能够用货币来计量），所以财务控制必须借助价值手段进行。

（2）以不同岗位、部门和层次的不同经济业务为综合控制对象。财务控制不是单一针对某个岗位或部门的活动，而是散布在企业经营中的一系列活动，并且与企业经营过程结合在一起，以价值为手段，将不同岗位、部门和层次的经济活动综合起来进行控制。

（3）以控制日常现金流量为主要内容。由于日常的财务活动过程表现为组织现金流量的过程，因此，控制现金流量成为日常财务控制的主要内容。在财务控制过程中要以现金预算为依据，通过编制现金流量表来考核现金流量的运行状况。

二、财务控制的分类

财务控制的分类具体见表 9-2。

表 9-2　财务控制分类表

分类标准	分类名称	具体内容
控制时间	事前财务控制	财务收支活动尚未发生之前所进行的财务控制
	事中财务控制	财务收支活动发生过程中所进行的财务控制
	事后财务控制	对财务收支活动所进行的考核及相应的奖惩
控制主体	所有者财务控制	资本所有者对经营者财务收支活动进行的控制，其目的是为实现资本保值、增值
	经营者财务控制	企业管理者对企业的财务收支活动进行的控制，其目的是为了实现财务预算目标，更好地控制企业的日常生产和经营
	财务部门财务控制	对企业日常财务活动所进行的控制，其目的是保证企业现金的供给
控制对象	收支控制	对企业和各责任中心的财务收入活动和财务支出活动所进行的控制；通过收支控制，使企业收入达到既定目标，而成本开支尽量减少，以实现企业利润最大化
	现金控制	对企业和各责任中心的现金流入和现金流出活动所进行的控制；其目的是控制现金流入、流出的基本平衡，既要防止因现金短缺而可能出现的支付危机，也要防止因现金沉淀而可能出现的机会成本增加
控制手段	绝对控制	对企业和责任中心的指标采用绝对额进行控制；通常对激励性指标通过绝对额控制最低限度，对约束性指标通过绝对额控制最高限度
	相对控制	对企业和责任中心的财务指标采用相对比率进行控制；通常相对控制具有反映投入与产出对比、开源与节流并重的特征

三、财务控制的方法

财务控制是内部控制的一个重要环节，财务控制要以消除隐患、防范风险、规范经营、提高效率为宗旨，建立全方位的财务控制体系和多元的财务监控措施。常用的财务控制方法主要有以下几种：

（一）财务目标控制法

财务目标控制法是指通过确定目标、分解目标，并以具体目标为依据，对公司的财务收支活动进行约束、监督和调节的一种控制方法。该方法的实施步骤如下：

（1）根据财务控制的对象与要求，制定控制目标。对财务活动的具体数据的控制，一般采用计划、定额等作为控制目标；对财务收支标准的控制，可采用规定的标准作为控制目标，如管理费用可按财务制度规定的费用开支标准控制；对允许有一定幅度变动的财务收支，应采用制定最低目标与最高目标的方法控制，如存货，可规定其最高占用额和最低占用额。

（2）根据财务指标的组成因素和责任单位，分解目标，落实承包单位。例如，存货由材料、在产品和产成品组成，其对应的责任单位是供应、生产和销售部门。因此，对存货资金占用量目标的分解，要分为材料、在产品和产成品三个部分，并按供应、生产、销售三个阶段的主要负责部门落实承包单位。

（二）责任预算控制法

责任预算控制法是指把公司财务预算所确定的目标分解落实到各责任中心，编制责任预算，并以此为依据对公司的财务收支活动进行约束、监督和调节的一种控制方法。这一方法的实施步骤如下：

1. 划分责任中心，规定权责范围

所谓责任中心，是指具有一定的管理权限，并承担相应经济责任的企业内部责任单位。采用责任预算控制法时，公司要根据内部管理的实际需要，把其所属的各部门、各单位划分为若干个分工明确、责权范围清晰的责任中心，并规定这些中心的负责人（包括经理、部长、厂长、主任、段长、组长甚至个人），对他们分工负责的成本、收入、贡献毛益、税前利润、投资效益等主要经济指标向其上一级主管单位承担责任，同时赋予他们相应的经营管理决策权。

2. 编制责任预算，规定各责任中心的业绩考核标准

编制责任预算是指把公司预算所确定的生产经营总目标，按责任中心进行层层分解、落实，并为每个责任中心编制具体的责任预算。责任预算由各级责任单位分别编制，由下至上逐级进行。责任预算既是公司今后控制各责任中心经济活动的依据，又是评价各责任中心工作业绩的标准。

3. 组织责任核算，编制业绩报告

责任中心及其责任预算确定以后，要相应地按责任中心建立一套完整的日常记录、计算和积累有关责任预算执行情况的信息系统，并定期编制业绩报告，以对各个责任中心的工作

成果进行全面的分析、评价。

（三）财务定额控制法

财务定额控制法是指通过确定定额，并以定额为依据对公司某些财务收支活动进行约束、监督和调节的一种控制方法。这种方法是财务控制中应用得最广泛的方法之一。其定额有资金定额、费用定额、物资消耗定额等。由于定额本身就是控制的标准，具有一定的强制性，因而公司在制定有关定额时一定要科学、合理，对已不适应的定额要及时修订。

（四）财务制度控制法

财务制度控制法是指通过制定财务制度，从合法性和合理性上对公司某些财务收支活动进行约束、监督和调节的一种控制方法。

财务制度按内容进行分类，可分为资本金、成本、收入、利润等方面的制度；按运用范围进行分类，可分为国家、部门、行业财务制度和公司内部财务制度。

由于制度带有强制性，公司内部各部门必须遵照执行，因此，为了避免执行不适当的制度而给公司带来消极影响的可能性，除了国家法令、条例等法规性制度以外，公司在制定内部财务制度时，应注意制度本身的科学性和合理性。

四、财务控制的基础

财务控制的基础是指进行财务控制必须具备的基本条件，主要包括以下几个方面：

1. 形成组织体系保证

财务控制的首要基础是要确立控制主体，即建立财务控制的组织体系，以保证控制的有效性。企业可以根据具体情况和内部管理实际需要，建立相应的组织机构。例如，为了确定财务预算，应建立决策和预算编制机构；为了将财务预算分解落实到各部门、各层次、各岗位，应建立各种责任中心；为了便于内部结算，应建立相应的内部结算组织（内部银行）；为了考评预算的执行结果，应建立相应的考评机构。这些机构可根据规模的大小、任务量的多少、职能的属性进行合理合并，从而实现最有效的控制。

2. 建立和健全制度基础

财务控制需要一系列的制度予以保证。企业应建立健全各种内部控制制度。内部控制制度是指企业为了顺利实施控制过程所进行的组织机构的设计、控制手段和各种措施的制定和实施，如企业采用的内部结算制度、内部经济仲裁制度、业绩报告制度、人事制度和考核奖惩制度等。这些方法和制度可以提高控制效率，促使财务控制高效、有序地进行。

3. 明确各级目标

财务控制必须以健全的财务目标为依据，明确应该实现的各级目标。总体来讲，这些目标可以通过财务目标、财务项算、财务制度来体现。例如，财务预算能够满足企业经营目标的要求，同时又能使决策目标具体化、系统化、定量化。量化的财务预算目标可以成为日常控制和业绩考核的依据。财务预算目标的制定应客观、务实，并层层分解落实到各责任中心，使之成为控制各责任中心经济活动的标准。如果财务预算所确定的目标严重偏离实际，财务控制就无法达到预定的目的。

4. 建立责任会计核算体系

企业的财务预算通过责任中心形成责任预算，而责任预算和总预算的执行情况都必须由会计核算来提供。通过责任会计的核算，及时提供相关信息，以正确地考核与评价责任中心的工作业绩。通过责任会计汇总核算，了解企业财务预算的执行情况，分析存在的问题及原因，为提高企业的财务控制水平和正确的财务决策提供依据。

5. 建立反应灵敏的信息反馈系统

信息的准确和及时是实施财务控制的基本保障。财务控制是一个动态的控制过程，要确保财务预算的贯彻落实，就必须对预算的执行情况进行跟踪监控，及时发现问题，及时调整执行偏差。为此，必须建立一个反应灵敏的信息反馈系统。

6. 制定奖罚制度并严格执行

奖罚制度，是保证企业财务控制长期有效运行的重要因素。一般而言，人的工作努力程度往往受到业绩评价和奖励办法的极大影响。通过制定恰当的奖罚制度，明确业绩与奖罚之间的关系，可以有效地引导人们约束自己的行为，争取取得尽可能好的业绩。此外，奖罚制度的制定，还要体现财务预算目标要求，要体现公平、合理和有效的原则，要体现过程考核与结果考核的结合，真正发挥奖罚制度在企业财务控制中应有的作用。

第二节　责任中心

一、责任中心概述

责任中心是指具有一定的管理权限，并承担相应经济责任的企业内部责任单位，是一个责权利结合的实体。建立责任中心、编制和执行责任预算、考核和监控责任预算的执行情况是企业实行财务控制的一种有效手段。

从责任中心的概念来看，责任中心主要具有以下一些特征：

（1）它是一个责权利相结合的实体。每个责任中心都必须对一定的财务指标承担完全责任，同时还被赋予与该责任范围对应、大小相等的相关权利，并制定相应的业绩考核标准和利益分配标准。

（2）具有承担经济责任的条件。责任中心具有履行经济责任的行为能力，也具有承担经济责任后果的相应能力。

（3）责任和权力皆可控。即每个责任中心只能对其责权范围内的可控成本、收入、利润和投资负责，在企业的预算和业绩考核中也应包括他们能控制的项目。

（4）具有相对独立的经营活动和财务收支活动。这表明责任中心是确定经济责任的客观对象。

（5）便于进行责任会计核算。责任中心不仅要划清责任，而且还要便于进行责任会计核算。划分责任是前提，单独核算是保证。只有满足了这两个条件，企业内部单位才有成为责任中心的可能性。

总之，凡是可以划清管理范围，明确经济责任，能够单独进行业绩考核的内部单位，无论大小皆可成为责任中心。

责任中心按其责任权限范围及业务活动的特点不同，可划分为成本中心、利润中心和投资中心三类。

二、成本中心

（一）成本中心的含义

成本中心或称费用中心是其责任者只对成本或费用负责的责任中心，它不会形成可以用货币计量的收入，因而不对收入、利润或投资负责。成本中心一般包括企业负责产品生产的生产部门、劳务提供部门或给予一定费用指标的企业管理科室等。

一般来说，成本中心设置的范围最广。企业内部只要有成本费用发生的地方，需要对成本负责并能对成本实施控制的责任单位，都可以建立成本中心。在工业企业，上至工厂一级，下至车间、工段、班组，甚至个人都有可能成为成本中心。成本中心的规模不一，可以根据管理上的需要进行调控，各个较小的成本中心可以按其内在联系共同组成一个较大的成本中心，多个较大的成本中心可以根据不同层次或不同规模组成一个更大的成本中心，从而在企业形成逐级控制、层层负责的成本中心体系。规模不一和层次不同的成本中心，其控制和考核的内容也不尽相同。

（二）成本中心的特点

（1）只考评成本费用而不考评收益。一般而言，成本中心没有经营权和销售权，其工作成果不会形成可以用货币计量的收入。

（2）只对可控成本承担责任。可控成本是成本中心能够事先知道发生、能够计量的成本；成本中心可以通过自身的行为调节，并能将控制责任分解落实，进行考核评价。

注意：

① 成本的可控性总是与特定的责任中心相关，同时与责任中心所处的管理层级的高低、管理权限及控制范围的大小都有直接的关系。如原材料的成本，对于采购部门而言是可控的，而对于生产车间而言，则是不可控的。

② 成本的可控性要考虑成本发生的时间范围。一般来讲，许多成本在消耗或支付的当期是可控的，一旦开始消耗或已经支付时，则不再可控。如折旧费、租赁费等，在购置设备或

签订租约时是可控的，而使用设备或执行租约时，就不可控了。

（3）只对责任成本进行考核控制。责任中心当期发生的各项可控成本之和，即是该中心的责任成本。对成本中心的工作业绩进行控制和考核，主要是通过责任中心发生的责任成本与其责任成本预算进行比较实现的。

（三）成本中心的类型

成本中心按其成本费用发生额与业务量的关系可分为技术性成本中心和酌量性成本中心。

技术性成本中心是指成本费用的发生额与业务量之间存在一定数量的依存关系，即通过技术分析可以相对可靠地估算其成本费用，如产品生产过程中发生的直接材料、直接人工、间接制造费用等。技术性成本在投入量与产出量之间有着密切联系，可以通过弹性预算予以控制。

酌量性成本中心是指成本费用的发生额与业务量之间不存在明确的或不具有一定的数量依存关系，即该成本中心成本费用是否发生以及发生数额的多少是由管理人员的决策所决定的，主要包括各种管理费用和某些间接成本项目，如研究开发费用、广告宣传费用、职工培训费等。酌量性成本在投入量与产出量之间没有直接关系，其控制应着重于预算总额的审批。

（四）成本中心的考核指标

成本中心的考核指标主要采用相对指标和比较指标，包括成本节约额和成本节约率，其计算公式如下：

预算成本节约额=实际产量预算责任成本-实际责任成本

预算成本节约率=预算成本节约额/实际产量预算责任成本

【例 9-1】某企业内部某车间为成本中心，生产甲产品，预算产量 3500 件，预算单位成本 150 元，实际产量 4000 件，实际单位成本 145.5 元。要求计算成本中心的预算成本节约额和节约率。

解：预算成本节约额=150×4000-145.5×4000=18 000（元）

预算成本节约率=18 000/（150×4000）×100%=3%

该成本中心的成本节约额为 18 000 元，节约率为 3%。

三、利润中心

（一）利润中心的含义

利润中心是对利润负责的责任中心。由于利润等于收入减成本和费用，所以利润中心不但要对成本、费用负责，还要对收入、利润承担责任。这类责任中心往往处于企业中较高的层次，如分公司、分厂、分店等具有独立的收入来源或有独立经营权的部门。

（二）利润中心的类型

利润中心按其销售产品的范围分为自然利润中心和人为利润中心。

1. 自然利润中心

自然利润中心是指直接对外销售产品或提供劳务取得实际收入、给企业带来利润的利润中心。这类利润中心一般是企业内部独立单位，具有材料采购权、生产决策权、价格制定权、产品销售权，有很大的独立性，如分公司、分厂等。它可以直接与外部市场发生业务上的联系，销售其最终产品和半成品或提供劳务，既有收入，又有成本，可以计算利润，将其完成的利润和责任预算中的预计利润进行对比，评价和考核其工作业绩。

2. 人为利润中心

人为利润中心是指只对企业内部责任单位提供产品或劳务而取得内部销售收入、实现内部利润的责任中心。这类利润中心的产品主要在本企业内转移，一般不与外部市场发生业务上联系，它们只有少量对外销售，或者全部对外销售均由企业专设的销售机构完成，如各生产车间、运输队等。由于人为的利润中心能够为成本中心提供产品或劳务而规定了一个适当的内部转移价格，使这些成本中心可以“取得”收入进而评价其收益，因此，大多数成本中心总能转化为人为的利润中心。

（三）利润中心的考核指标

通常情况下，利润中心采用利润作为业绩考核指标，分为边际贡献、可控边际贡献和部门边际贡献。相关公式为：

边际贡献=销售收入总额-变动成本总额

可控边际贡献=边际贡献-该中心负责人可控固定成本

部门边际贡献=可控边际贡献-该中心负责人不可控固定成本

其中：

（1）边际贡献是将收入减去随生产能力的使用而变化的成本，反映该利润中心的盈利能力，但它对业绩评价没有太大的作用。

（2）可控边际贡献也称部门经理边际贡献，它衡量了部门经理有效运用其控制下的资源的能力，是评价利润中心管理者业绩的理想指标。但是该指标一个很大的局限就是，难以区分可控和不可控的与生产能力相关的成本。如果该中心有权处置固定资产，那么相关的折旧费是可控成本；反之，相关的折旧费就是不可控成本。可控边际贡献忽略了应追溯但又不可控的生产能力成本，不能全面反映该利润中心对整个公司所做的经济贡献。

（3）部门边际贡献，又称部门毛利，它扣除了利润中心管理者不可控的间接成本，因为对于公司最高层来说，所有成本都是可控的。部门边际贡献反映了部门为企业利润和弥补与生产能力有关的成本所做的贡献，它更多地用于评价部门业绩而不是利润中心管理者的业绩。

【例 9-2】某企业内部乙车间是人为利润中心，本期实现内部销售收入 200 万元，销售变动成本 120 万元，该中心负责人可控固定成本 20 万元，不可控但应由该责任中心负担的固定成本 10 万元。要求计算：该利润中心的边际贡献、可控边际贡献和部门边际贡献。

解：边际贡献=200-120=80（万元）

可控边际贡献=80-20=60（万元）

部门边际贡献=60-10=50（万元）

四、投资中心

（一）投资中心的含义

投资中心是指既要对成本、收入和利润负责，又要对投资效果负责的责任中心，它是比利润中心更高层次的责任中心。投资中心是企业中最高层次的经营管理责任单位，是最高层次的责任中心，它拥有最大的决策权，也承担最大的责任。如大型集团所属的子公司、分公司、事业部往往都是投资中心。

（二）投资中心的特点

（1）投资中心一般是独立法人。在组织形式上，成本中心不是独立法人，利润中心可以是也可以不是独立法人。

（2）投资中心是企业内部最高层次的责任中心，它可以包含有需要设立利润中心的生产部门或单位。

（3）投资中心一般直接向企业最高级的总经理或董事会负责。

（三）投资中心的考核指标

投资中心主要考核能集中反映利润与投资额之间关系的指标，包括投资利润率和剩余收益。

1. 投资利润率

投资利润率又称投资收益率，是指投资中心所获得的利润与投资额之间的比率，其计算公式为：

投资利润率=营业利润/平均营业资产

其中：营业利润是指息税前利润。

平均营业资产=（期初营业资产+期末营业资产）/2

投资利润率指标的优点有：① 能反映投资中心的综合盈利能力；② 该指标是相对数指标，剔除了因投资额不同而导致的利润差异的不可比因素，具有横向可比性，有利于判断各投资中心经营业绩的优劣；③ 该指标也可作为选择投资机会的依据，有利于优化资源配置。

投资利润率指标的不足在于缺乏全局观念。当一个投资项目的投资报酬率低于该投资中心的报酬率而又高于整个企业的投资报酬率时，虽然企业希望接受这个项目，但该投资中心可能会拒绝采用；反之，当一个投资项目的投资报酬率高于该投资中心的报酬率而低于整个企业的投资报酬率时，投资中心也可能只考虑自身的利益进行投资，从而损害企业整体利益。因此，从引导部门经理采取与企业总体利益一致的决策来看，投资报酬率并不是一个很好的指标。

2. 剩余收益

为了克服由于使用投资报酬率等指标衡量部门业绩带来的次优选择问题，许多企业采用绝对数指标来实现利润与投资之间的联系，这个指标就是剩余收益。剩余收益是指投资中心的营业收益扣减营业资产按要求的最低报酬率计算的收益额之后的余额。其计算公式为：

剩余收益=营业利润-（平均营业资产×最低投资报酬率）

公式中的最低投资报酬率是根据资本成本来确定的，通常可以采用企业整体的最低期望投资报酬率，也可以是企业为该投资中心单独规定的最低投资报酬率。

剩余收益指标的优点在于：① 可以全面评价与考核投资中心的业绩，因为减少投资或降低资产占用同样可以达到增加剩余收益的目的；② 避免个别投资中心单纯追求投资利润率而放弃一些有利可图的投资项目，使个别投资中心的利益与整个企业的利益统一起来，避免本位主义。

该指标的缺点在于它是绝对数指标，不便于不同部门之间的比较。规模大的部门容易获得较大的剩余收益，但其投资报酬率并不一定高。这里又体现出引导决策与评价业绩之间的矛盾。因此，企业在采用该指标时，事先应建立与各部门结构相适应的剩余收益预算，然后通过与预算的对比来评价部门业绩。

【例 9-3】某公司的投资报酬率如表 9-3 所示。

表 9-3　某公司投资状况

投资中心	利润	投资额	投资报酬率
A	280	2000	14%
B	80	1000	8%
全公司	360	3000	12%

假设 A 投资中心面临一个投资额为 1000 万元的投资机会，可获利润 131 万元，投资报酬率为 13.1%，假定公司的预期最低投资报酬率为 12%。

要求：评价 A 投资中心的这个投资机会。

解：若 A 投资中心接受该投资，则 A、B 投资中心的相关数据计算如下表 9-4 所示。

表 9-4　接受投资机会后的变化

投资中心	利润	投资额	投资报酬率
A	280+131=411	2000+1000=3000	13.7%
B	80	1000	8%
全公司	491	4000	12.275%

（1）用投资报酬率指标衡量业绩。

从 A 投资中心来看，接受后投资报酬率下降了 0.3%，该投资中心可能不会接受这一投资。但从全公司而言，接受投资后，投资报酬率提高了 0.275%，应接受这一投资。

（2）用剩余收益指标衡量业绩。

A 投资中心接受新投资前的剩余收益=280-2000×12%=40（万元）

A 投资中心接受投资后的剩余收益=411-3000×12%=51（万元）

所以 A 投资中心应接受这项投资。

【例 9-4】甲公司为某企业集团的一个投资中心，X 是甲公司下设的一个利润中心，相关资料如下：

资料一：2016 年 X 利润中心的营业收入为 120 万元，变动成本为 72 万元，该利润中心负责人可控固定成本为 10 万元，不可控但应由该利润中心负担的固定成本为 8 万元。

资料二：甲公司 2017 年年初已投资 700 万元，预计可实现利润 98 万元，现有一个投资额为 300 万元的投资机会，预计可获利润 36 万元，该企业集团要求的最低投资报酬率为 10%。

要求：

（1）根据资料一，计算 X 利润中心 2016 年度的部门边际贡献。

（2）根据资料二，计算甲公司接受新投资机会前的投资报酬率和剩余收益。

（3）根据资料二，计算甲公司接受新投资机会后的投资报酬率和剩余收益。

（4）根据（2）（3）的计算结果从企业集团整体利益的角度，分析甲公司是否应接受新投资机会，并说明理由。

解：（1）部门边际贡献=120-72-10-8=30（万元）

（2）接受新投资机会前：

投资报酬率=98/700×100%=14%

剩余收益=98-700×10%=28（万元）

（3）接受新投资机会后：

投资报酬率=（98+36）/（700+300）×100%=13.4%

剩余收益=（98+36）-（700+300）×10%=34（万元）

（4）从企业集团整体利益角度，甲公司应该接受新的投资机会。因为接受新的投资机会后，甲公司的剩余收益增加了。

五、内部转移价格

（一）内部转移价格的含义

内部转移价格是指有利益关系的各企业之间、企业集团或公司内部各责任中心之间进行内部结算、内部责任成本结转和内部利益计量时所使用的计价标准。

内部转移价格一般由进货价格、流通费用和利润构成。其特点是，只反映企业集团或公司内部各责任中心之间的经济联系，一般不直接与消费者发生联系，不作为各种差价、比价的依据和计算基础。采用内部转移价格进行内部结算，可以在企业内部引进市场机制，营造一种市场氛围，使企业内部的各个责任中心处于类似市场交易环境中，促进各责任中心的成本核算和经营管理的不断改善。

（二）内部转移价格的类型

1. 市场定价

市场定价是指内部转移价格直接采用产品或劳务客观的企业外部的市场价格。市场价格的优点在于价格比较客观，对买卖双方都比较合理，同时也将竞争机制引入企业内部，促使各责任中心相互竞争、讨价还价，使各责任中心在利益机制的驱动下，改善经营管理，降低成本，扩大利润；市场价格还能适应责任会计的要求。一般而言，市场价格是制定内部转移价格的最好依据。

当然，市场价格也存在着一定的局限，主要问题在于有些内部转移的中间产品，往往具有一定的独特性，不存在相应的市场价格，从而对市场价格的适用范围构成限制。

2. 成本定价

成本定价是指内部转移价格以产品或劳务的成本为基础而制定的。

由于成本内容的范围不同，按成本制定的内部转移价格也不同，其中用途较为广泛的成本转移价格有三种：

（1）标准成本价格，即以企业的产品或劳务标准成本作为各责任中心之间的转移价格。标准成本价格的优点是，可以避免供应方成本时高时低对使用方的影响，有利于调动供需双方降低成本的积极性，适用于成本中心产品的转移。

（2）标准成本加成价格，即在标准成本价格基础上加计一定的合理利润作为各责任中心之间的转移价格。此价格能够分清相关责任中心的责任，充分调动卖方的积极性，并促使双方降低成本。缺点则在于确定利润加成时，往往存在一定的主观性。

（3）标准变动成本价格，它是以企业的产品或劳务的标准变动成本作为各责任中心之间的转移价格。其优点主要是符合成本习性，能够明确揭示成本与产量的关系，便于对特殊定价决策。不足之处则在于容易忽视固定成本，不能反映劳动生产率变化对固定成本的影响。

上述以成本为基础的内部转移价格采取的成本不是企业的实际成本而是标准成本，主要是为了避免把供应方经营管理中的低效率和浪费转嫁给使用方。这种方法应用简单，以现成的数据为基础，但标准成本的制定会有偏差，不能促进企业控制生产成本，容易忽视竞争性的供需关系。

3. 协商定价

协商定价也称议价，是指企业内部各责任中心通过协商所确定的内部转移价格，它是介于市场定价和成本定价之间的一种定价模式。

协商价格是以外部市场价格为起点，参考独立企业之间或企业与无关联的第三方之间发生类似交易时的价格，共同协商确定一个双方都愿意接受的价格作为内部转移价格。协商价格在各部门中心独立自主制定价格的基础上，充分考虑了企业的整体利益和供需双方的利益。

这种定价也存在一定的局限性。首先，协商定价可能会耗费大量的人力、物力和时间；其次，转移价格可能会受双方的讨价还价能力的影响而有失公允；最后，当双方陷入谈判僵局时，还需企业高层介入，使企业分权的初衷无法实现，同时也不利于发挥激励责任中心的作用。

4. 双重定价

双重定价是买卖双方分别采用不同的内部转移价格作为计价基础。采用双重价格的理由在于：内部转移价格主要是为了企业内部各责任中心的经营业绩进行评价与考核，因此买卖双方所采用的计价基础不需要完全一致，可分别采取对本中心最有利的计价依据。

双重价格有两种具体的形式：① 双重市场价格，即当某种产品或劳务在市场上出现几种不同的价格时，卖方可采用最高市场价格，买方可采用最低市场价格；② 双重转移价格，即卖方以市场价格或协议价格为计价基础，买方以卖方的单位变动成本作为定价的依据。

双重价格在实施时，可能会造成各责任中心的利润之和大于企业的实际利润，因而需进行一系列的会计调整，才能计算出真实利润。另外，双重价格不利于激励各责任中心控制成本的积极性，因此在实践中该方法并未得到普遍采用。

本章小结

财务控制是财务控制主体以法律、法规、制度和财务预算目标等为依据，通过财务手段衡量和矫正企业的经营管理活动，使之按照既定的计划进行，确保企业财务有关的战略得以实现的过程。财务控制作为企业财务管理工作的重要环节，具有以价值控制为手段、以综合经济业务为控制对象、以控制日常现金流量为内容的特征。形成组织体系保证、建立和健全制度基础、明确各级目标、建立责任会计核算体系、建立反应灵敏的信息反馈系统、制定奖罚制度并严格执行，是进行财务控制必须具备的基本条件。财务控制可采取财务目标控制法、责任预算控制法、财务定额控制法、财务制度控制法等控制方法。

责任中心是指具有一定的管理权限，并承担相应经济责任的企业内部责任单位。划分责任中心的标准是：凡是可以划清管理范围，明确经济责任，能够单独进行业绩考核的内部单位，无论大小都可以成为责任中心。责任中心按其责任权限范围及业务活动的特点不同，可划分为成本中心、利润中心和投资中心三大类。

企业内部各责任中心之间进行内部结算和责任结转时所采用的价格标准称之为内部转移价格。内部转移价格的制定主要包括市场定价、协商定价、双重定价和成本定价四种。

思考与讨论

1. 什么是财务控制？财务控制有哪些类型？建立的基础是什么？
2. 什么是责任中心？责任中心有什么特征？
3. 成本中心的特点是什么？考核指标有哪些？如何计量？
4. 利润中心的特点是什么？考核指标有哪些？如何计量？
5. 投资中心的特点是什么？考核指标有哪些？如何计量？
6. 投资报酬率和剩余收益指标有何区别？
7. 为什么要制定内部转移价格？有哪些常用的方法？

练习与自测

1. 某企业一车间的成本中心由生产组（A、B）、作业班（甲、乙）、生产车间组成。2016年的预算执行情况为：生产组的责任成本分别是16 000元、24 000元；作业班的责任成本分别是85 000元、92 000元；生产车间的可控成本为7500元，不可控成本为3600元。

要求：

（1）计算生产车间下属责任中心转来的责任成本；

（2）计算生产车间责任中心的责任成本。

2. 某企业的销售公司（利润中心）2016年有关资料为：销售收入300万元，变动成本费用率60%，公司的固定成本总额27万元，其中不可控固定成本15万元，总公司分配的上级管理费用8万元。

要求：

（1）计算公司经理的边际贡献；

（2）计算公司的边际贡献；

（3）计算公司的税前利润。

3. DF公司下设A、B两个投资中心，A投资中心的营业利润为320万元，投资额为2000万元，公司为A投资中心规定的最低投资报酬率为15%；B投资中心的营业利润为130万元，投资额为1000万元，公司为B投资中心规定的最低投资报酬率为12%。目前有一项目需要投资1000万元，投资后可获营业利润140万元。

要求：

（1）从投资报酬率的角度看，A、B投资中心是否愿意接受该投资；

（2）从剩余收益的角度看，A、B投资中心是否愿意接受该投资。

4.HF公司下设A、B两个投资中心。A投资中心的营业资产为200万元，投资报酬率为15%；B投资中心的投资报酬率为17%，剩余收益为20万元；HF公司要求的平均最低投资报酬率为12%。HF公司决定追加投资100万元，若投向A投资中心，每年可增加营业利润20万元；若投向B投资中心，每年可增加营业利润15万元。

要求：

（1）计算追加投资前A投资中心的剩余收益；

（2）计算追加投资前B投资中心的营业资产；

（3）计算追加投资前NH公司的投资报酬率；

（4）若A投资中心接受追加投资，计算其剩余收益；

（5）若B投资中心接受追加投资，计算其投资报酬率。

案例分析

已知某集团公司下设多个责任中心，有关资料如：

资料一见表9-5。

表 9-5　A、B、C 投资中心具体情况　　单位：元

指标	A 投资中心	B 投资中心	C 投资中心
息税前利润/万元	10 400	15 800	8450
营业资产平均占用额/万元	94 500	145 000	75 500
规定的最低投资报酬率	10%		

资料二：D 利润中心营业收入为 52 000 元，变动成本总额为 25 000 元，利润中心负责人可控的固定成本为 15 000 元，利润中心负责人不可控但应由该中心负担的固定成本为 6000 元。

资料三：E 利润中心的边际贡献为 80 000 元，负责人可控边际贡献为 60 000 元，利润中心部门边际贡献总额为 45 000 元。

资料四：D 中心下设了两个成本中心，其中甲成本中心，生产一种产品，预算产量 5000 件，预算单位成本 200 元，实际产量 6000 件，实际成本为 1 170 000 元。

要求：

（1）根据资料一计算各个投资中心的下列指标：

① 投资报酬率，并据此评价各投资中心的业绩。

② 剩余收益，并据此评价各投资中心的业绩。

（2）根据资料二计算 D 利润中心边际贡献总额、可控边际贡献和部门边际贡献总额。

（3）根据资料三计算 E 利润中心负责人的可控固定成本以及不可控但应由该利润中心负担的固定成本。

（4）根据资料四计算甲成本中心的预算成本节约额和预算成本节约率。

第十章　财务分析

【学习目标】

1. 了解财务分析的概念、作用，熟悉财务分析的内容，掌握财务分析的方法；

2. 掌握偿债能力、营运能力、盈利能力、发展能力、现金流量以及上市公司财务分析的内容；

3. 掌握沃尔评分法、杜邦分析法。

【开篇案例】

A 公司是一家上市公司，为了综合分析上年度的经营业绩，确定股利分配方案，公司董事会召开专门会议进行讨论。公司相关资料如下：

资料一：A 公司资产负债表简表如表 10-1 所示。

表 10-1　A 公司资产负债表简表（2016 年 12 月 31 日）　　单位：万元

资产	年末金额	负债和股东权益	年末金额
货币资金	4000	流动负债合计	20 000
应收账款	12 000	非流动负债合计	40 000
存货	14 000	负债合计	60 000
流动资产合计	30 000	股东权益合计	40 000
非流动资产合计	70 000		
资产合计	100 000	负债和股东权益总计	100 000

资料二：A 公司及行业标杆企业部分财务指标如表 10-2 所示（财务指标的计算如需年初、年末平均数时均使用年末数代替）。

表 10-2　A 公司及行业标杆企业部分财务指标（2016 年）

项目	戊公司	行业标杆企业
流动比率	（A）	2
速动比率	（B）	1
资产负债率	*	50%
销售净利率	*	（F）
总资产周转率（次）	*	1.3
总资产净利率	（C）	13%
权益乘数	（D）	（G）
净资产收益率	（E）	（H）

表中“*”表示省略的数据。

资料三：A 公司 2016 年销售收入为 146 977 万元，净利润为 9480 万元。2017 年投资计划需要资金 15 600 万元。公司的目标资产负债率为 60%，公司一直采用剩余股利政策。

要求：

（1）确定表 10-2 中英文字母代表的数值；

（2）计算 A 公司 2016 年净资产收益率与行业标杆企业的差异，并使用因素分析法依次测算总资产净利率和权益乘数变动对净资产收益率差异的影响；

（3）计算 A 公司 2016 年度可以发放的现金股利金额。

第一节　财务分析概述

一、财务分析的概念及作用

财务分析又称财务报表分析，就是以财务报表和其他资料为依据和起点，采用专门方法，系统分析和评价企业的财务状况、经营成果和现金流量状况的过程。财务分析既是财务预测的前提，也是过去经营活动的总结，具有承上启下的作用。

1. 财务分析可正确评价企业的过去

正确评价过去，是说明现在和揭示未来的基础。财务分析通过对实际财务报表等资料的分析，能够准确地说明企业过去的业绩状况，指出企业的成绩和问题及产生的原因（是主观原因还是客观原因等），这不仅对于正确评价企业过去的经营业绩十分有益，而且可对企业投资者和债权人的行为产生正确的影响。

2. 财务分析可全面反映企业的现状

会计报表、财务报表等资料是企业各项生产经营活动的综合反映。但这些报表的格式及提供的数据往往是根据会计、财务的特点和管理的一般需要而设计的，它不可能全面提供不同目的的报表使用者所需要的各方面的数据资料。财务分析是根据不同分析主体的分析目的，采用不同的分析手段和方法，得出反映企业在各方面的现状的指标，如反映企业的资产结构、权益结构、支付能力、偿债能力、营运状况、盈利能力等的指标。进行这种分析，对于全面反映和评价企业的现状有重要作用。

3. 财务分析可用于预测企业的未来

财务分析不仅可用于评价过去和反映现状，更重要的是它可通过对过去与现状的分析与评价，预测企业未来发展状况与趋势。财务分析对企业未来的估计，第一，可为企业未来财务预测、财务决策和财务预算指明方向；第二，可准确评估企业的价值及价值创造，这对企业进行经营者绩效评价、资本经营和产权交易都是十分有益的；第三，可为企业进行财务危机预测提供必要的信息。

二、财务分析的内容

财务分析信息的需求者主要包括企业所有者、企业债权人、企业经营决策者和政府等。不同主体出于不同的利益考虑，对财务分析信息有着各自不同的要求。

（1）企业所有者作为投资人，关心其资本的保值和增值状况，因此较为重视企业获利能力指标，主要进行企业盈利能力分析。

（2）企业债权人因不能参与企业剩余收益分享，首先关注的是其投资的安全性，因此更重视企业偿债能力指标，主要进行企业偿债能力分析，同时也关注企业盈利能力分析。

（3）企业经营决策者必须对企业经营理财的各个方面，包括营运能力、偿债能力、获利能力及发展能力的全部信息予以详尽地了解和掌握，主要进行各方面综合分析，并关注企业财务风险和经营风险。

（4）政府兼具多重身份，既是宏观经济管理者，又是国有企业的所有者和重要的市场参与者，因此政府对企业财务分析的关注点因所具身份的不同而异。

尽管不同企业的经营状况、经营规模、经营特点不同，作为运用价值形式进行的财务分析，归纳起来其分析的内容不外乎偿债能力分析、营运能力分析、获利能力分析、发展能力分析和现金流量分析等五个方面。在这五个方面中，偿债能力是财务目标实现的稳健保证，营运能力、现金流量和盈利能力是财务目标实现的物质基础，发展能力是四者共同作用的结果，同时也对四者的增强起着推动作用。这五个方面相辅相成，共同构成企业财务分析的基本内容。

三、财务分析的方法

财务分析方法多种多样，但常用的有以下三种：比较分析法、比率分析法和因素分析法。

（一）比较分析法

比较分析法是指通过将企业某项目财务指标的变化进行对比，计算出财务指标变动值大小的方法。比较分析法是财务分析中最常用的方法，也是其他分析方法运用的基础。比较分析法最主要的特点是，区分相比较指标之间的差异，包括差异大小、差异方向和差异性质。通过比较分析可了解财务指标存在的差距，然后结合其他分析方法的运用，寻找差异产生的原因，为决策提供依据。按比较对象的不同，比较分析法有以下两种比较方式：

1. 绝对数的比较分析

绝对数的比较是将某指标的实际数与标的值进行比较，通常包括以下五个方面：

（1）与计划（或目标、定额）相比较，了解实际完成计划、定额的情况；

（2）与前期相比较，了解分析指标的发展趋势；

（3）与历史最高水平相比较，了解本期与历史最高水平的差距；

（4）与国内外同行业先进水平相比较，了解本企业与国内外同行业先进水平的差距；

（5）与主要竞争对手相比较，了解本企业与竞争对手的差距。

2. 百分率的比较分析

绝对数的比较分析反映出增减变化的绝对额，但无法消除规模的影响，可通过计算百分率来解决问题。百分率的计算分为完成百分率和增减百分率，其计算公式为：

完成百分率=指标的实际值/指标的标的值×100%

增减百分率=（指标的实际值-指标的标的值）/指标的标的值×100%

在运用比较分析法时，应注意指标的相关性，只有分析的指标在性质上是同类的才能够说明经济业务的内在联系。此外，还应注意指标的可比性。具体表现在：首先是计算口径一致，即相比较的财务指标所包括的内容、范围是一致的；其次是时间长度一致，即相比较的财务指标应当是相同时间段、相同时间长度的结果；最后是计算方法一致，即相比较的财务指标的影响因素是一致的。

（二）比率分析法

比率分析法是指在同一报表的不同项目之间，或在不同报表的有关项目之间进行对比，从而计算出各种不同经济含义的比率，据以评价企业财务状况和经营成果的一种方法。具体来讲，对比的方法有以下两种：

1. 结构比率分析

结构比率分析即通过个体指标与总体指标的对比，计算出个体指标占总体指标的比重，分析构成项目的变化，掌握经济活动的特点及变化趋势。

2. 相关比率分析

相关比率分析是指将两个性质不同但又相关的指标进行对比，计算出另一具有经济含义的指标的分析方法。如通过企业的净利润与所有者权益的对比，可计算出净资产收益率；通过负债总额与资产总额的对比，可计算出资产负债率。

运用比率分析法来评价企业的财务状况和经营成果十分有效，分析者可以从复杂的经济信息中脱离出来，关注企业财务方面的相互关系，因此在实践中的应用更为广泛。比率分析法从出现至今，经历了一个不断发展和完善的过程，由最初仅为债权人分析企业短期偿债能力，发展到今天全方位、多视角的财务指标体系，显示出比率分析法在财务分析中的重要地位。

（三）因素分析法

因素分析法是依据分析指标与其影响因素的关系，从数量上确定各因素对分析指标影响方向和影响程度的一种方法。

例如，某项财务指标 F 是由 A、B、C 三大因素的乘积构成，其基期指标与报告期指标以及有关因素关系由下式构成：

基期指标：$F_0=A_0\times B_0\times C_0$

报告期指标：$F_1=A_1\times B_1\times C_1$

报告期与基期的总差异为 F_1-F_0，这一总差异同时受到 A、B、C 三个因素的影响。它们各自的变动对指标总差异的影响程度可分别由下式计算求得：

A 因素变动的影响=（A_1-A_0）$\times B_0\times C_0$

B 因素变动的影响=$A_1\times$（B_1-B_0）$\times C_0$

C 因素变动的影响=$A_1\times B_1\times$（C_1-C_0）

将以上三因素的影响数相加应该等于总差异 F_1-F_0。

注意：因素分析法公式的记忆：计算某一个因素的影响时，必须把公式中的该因素替换为本期与基期之差。在括号前的因素为报告期值，在括号后的因素为基期值。

【例 10-1】某企业 2016 年 10 月某种原材料费用的实际数是 4620 元，而其计划数是 4000 元。实际比计划增加 620 元。具体资料如下表 10-3 所示。

表 10-3　原材料消耗表

项　目	单位	计划数	实际数
产品产量	件	100	110
单位产品材料消耗量	千克	8	7
材料单价	元	5	6
材料费用总额	元	4000	4620

要求：依次计算产量、单位产品材料消耗量和材料单价的变动对材料费用总额的影响。

解：材料费用总额=产量×单位产品材料消耗量×材料单价

（1）因产量增加对材料费用的影响为：

（110−100）×8×5=400（元）

（2）因材料消耗节约对材料费用的影响为：

110×（7−8）×5=−550（元）

（3）因价格提高对材料费用的影响为：

110×7×（6−5）=770（元）

由此可知，上述三个因素变化对材料费用的总影响为 620 元（=400−550+770）。

采用因素分析法时应该注意以下几点：

（1）因素分解的关联性。即构成经济指标的各因素确实是形成该项指标差异的内在构成原因，它们之间存在着客观的因果关系。

（2）因素替代的顺序性。替代因素时，必须按照各因素的依存关系，排列成一定的顺序并依次替代，不可随意加以颠倒，否则就会得出不同的计算结果。在实际工作中，往往是先替代数量因素，后替代质量因素；先替代实物量、劳动量因素，后替代价值量因素；先替代原始的、主要的因素，后替代派生的、次要的因素；在有除号的关系式中，先替代分子，后替代分母。

（3）顺序替代的连环性。每次替代是在上一次的基础上进行的，并采用连环比较的方法确定因素变化影响结果。只有保持这种连环性，才能使各因素影响之和等于分析指标变动的总差异。

（4）指标方向的一致性。各因素的变动方向对总指标的影响方向必须是一致的，否则得出的结论将会有背常理。

（5）计算结果的假定性。分析时应力求使这种假定合乎逻辑、具有实际经济意义，这样计算结果的假定性，才不至于妨碍分析的有效性。

第二节 财务指标分析

一、偿债能力分析

偿债能力是企业对债务清偿的承受能力或保证程度，即企业偿还全部到期债务的现金保证程度。偿债能力分析包括短期偿债能力分析和长期偿债能力分析。

（一）短期偿债能力分析

短期偿债能力分析是指企业偿还流动负债的能力。企业偿还流动负债，一般是使用流动资产，因此该类指标通常涉及的是流动负债和流动资产或者流动资产的组成项目。

1. 流动比率

流动比率是企业流动资产与流动负债之比。其计算公式为：

流动比率=流动资产/流动负债

流动比率指标的意义在于揭示流动资产对流动负债的保障程度，考察短期债务偿还的安全性。因此，流动比率越高，企业的短期偿债能力也就越强。

流动比率究竟应当保持多高的水平受很多因素的影响。从债权人角度来讲，流动比率越高越好，流动比率越高，债权越有保障，借出的资金越安全。但从经营者和所有者角度来看，并不一定要求流动比率越高越好，因为流动比率越高可能表明企业滞留在流动资产上的资金过多，未能充分有效地利用，造成企业机会成本增加，影响企业盈利能力。因此，企业应从收益和风险权衡的角度对流动资产和流动负债的规模进行合理安排，并不一定盲目地追求该比率的提高。

同时，该比率的高低受到企业所处行业的性质与特点的影响较大，如房地产企业、商业企业的流动比率一般会较高，而制造业及公用事业企业的则会较低。所以在确定流动比率分析标准时，必须考虑行业因素。

从流动比率的计算公式可以看出，该比率是相对数，更能反映出流动资产对流动负债的保障程度，并可以在不同企业之间进行相互比较。但是该比率也存在一些缺陷：① 该比率是静态分析指标；② 该比率没有考虑流动资产、流动负债的结构；③ 该比率易受人为操控。

2. 速动比率

速动比率也称酸性测试比率，是速动资产与流动负债的比值。

速动比率=速动资产/流动负债

所谓速动资产是指现金和易于变现、几乎可以随时用来偿还债务的那些流动资产，一般由货币资金、短期投资、应收票据、应收账款等构成，但不包括存货、待摊费用。存货的流动性较差，其变现不仅要经过销货和收款两个环节，所需时间较长，而且存货中有可能存在残次商品；而待摊费用本身是费用的资本化，不能变现。因此，用流动资产扣除了存货等流动性较差项目而计算出来的速动比率，代表企业直接偿债能力。

用速动比率对短期偿债能力进行分析考核比使用流动比率更加稳妥可信。一般认为，速动比率等于或稍大于 1 比较合适。但值得注意的是，使用该指标时，一方面，要关注企业管理当局有无粉饰指标现象；另一方面，对于判断速动比率的标准不能绝对化，如零售企业大量采用现金结算，应收账款很少。因而允许其保持低于 1 的速动比率，对不同行业、不同企业需具体分析。

3. 现金比率

现金比率是指一定时期内企业的现金及现金等价物与流动负债的比率。这里的现金是指企业的货币资金，现金等价物是指有价证券（一般为短期投资和应收票据）。现金比率代表了企业随时可以偿债的能力或对流动负债的随时支付程度。其计算公式为：

现金比率=现金及现金等价物/流动负债

速动比率已将存货、待摊费用等变现能力较差的流动资产剔除，但速动资产中的应收账款等有时也会因客户倒闭、抵押等情况使变现能力受影响，甚至出现坏账，最终减弱企业的短期偿债能力。尤其是在企业面临财务危机时，即使有较高的流动比率和速动比率，也无法满足债权人的要求。因此，最稳健或者说保守的方法是采用现金比率来衡量企业的短期偿债能力。

必须指明的是，企业在正常经营的情况下，现金比率数值越高，说明其短期偿债能力越强，但这也同样显示企业的资金使用效果欠佳，分布不太合理，因为现金是企业中收益率最低的资产。所以只有当企业处在特定情况下（如债务重组、破产清算），使用现金比率才有意义。

（二）长期偿债能力分析

长期偿债能力分析是指企业偿还长期负债的能力，其分析指标主要有三项：资产负债率、股权比率、产权比率、权益乘数和利息保障倍数。

1. 资产负债率

资产负债率是负债总额与资产总额的比值，即资产总额中有多大比例是通过负债筹资形成的，该比率是最为常用的反映企业长期偿债能力的财务指标。

资产负债率=负债总额/资产总额×100%

资产负债率揭示了资产与负债的依存关系，即负债偿还的保障程度。资产负债率越高，说明资产对负债的保障程度越低。

由于企业的资产总额等于企业的全部资金总额，因此资产负债率又反映了在企业全部资金中有多大比例是通过借债而筹集的。从这个角度看，资产负债率反映的就是企业资本结构的问题。资产负债率越高，说明借入资金在全部资金中所占的比重越大，企业资金成本越低、不能偿还负债的风险越高。

2. 股权比率

股权比率是企业所有者权益总额与资产总额的比值。其计算公式为：

股权比率=所有者权益总额/资产总额

=1-资产负债率

股权比率越高，资产负债率越低，所有者投入的资金在全部资金中所占的比例越大，而债权人投入的资金所占比例越小，企业长期偿债能力越强。

3. 产权比率

产权比率又称资本负债率，是负债总额与所有者权益总额之比，它是企业财务结构稳健与否的重要标志。其计算公式为：

产权比率=负债总额/所有者权益总额×100%

=资产负债率/（1-资产负债率）

产权比率不仅反映了由债务人提供的资本与所有者提供的资本的相对关系，而且还反映了企业自有资金偿还全部债务的能力，因此它又是衡量企业负债经营是否安全有效的重要指标。一般来说，这一比率越低表明企业长期偿债能力越强，债权人权益保障程度越高，承担的风险越小。

4. 权益乘数

权益乘数又称权益总资产率，是资产总额与所有者权益总额之比，其计算公式为：

权益乘数=资产总额/所有者权益总额×100%

=1/（1-资产负债率）

权益乘数表明企业资产总额是所有者权益的倍数，该比率越大，表明所有者投入的资本在资产总额中所占比重越小，对负债经营利用得越充分，但反映企业的长期偿债能力越弱。

5. 利息保障倍数

利息保障倍数是息税前利润与债务利息的比值，反映了公司获利能力对债务所产生的利息的偿付保证程度。

利息保障倍数=息税前利润/利息费用

公式中的分子息税前利润是指利润表中未扣除利息费用和所得税前的利润。分母中的利息费用不仅包括财务费用中的利息费用，还应包括已资本化的利息费用，但是外部分析人员很难获得财务费用的具体构成，所以通常用财务费用代替利息费用。

从长期来看，利息保障倍数至少应大于1，比值越高，说明企业支付利息的能力越强，长期偿债能力一般也就越强。反之则说明企业实现的经营成果不足以支付当期利息费用，意味着企业的付息能力非常低，财务风险非常高，需要高度关注。

对企业和所有者而言，利息保障倍数不是越高越好，如果一个高的利息保障倍数是由于利息费用低导致的，说明企业财务杠杆程度很低，未能充分利用举债经营的优势。

二、营运能力分析

资产的营运能力表现为企业资产所占用资金的周转速度，反映企业资金利用的效率，表明企业管理人员经营管理、运用资金的能力。企业营运能力分析主要包括：流动资产周转情况、固定资产周转情况和总资产周转情况分析三个方面。

（一）流动资产周转情况分析

反映流动资产周转情况的指标主要有应收账款周转率、存货周转率和流动资产周转率。

1. 应收账款周转率

应收账款周转率又称应收账款周转次数，是赊销收入与应收账款平均余额之比。应收账款周转是指从应收账款发生到收回的全过程。

应收账款周转率=赊销收入净额/应收账款平均余额

其中：赊销收入净额=赊销收入-赊销退回-赊销折让-赊销折扣

应收账款平均余额=（期初应收账款+期末应收账款）/2

应收账款是指包括会计报表中的“应收账款”“应收票据”等全部赊销应收账款，而且是扣坏账准备后的净额。

应收账款周转天数=360天/应收账款周转率

一般来说，应收账款周转率越高，应收账款周转天数越短，说明应收账款收回得越快，应收账款的流动性越强，同时应收账款发生坏账的可能性越小，反之亦然。

但是应收账款周转率过高，可能是由于企业的信用政策过于苛刻所致，这样可能会限制企业销售规模的扩大，影响企业长远发展。

2. 存货周转率

存货周转率又叫存货周转次数，是一定时期内企业销货或主营业务成本与存货平均余额之比，是反映企业销售能力和存货周转速度的一个指标，也是衡量企业生产经营各环节存货运营效率的一个综合性指标。

存货周转率=主营业务成本/存货平均余额

其中：存货平均余额=（期初存货+期末存货）/2

存货周转天数=360天/存货周转率

通常情况下，存货周转率越高，存货周转天数越短，说明存货周转越快，存货的流动性越强。反之存货周转率越低，存货周转天数越长，说明存货周转越不顺畅，存货的流动性越弱。

注意存货周转率过高，也不能完全说明企业的存货状况很好，有可能是由于企业的存货水平太低所致。存货水平太低有可能是由于企业的采购批量太小，采购过于频繁，可能会增加企业的采购成本，而且存货水平太低可能会导致缺货，影响企业正常生产。

3. 流动资产周转率

流动资产周转率是反映流动资产总体周转情况的重要指标，是指一定时期流动资产周转额与流动资产的平均占用额之间的比率。

流动资产周转率=主营业务收入/流动资产平均余额

其中：流动资产平均余额=（期初流动资产+期末流动资产）/2

流动资产周转天数=360 天/流动资产周转率

流动资产周转率越高，流动资产周转天数越短，说明流动资产周转越快，利用效果越好。但也需注意是否是由于流动资产管理不合理等不利原因造成的，而且对流动资产总体周转情况的分析应结合存货和应收账款等具体流动资产的周转情况进行，只有这样才能真正分析透彻，找到根源。

（二）固定资产周转情况分析

固定资产周转率=主营业务收入/固定资产平均余额

其中：固定资产平均余额=（期初固定资产+期末固定资产）/2

固定资产余额指的是固定资产净值，即固定资产原价扣减累计折旧后的金额。

固定资产周转天数=360 天/固定资产周转率

固定资产周转率高，固定资产周转天数短，说明固定资产周转快，利用充分；反之亦然。如果固定资产周转过快，需要结合企业具体情况分析原因，看生产能力是否饱和，是否需要增加或更新设备。

企业要提高固定资产周转率，就应加强对固定资产的管理，做到固定资产投资规模得当，结构合理。

（三）总资产周转情况分析

总资产周转率=主营业务收入/总资产平均余额

其中：总资产平均余额=（期初总资产+期末总资产）/2

总资产周转天数=360 天/总资产周转率

一般来说，总资产周转率越高，总资产周转天数越短，说明企业所有资产周转越快，同样的资产取得的收入越多，因而资产管理水平越高。

三、盈利能力分析

盈利能力是企业获得盈利的能力，是决定企业最终盈利状况的根本因素，受到企业管理者的高度关注，对于企业的投资人和潜在投资人、债权人以及政府来说，企业盈利能力的高低也是他们关注的焦点。反映企业盈利能力的指标主要有销售毛利率、销售净利率、总资产收益率和净资产收益率。

1. 销售毛利率

销售毛利率=（销售收入净额-销售成本）/销售收入净额×100%

其中：销售收入净额指产品销售收入扣除销售退回、销售折扣与折让后的净额。

销售毛利率的数值越大，说明在主营业务收入净额中主营业务成本占的比重越小，企业通过销售获得利润的能力越强。正因为销售毛利率具有上述特点，所以它能够更直观地反映企业主营业务对于利润创造的贡献程度。

2. 销售净利率

销售净利率=净利润/销售收入

该比率表示每 1 元销售净收入可实现的净利润是多少。销售净利率越高，说明企业通过扩大销售获取收益的能力越强。通过分析销售净利率的变化，不仅可以促使企业扩大销售，还可以改善企业经营管理，控制期间费用，提高盈利水平。

3. 总资产收益率

总资产收益率也称资产利润率、资产收益率，是企业净利润与总资产平均余额的比率，其计算公式为：

总资产收益率=净利润/总资产平均余额×100%

其中：总资产平均余额=（期初总资产+期末总资产）/2

该指标反映了全部资产的收益率，而全部资产是由投资人和债权人提供的资金所形成的，因此投资人和债权人都很关心这个指标。

为了进一步分析总资产收益率的变动情况及影响因素，可根据总资产收益率的计算公式对该指标进行分解，具体分解方式为：

总资产收益率=净利润/总资产平均余额
=净利润/销售收入×销售收入/总资产平均余额
=销售净利率×总资产周转率

从上述对总资产收益率的分解过程来看，说明影响总资产收益率的因素主要是销售净利率和总资产周转率。其中，销售净利率反映了企业控制成本费用的能力，总资产周转率反映了企业运用资产获取销售收入的能力。从以上两个因素对总资产收益率的作用过程看，总资产周转率是基础。因为一般情况下，企业应在现有资产规模下创造尽可能多的收入，在所创造收入基础上尽可能地控制成本费用来提高总资产收益率。但是企业处于不同时期和属于不同行业，提高总资产收益率的突破口也有所不同。

4. 净资产收益率

净资产收益率又称股东权益收益率、净值收益率或所有者权益收益率，是企业净利润与其平均净资产之间的比值，反映股东投入的资金所获得的收益率，是杜邦分析法的核心指标。

净资产收益率=净利润/净资产平均额×100%

其中：净资产平均额=（期初净资产+期末净资产）/2

该指标强调经营期间净资产赚取利润的结果，是一个动态的指标，净资产收益率越高，说明股东投入的资金获得报酬的能力越强，反之则越弱。

净资产收益率的公式可做如下分解：

净资产收益率=总资产收益率×平均总资产/平均净资产

=总资产收益率×权益乘数

该等式被称为杜邦等式。从等式中可以看出，影响企业净资产收益率的是代表资产获利能力的总资产收益率，以及反映企业权益资本占总资产比例的权益乘数。总资产收益率越高，权益乘数越大，则净收益率越高，这也意味着投资者投入权益资本较高的回报能力。

四、发展能力分析

发展能力是企业在生存的基础上，扩大规模、壮大实力的潜在能力。发展能力分析包括营业收入增长能力分析、盈利增长能力分析、资产增长能力分析和资本增长能力分析等。

1. 营业收入增长率

营业收入增长率是企业本年营业收入增长额与上年营业收入总额的比率。它反映企业营业收入的增减变动情况，是评价企业成长状况和发展能力的重要指标。其计算公式为：

营业收入增长率=本年营业收入增长额/上年营业收入总额

2. 营业利润增长率

营业利润增长率是企业本年营业利润增长额与上年营业利润总额的比率。它反映企业营业利润的增减变动情况。其计算公式为：

营业利润增长率=本年营业利润增长额/上年营业利润总额

营业利润增长率越大，说明企业营业利润增长得越快，表明企业经营业务扩张能力越强，经营业务获利能力越强。

3. 资产增长率

资产增长率是企业本年总资产增长额与年初资产总额的比率，反映企业资产规模的增长情况。其计算公式为：

资产增长率=本年总资产增长额/年初资产总额

资产增长率是从企业资产总量扩张方面衡量企业的发展能力，表明企业规模增长水平对企业发展后劲的影响。该指标越高，表明企业一定时期内资产经营规模扩张的速度越快。但实际分析时，应注意考虑资产规模扩张的质和量的关系，以及企业的后续发展能力，避免资产盲目扩张。

4. 资本积累率和资本保值增值率

资本增长是企业发展水平的标志，是评价企业发展能力的重要方面，其衡量指标主要有资本积累率、资本保值增值率。

（1）资本积累率。

资本积累率是企业本年股东权益增长额与年初股东权益总额的比率。它反映企业当年资本的积累能力，是评价企业发展能力的重要指标。其计算公式为：

资本积累率=本年股东权益增长额/年初股东权益总额

（2）资本保值增值率。

资本保值增值率是企业所有者权益的期末总额与期初总额之比。

资本保值增值率=所有者权益的期末总额/期初总额

如果企业盈利能力提高，利润增加，必然会使期末所有者权益大于期初所有者权益，所以该指标也是衡量企业盈利能力的重要指标。当然，这一指标的高低，除了受企业经营成果的影响外，还受企业利润分配政策的影响。

五、现金流量分析

现金流量分析一般包括现金流量的结构分析、流动性分析、获取现金能力分析、财务弹性分析及收益质量分析。这里主要介绍获取现金能力分析及收益质量分析。（见表 10-4）

表 10-4　现金流量分析指标

类型	指标名称	计算公式	分析
获取现金能力	销售现金比率	经营活动现金流量净额/销售收入	该比率反映每元销售收入得到的现金流量净额，其数值越大越好
	每股营业现金净流量	经营活动现金流量净额/普通股股数	该指标反映企业最大的分派股利能力，超过此限度，可能就要借款分红
	全部资产现金回收率	经营活动现金流量净额/企业资产总额	它说明企业全部资产产生现金的能力
收益质量	净收益营运指数	经营活动净收益/净利润 其中：经营活动净收益=净利润-非经营净收益	该指数越小，非经营收益所占比重越大，收益质量越差，因为非经营收益不反映公司的核心能力及正常的收益能力，可持续性较低

续表

类型	指标名称	计算公式	分析
收益质量	现金营运指数	经营活动现金流量净额/经营所得现金 其中：经营所得现金=经营活动净收益+付现费用	该指数越小，说明公司每1元的经营活动收益中未收回现金的部分就越多，收益质量越差

六、上市公司财务分析

1. 每股收益

每股收益是综合反映企业获利能力的重要指标，可以用来判断和评价管理层的经营业绩。每股收益包括基本每股收益和稀释每股收益。

（1）基本每股收益。

基本每股收益的计算公式为：

基本每股收益=归属于普通股股东的净利润/发行在外的普通股加权平均数

其中：发行在外的普通股加权平均数=期初发行在外普通股股数+当期新发行的普通股股数×已发行时间÷报告期时间-当期回购普通股股数×已回购时间÷报告期时间

（2）稀释每股收益。

企业存在稀释性潜在普通股的，应当计算稀释每股收益。稀释性潜在普通股指假设当前转换为普通股会减少每股收益的潜在普通股。其主要包括：可转换公司债券、认股权证和股份期权等。

计算稀释每股收益时，作为分子的净利润金额一般不变；分母的调整项为增加的普通股股数，同时还应考虑时间权数。

一般来说，每股收益越大，说明公司的盈利能力越强，公司经营状况和财务状况越好，公司发放较高股利的可能性越大，公司股票价格上升的可能性越强。

2. 每股股利

普通股每股股利简称每股股利，它反映每股普通股获得现金股利的情况。其计算公式为：

每股股利=现金股利总额/发行在外的普通股股数

由于股利通常只派发给年末的股东，因此计算每股股利时分母采用年末发行在外的普通股股数，而不是全年发行在外的平均股数。

每股股利越高，说明普通股获取的现金报酬越多。但是每股股利并不能完全反映企业的盈利情况和现金流量状况。因为股利分配状况不仅取决于企业的盈利水平和现金流量状况，还与企业的股利分配政策有关。而且在中国目前的资本市场中，股东对现金股利的期望往往并不高，更多的投资者希望通过股票的低买高卖来获取报酬。

3. 市盈率

市盈率又称价格盈余比率，是普通股每股市价与普通股每股收益的比值。其计算公式为：

市盈率=每股市价/每股收益

该比率可以理解成投资人愿意为获取公司每一元的收益付出多高的价格。市盈率越高，说明投资者愿意出较高的价格购买该公司股票，对该公司的发展前景看好。因此，一些成长性较好的公司股票的市盈率通常要高一些。但是过高的市盈率，也将意味着这种股票具有较高的投资风险。

在我国现阶段，股票的市价可能并不能很好地代表投资者对公司未来前景的看法，因为股价中含有很多炒作的成分在内。因此，我们应用市盈率对公司做评价时需要谨慎。

4. 每股净资产

每股净资产，又称每股账面价值，是指企业净资产与发行在外的普通股股数之间的比率。用公式表示为：

每股净资产=股东权益总额/发行在外的普通股股数

每股净资产显示了发行在外的每一普通股股份所能分配的企业账面净资产的价值。这里所说的账面净资产是指企业账面上的总资产减去负债后的余额，即股东权益总额。每股净资产指标反映了在会计期末每一股份在企业账面上到底值多少钱，它与股票面值、发行价值、市场价值乃至清算价值等往往有较大差距，是理论上股票的最低价值。

5. 市净率

市净率是每股市价与每股净资产的比率，是投资者用以衡量、分析个股是否具有投资价值的工具之一。其计算公式为：

市净率=每股市价/每股净资产

净资产代表的是全体股东共同享有的权益，是股东拥有公司财产和公司投资价值最基本的体现，它可以用来反映企业的内在价值。一般来说，市净率较低的股票，投资价值较高；反之，投资价值较低。

第三节　财务综合分析

一、财务综合分析概述

（一）财务综合分析的概念

单独分析任何一类财务指标，都不足以全面地评价企业的财务状况和经营效果，只有对各种财务指标进行系统、综合的分析，才能对企业的财务状况做出全面、合理的评价。因此，必须进行企业财务综合分析。

财务综合分析就是将企业偿债能力、营运能力、获利能力等方面的分析纳入一个有机的整体中，全面地对企业经营成果、财务状况进行剖析、评价，对企业经济效益的优劣做出判断。

（二）财务综合分析的特点

1. 全面性

财务综合分析关注的是企业整体财务状况和经营成果，因此在分析过程中，要注意企业偿债能力、营运能力、盈利能力和成长能力等各个层面的内容。这是财务综合分析和单项财务能力分析的不同之处。因此，财务综合分析要以全面的单项财务能力分析指标为基础，不能在分析中以偏概全。

2.综合性

财务综合分析不是各单项财务能力分析的简单相加，而是通过一定的技术手段进行的有机结合；同时，在进行财务综合分析过程中还需要抓住主要分析指标，这样才能抓住影响企业财务状况和经营成果的主要矛盾，在主要财务指标分析的基础上再对其辅助指标进行分析。

二、财务综合分析的方法

财务综合分析的方法主要有两种：沃尔评分法和杜邦财务分析法。

（一）沃尔评分法

1. 沃尔评分法的基本原理

沃尔评分法又叫综合评分法，它是通过对选定的多项财务比率进行评分，然后计算综合得分，并据此评价企业的综合财务状况。由于创造这种方法的先驱者之一是亚历山大·沃尔，因此被称作沃尔评分法。最基本的沃尔评分法如表 10-5 所示。

表 10-5　最基本的沃尔评分法

财务比率	评分值	标准值	实际值	关系比值	实际得分
	（1）	（2）	（3）	（4）=（3）/（2）	（5）=（1）×（4）
流动比率	25	2			
净资产/负债	25	1.5			
资产/固定资产	15	2.5			
销售成本/存货	10	9			
销售额/应收账款	10	6			
销售额/固定资产	10	4			
销售额/净资产	5	3			
合计	100	—			

该方法的基本思想就是，将分散的财务指标通过一个加权体系综合起来，使一个多维度的评价体系变成一个综合得分，这样就可以用综合得分对企业做出综合评价。

这种方法虽然简单易用，便于操作；但是在理论上仍存在一定的局限性：① 未能说明为什么选择这些比率，而不是更多或者更少，或者选择其他财务比率；② 未能证明各个财务比率所占权重的合理性。

2. 沃尔评分法的基本分析步骤

（1）选定评价企业财务状况的财务比率。

在选择财务比率时，一要具有全面性，要求反映企业偿债能力、营运能力、获利能力等的财务比率都应包括在内；二要具有代表性，即要选择能够说明问题的重要的财务比率；三要具有变化方向的一致性，即当财务比率增大时，表示财务状况的改善，反之，财务比率减小时，则表示财务状况恶化。

（2）根据各项财务比率的重要程度，确定其标准评分值，即重要性系数。

各项财务比率的标准评分值之和应等于 100 分。各项财务比率评分值的确定是财务比率综合评分法的一个重要问题，它直接影响对企业财务状况的评分。对各项财务比率的重要程度，不同的分析者会有不同的认识，但是一般来说，应根据企业经营活动的性质、生产经营规模、市场形象和分析者的分析目的等因素来确定。

（3）规定各项财务比率评分值的上限和下限，即最高评分值和最低评分值，这主要是为了避免个别财务比率的异常给总分造成不合理的影响。

例如，我们可以确定每个比率的得分最高不能超过其权重分数的 1.5 倍，最低不能低于其权重分数的 1/2。有的财务比率并不是越高越好，如存货周转率太高可能意味着企业的存货管理存在一定的问题，股权比率太高说明企业未能充分地利用财务杠杆等等，对于这类比率的计分方法应当进行一定的修正。例如，某行业股权比率的平均值为 60%，但通常认为该行业的股权比率超过 80%就太高了，那么如果某企业的股权比率实际值超过了 80%，就不再采用实际值除以标准值再乘以权重分数的方法来计算其得分，而改用 80%或标准值 60%除以实际值再乘以权重分数来计算其得分。

（4）确定各项财务比率的标准值。

财务比率的标准值是指各项财务比率在本企业现时条件下最理想的数值，亦即最优值。财务比率的标准值，通常可以参照同行业的平均水平，并经过调整后确定。

（5）计算企业在一定时期各项财务比率的实际值。

（6）计算出各项财务比率实际值与标准值的比率，即关系比率，关系比率等于财务比率的实际值除以标准值。

（7）计算出各项财务比率的实际得分。

各项财务比率的实际得分是关系比率和标准评分值的乘积，每项财务比率的得分都不得超过上限或下限，各项财务比率实际得分的合计数就是企业财务状况的综合得分。企业财务状况综合得分的高低反映了企业综合财务状况是否良好。如果综合得分等于或接近于 100 分，说明企业的财务状况良好，达到了预先确定的标准；如果综合得分低于 100 分很多，就说明企业的财务状况较差，应当采取适当的措施加以改善；如果综合得分超过 100 分很多，就说明企业的财务状况很理想。

例如，采用沃尔评分法对某公司 2016 年的财务状况进行综合评价，得到表 10-6。从表 10-6

中可以看出，该公司财务状况的综合得分为 101.433 分，非常接近 100 分，说明该公司的财务状况良好，与选定的标准基本一致。

表 10-6　某公司 2016 年沃尔评分法

财务比率	评分值	标准值	实际值	关系比值	实际得分
	（1）	（2）	（3）	（4）=（3）/（2）	（5）=（1）×（4）
销售利润率	13	12%	10%	0.833	10.833
总资产利润率	15	10%	11%	1.1	16.5
资本收益率	14	13%	12%	0.923	12.923
资本保值增值率	11	8%	10%	1.25	13.75
资产负债率	6	50%	45%	0.9	5.4
流动比率	6	1.9	1.8	0.947	5.684
应收账款周转率	8	6 次	5 次	0.833	6.667
存货周转率	7	3 次	2.9 次	0.967	6.767
社会贡献率	10	22%	24%	1.091	10.91
社会积累率	10	25%	30%	1.2	12
合计	100			10.044	101.433

3. 沃尔评分法在我国的应用

20 世纪 90 年代以来，我国各部委颁布了一系列综合评价体系。虽然这些综合评价体系的财务比率不断创新，标准不断变化，结构不断调整，计分方法不断修正，考虑的因素也越来越多，但始终没有脱离沃尔评分法的基本思想。其中值得一提的是，1999 年发布并在 2002 年修订的《国有资本金效绩评价规则》。

1999 年 6 月 1 日，财政部、人事部、经贸委、计委联合颁布了《国有资本金效绩评价规则》和《国有资本金效绩评价操作细则》。2002 年 2 月 22 日，财政部、经贸委、中共中央企业工作委员会、劳动和社会保障部、计委对《国有资本金效绩操作细则》进行了重新修订，修改了某些指标，制定了《企业效绩评价操作细则（修订）》，标志着新型企业绩效评价体系和评价制度在我国初步建立。

现行的国有企业绩效评价体系由三个子体系组成：① 绩效评价制度体系；② 绩效评价组织体系；③ 绩效评价指标体系。根据新修订的企业绩效评价操作细则，国有资本金绩效评价指标体系横向通过财务效益状况、资产营运状况、偿债能力状况和发展能力状况四个部分，纵向通过基本指标、修正指标和评议指标三个层次对企业绩效进行深入分析，以全面反映企业的生产经营状况和经营者的业绩（具体指标体系如表 10-7 所示）。

表 10-7　国有资本金绩效评价指标体系

<table>
<tr><th rowspan="2">评价内容</th><th colspan="2">定量指标（权重 80%）</th><th>定性指标（权重 20%）</th></tr>
<tr><th>基本指标</th><th>修正指标</th><th>评议指标</th></tr>
<tr><td>财务效益状况
（38 分）</td><td>净资产收益率（25 分）
总资产报酬率（13 分）</td><td>资本保值增值率（12 分）
主营业务利润率（8 分）
盈余现金保障倍数（10 分）
成本费用利润率（8 分）</td><td rowspan="4">经营者基本素质（18 分）
产品市场占有能力(服务满意度)(16 分)
基础管理水平（12 分）
发展创新能力（14 分）
经营发展战略（14 分）
在岗员工素质（10 分）
技术装备更新水平(服务硬环境)(10 分)
综合社会贡献（8 分）</td></tr>
<tr><td>资产营运状况
（18 分）</td><td>流动资产周转率(9 分)
总资产周转率（9 分）</td><td>存货周转率（5 分）
应收账款周转率（5 分）
不良资产比率（8 分）</td></tr>
<tr><td>偿债能力状况
（20 分）</td><td>资产负债率（12 分）
已获利息倍数（8 分）</td><td>现金流动负债比率（10 分）
速动比率（10 分）</td></tr>
<tr><td>发展能力状况
（24 分）</td><td>销售（营业）增长率（12 分）
资本积累率（12 分）</td><td>三年资本平均增长率（9 分）
三年销售平均增长率（8 分）
技术投入比率（7 分）</td></tr>
</table>

（1）评价指标。基本指标是评价企业绩效的核心指标，由反映企业财务效益状况、资产营运状况、偿债能力状况、发展能力状况的四类共 8 项计量指标构成。评价结果反映绩效评价内容的基本情况，可以形成企业绩效评价的初步结论。

修正指标是指用以对基本指标进行校正的重要辅助指标。它依附于基本指标而发挥作用。其基本功能是依据企业有关实际情况对基本指标评价结构进行修正，以此形成企业绩效评价的基本定量分析结论，具体由 13 项计量指标构成。考虑到我国国有企业经营管理中存在着诸如经营者为完成任期目标而虚增利润，企业管理不善、盲目投资等实际问题，为真实准确地评价企业绩效，通过设置修正指标，对初步评价指标结果进行修正。

评议指标是实施评论议定的指标，属于定性指标。其基本功能是对影响企业经营效绩的非定量因素进行判断，具体由 8 项指标构成。为保证评议指标的评价客观、公正，规定了 8 项评议指标的参考标准。

（2）评价方法。绩效评价指标体系以定量分析为基础，以定性为辅助，定量分析与定性分析相互校正，以此形成企业绩效评价。企业绩效评价结果的基本计算方法为功效系数法，辅以综合分析判断法，即"按照统一制定的多层次指标体系，以企业经营期间的各项指标实际水平，对照全国统一测算和颁布的绩效评价基准值，分步得出绩效评价的初步结论、基本结论和综合结论"。

国有资本金绩效评价指标体系总结了以往绩效评价工作中积累的经验，借鉴了国外企业绩效评价的做法，以投入产出分析作为评价的核心内容，采取多方面、多层次指标体系和多因素分析方法，坚持定量分析和定性分析相结合，运用较为客观的统一标准对企业经营成果进行对比。因此，它较为合理地反映了企业的经营业绩，初步形成了财务指标和非财务指标相结合的业绩评价指标体系。

该绩效评价体系也有不足之处，主要包括以下几个方面：它在权重设置方面采用了传统的固定权重法；以效益指标作为评价体系的核心，这往往使企业更加注重眼前利益而忽视长远利益，容易使企业经营产生短期行为；其中的一些财务指标也不尽合理，如“净利润”指标的使用上，现行的财务会计只确认和计量债务资本的成本，而对于权益资本成本则作为收益分派处理，因此对“净利润”指标的强调忽略了权益资本成本的确认和计量，可能会导致评价结果有失偏颇。

2006 年 4 月 7 日，国务院国有资产监督管理委员会发布了《中央企业综合绩效评价管理暂行办法》，并自 2006 年 5 月 7 日起施行。评价指标分为两个方面，财务绩效定量评价和管理绩效定性评价。其中财务绩效定量评价由四类指标组成，包括盈利能力指标、资产质量指标、债务风险指标和经营增长指标。

表 10-8　央企综合绩效评价指标及权重表

<table>
<tr><th colspan="2" rowspan="2">评价内容与权重</th><th colspan="4">财务绩效（70%）</th><th colspan="2">管理绩效（30%）</th></tr>
<tr><th>基本指标</th><th>权重</th><th>修正指标</th><th>权重</th><th>评议指标</th><th>权重</th></tr>
<tr><td>盈利能力状况</td><td>34</td><td>净资产收益率
总资产报酬率</td><td>20
14</td><td>销售（营业）利润率
利润现金保障倍数
成本费用利润率
资本收益率</td><td>10
9
8
7</td><td rowspan="4">战略管理
发展创新
经营决策
风险控制
基础管理
人力资源
行业影响
社会贡献</td><td rowspan="4">18
15
16
13
14
8
8
8</td></tr>
<tr><td>资产质量状况</td><td>22</td><td>总资产周转率
应收账款周转率</td><td>10
12</td><td>不良资产比率
流动资产周转率
资产现金回收率</td><td>9
7
6</td></tr>
<tr><td>债务风险状况</td><td>22</td><td>资产负债率
已获利息倍数</td><td>12
10</td><td>速动比率
现金流动负债比率
带息负债比率
或有负债比率</td><td>6
6
5
5</td></tr>
<tr><td>经营增长状况</td><td>22</td><td>销售（营业）利润率
资本保值增值率</td><td>12
10</td><td>销售（营业）利润增率
总资产增值率
技术投入比率</td><td>10
7
5</td></tr>
</table>

（二）杜邦财务分析法

1. 杜邦财务分析法的基本原理

杜邦分析法又称杜邦财务分析体系，简称杜邦体系，是利用各主要财务比率指标间的内在联系，对企业财务状况及经济效益进行综合系统分析评价的方法。这种方法由美国杜邦公司创立并最先采用，故称为杜邦财务分析体系。

该体系以净资产收益率为起点，以总资产收益率和权益乘数为核心，重点揭示企业盈利能力及权益乘数对净资产收益率的影响，以及各相关指标间的相互影响和作用关系。该体系层层分解至企业最基本生产要素的使用、成本与费用的构成和企业风险，揭示指标变动的原因和趋势，满足经营者通过财务分析进行绩效评价的需要，在经营目标发生异动时能及时查明原因并加以修正，为企业经营决策和投资决策指明方向。

杜邦分析法的主要关系式为：

净资产收益率=销售净利率×总资产周转率×权益乘数

利用这种方法进行综合分析时，可把各项财务指标体系间的关系绘制成杜邦分析图，如图 10-1 所示。

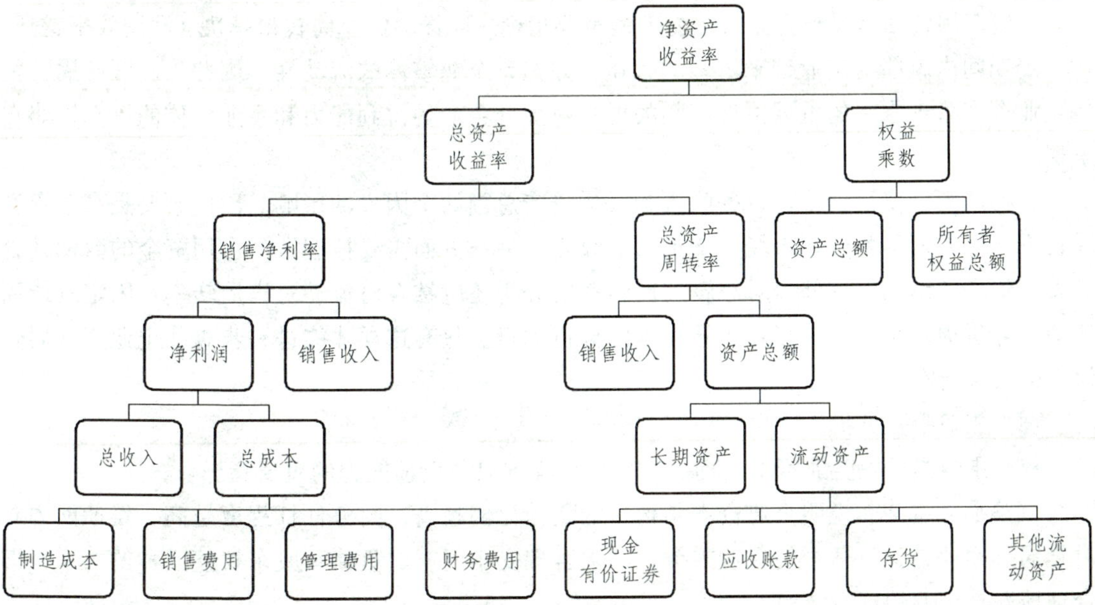

图 10-1　杜邦分析体系

2. 杜邦财务分析法的基本分析步骤

（1）净资产收益率分析。

净资产收益率是一个综合性很强的指标，它是杜邦分析体系的源头和核心。净资产收益率反映了企业股东投入资金的收益高低，而增加股东财富是企业管理的重要目标之一。因此，不论是企业的股东还是管理者都十分关注这一指标。

净资产收益率的高低取决于企业的总资产收益率和平均权益乘数，而总资产收益率又取决于销售净利率和总资产周转率。因此，净资产收益率的水平取决于反映盈利能力的总资产收益率和销售净利率、反映营运能力的总资产周转率以及反映资本结构和偿债能力的平均权益乘数。

（2）总资产收益率分析。

总资产收益率的综合性也很强，它反映了企业所有资产的收益水平。总资产收益率取决于销售净利率和总资产周转率。这说明企业营业活动的获利能力和企业所有资产的运用效率决定着企业全部资产的收益水平。因此，对总资产收益率的分析，可以进一步深入营业活动和资产管理两个方面。

（3）销售净利率分析。

销售净利率是反映企业盈利能力的重要指标。由于主营业务收入是企业净利润的重要源泉，因此提高主营业务收入的盈利水平对提升整个企业的盈利能力至关重要。

销售净利率受到净利润和主营业务收入两个因素的影响，而净利润又取决于企业各项收入和费用的水平。因此，对销售净利率的分析，可以进一步深入到各项收入和费用中去，深入挖掘影响企业盈利能力的具体原因。

（4）总资产周转率分析。

总资产周转率是反映企业营运能力的重要指标。同样，资产周转得越快、利用效率越高，在一定期间内就能为企业带来更多的收益，并提升企业整体的流动性。因此，总资产周转率是企业资产管理水平的重要体现，它的增加对提升企业的盈利能力和企业整体的流动性非常重要。

总资产周转率受到主营业务收入和平均资产总额两个因素的影响。因此，要提高总资产周转率，一方面需要开拓市场，增加营业收入；另一方面需要控制资产占用资金的数额并合理安排资产的结构。另外，对总资产周转率的分析还应结合对流动资产周转率、固定资产周转率、存货周转率、应收账款周转率等的分析进行。只有这样才能进一步查找企业资产周转快慢的关键所在。

（5）权益乘数分析。

权益乘数是反映企业资本结构、财务杠杆程度以及偿债能力的重要指标。

权益乘数越高，说明企业资本结构中的负债比例越高，财务杠杆程度越高，偿债能力相对越弱。因此，保持适当的权益乘数，必须合理安排资产、负债和股东权益三种的关系，即合理地安排企业的资本结构。

【例 10-2】ABC 公司 2015 年销售净利率 8%，总资产周转率 1.3，平均资产负债率 41%；2016 年部分报表数据如下：年初资产总额 900 万元，负债总额 350 万元；年末资产总额 1000 万元，负债总额 400 万元；2016 年销售收入 1200 万元，实现净利 120 万元。要求：

（1）计算 2015 年净资产收益率；

（2）计算 2016 年销售净利率、资产周转率、平均资产负债率、加权平均净资产收益率；

（3）运用杜邦分析原理，定性分析说明该公司净资产收益率变动的原因。

解：

（1）净资产收益率=销售净利率×总资产周转率×权益乘数

由于：平均资产负债率=41%

所以：权益乘数=1/（1-平均资产负债率）=1/（1-41%）=1.6949

净资产收益率=8%×1.3×1.6949=17.63%

（2）2016 年销售净利率=净利润/销售收入×100%=120/1200×100%=10%

2016 年平均资产额=（900+1000）÷2=950（万元）

2006 年资产周转率=销售收入/平均资产额=1200÷950=1.2632

2006 年平均负债额-（350+400）÷2-375（万元）

2006 年平均资产负债率=负债平均额/资产平均额×100%=375/950×100%=39.47%

2006 年加权平均净资产收益率=净利润/平均净资产=120/（950-375）=20.87%

或者：权益乘数=[1/（1-39.47%）]=1.6521

净资产收益率=销售净利率×总资产周转率×权益乘数

=10%×1.2632×1.6521=20.87%

（3）2015 年净资产收益率=销售净利率×总资产周转率×权益乘

=8%×1.3×1.6949=17.63%

2016 年净资产收益率=销售净利率×总资产周转率×权益乘数

=10%×1.2632×1.6521=20.87%

该公司 2016 年净资产收益率比 2015 年净资产收益率上升了 3.24%，主要原因是 2016 年销售净利率比 2015 年销售净利率上升了 2%，虽然总资产周转率和权益乘数 2016 年比 2015 年均有所下降，但由于销售净利率的提高抵消了这种不利的影响，最终导致 2016 年净资产收益率高于 2015 年净资产收益率。

3. 传统杜邦分析体系的局限性

（1）计算总资产收益率的总资产与净利润不匹配。

首先被质疑的是总资产收益率的计算公式。总资产是全部资产提供者享有的权利，而净利润专属于股东，两者不匹配，所以该指标不能反映实际的回报率。为了改善该比率的配比，要重新调整其分子和分母。因此，需要计量股东和有息负债债权人投入的资本，并且计量这些资本产生的收益，这样两者相除才是合乎逻辑的总资产收益率，才能准确反映企业的基础盈利能力。

（2）没有区分经营活动损益和金融活动损益。

对于多数企业来说金融活动是净筹资，它们从金融市场上主要是筹资，而不是投资。筹资活动没有产生净利润，而是支出净费用。这种筹资费用是否属于经营活动的费用，即使在会计规范的制定中也存在争议。从财务管理的基本理念来看，企业的金融资产是投资活动的剩余，应将其从经营资产中剔除。与此相适应，金融费用也应从经营收益中剔除，才能使经营资产和经营收益匹配。因此，正确计量基础盈利能力的前提是区分经营资产和金融资产，区分经营损益与金融损益。

（3）没有区分有息负债和无息负债。

既然要把金融活动分离出来单独考察，就会涉及单独计量筹资活动的成本。负债的成本（利息支出）仅仅是有息负债的成本。因此，必须区分有息负债与无息负债。这样利息与有息负债相除，才是实际的平均利息率。此外，区分有息负债与无息负债后，有息负债与股东权益相除，可以得到更符合实际的财务杠杆。无息负债没有固定成本，本来就没有杠杆作用，将其计入财务杠杆，会歪曲杠杆的实际作用。

针对上述问题，人们对传统的财务分析体系做了一系列的改进，逐步形成了一个新的分析体系，被称为改进的杜邦分析体系。改进的部分有：① 区分经营资产和金融资产；② 区分经营负债和金融负债；③ 区分经营活动损益与金融活动损益；④ 经营活动损益内部进一步区分主要经营利润、其他营业利润和营业外收支；⑤ 区分经营利润所得税和利息费用所得税。

改进的杜邦分析体系的核心指标仍是净资产收益率，但其高低取决于税后经营利润率、净经营资产周转次数、税后利息率和净财务杠杆等四个驱动因素。

改进的杜邦分析体系中的主要指标的关系，用公式表示如下：

净资产收益率=净经营资产利润率+杠杆贡献率
=税后经营利润率×净经营资产周转次数+经营差异率×净财务杠杆
=税后经营利润率×净经营资产周转次数+（税后经营利润率×净经营资产周转次数-税后利息率）×净财务杠杆

本章小结

财务分析既是已完成财务活动的总结，又是财务预测的前提，在财务管理的循环中起着承上启下的作用。投资人、债权人、经管人员和政府机构等利益相关人员，根据本身的特定要求进行财务分析，研究各种财务信息间的内在联系，使之符合特定决策要求。财务分析应遵守实事求是原则、全面性原则和综合分析原则，运用科学的财务分析方法，如趋势分析法、比率分析法和因素分析法等，对企业财务报告及其他相关资料进行分析和评价，使之符合特定决策要求。

总结和评价公司财务状况与经营成果的分析指标包括反映偿债能力的指标、反映营运能力的指标、反映盈利能力的指标、反映发展能力以及现金流量的指标等。对各指标的计算和内涵的理解，以及如何运用这些指标进行公司财务状况和经营成果的分析是本章的主要内容。

为了全面评价公司的经营与财务状况，需对公司进行综合分析，可采用杜邦分析法或沃尔评分法。

思考与讨论

1. 如何利用因素分析法对综合经济指标进行分析？采用因素分析法需要注意哪些要点？
2. 如何衡量企业的偿债能力？各偿债能力指标如何计算及应用？
3. 反映企业资产管理能力的指标有哪些？这些指标与资产管理能力是什么关系？
4. 反映企业盈利能力的指标有哪些？分别如何计算及应用？
5. 反映企业发展能力的指标有哪些？分别如何计算及应用？
6. 反映企业现金流量的指标有哪些？分别如何计算及应用？
7. 上市公司的财务状况、经营成果可用哪些指标衡量？
8. 什么是杜邦财务分析体系？该体系是如何揭示财务指标间的内在联系的？
9. 什么是沃尔评分法？如何使用这种方法进行财务综合分析？

练习与自测

1. A公司甲产品的材料成本资料如表10-9所示，请运用因素分析法分析各因素变动对材料总成本的影响。

表 10-9　材料成本资料

项目	计量单位	计划数	实际数
产量	台	300	400
单位产品材料消耗量	千克/台	15	14
材料单价	元/千克	10	12
材料总成本	元	45 000	67 200

2. 某公司流动资产由速动资产和存货构成，年初存货为 145 万元，年初应收账款为 125 万元，年末流动比率为 3，年末速动比率为 1.5，存货周转率为 4 次，年末流动资产余额为 270 万元，一年按 360 天计算。

要求：

（1）计算该公司流动负债年末余额；

（2）计算该公司存货年末余额和年平均余额；

（3）计算该公司本年销货成本；

（4）假定本年赊销净额为 960 万元，应收账款以外的其他速动资产忽略不计，计算该公司应收账款周转期。

3. 某商业企业 2016 年度赊销收入净额为 2000 万元，销售成本为 1600 万元；年初、年末应收账款余额分别为 200 万元和 400 万元；年初、年末存货余额分别为 200 万元和 600 万元；年末速动比率为 1.2，年末现金比率为 0.7。假定该企业流动资产由速动资产和存货组成，速动资产由应收账款和现金类资产组成，一年按 360 天计算。

要求：

（1）计算 2016 年应收账款周转天数；

（2）计算 2016 年存货周转天数；

（3）计算 2016 年年末流动负债余额和速动资产余额；

（4）计算 2016 年年末流动比率。

4. 某公司净利润 350 万元，所得税 172 万元，利息费用 80 万元，总资产年初、年末分别为 2500 万元和 2650 万元，净资产年初、年末分别为 1300 万元和 1360 万元，销售净利率为 12%。

要求：

（1）计算该公司当年的总资产报酬率；

（2）计算该公司当年的销售收入；

（3）计算该公司当年的利息保障倍数；

（4）计算该公司当年的净资产收益率；

（5）计算该公司年末的资产负债率和产权比率。

5. 已知某公司 2016 年会计报表的有关资料如表 10-10 所示。

表 10-10　报表有关资料　　单位：万元

资产负债表项目	年初数	年末数
资产	8000	10 000
负债	4500	6000
所有者权益	3500	4000
利润表项目	上年数	本年数
主营业务收入净额	（略）	20 000
净利润	（略）	500

要求：

（1）计算杜邦财务分析体系中的下列指标（凡计算指标涉及资产负债表项目数据的，均按平均数计算）：

① 净资产收益率；

② 总资产净利率；

③ 主营业务净利率；

④ 总资产周转率；

⑤ 权益乘数。

（2）用文字列出净资产收益率与上述其他各项指标之间的关系式，并用本题数据加以验证。

6. 某股份公司 2015 年有关资料如表 10-11 所示。

表 10-11　股份公司相关资料

项目	年初数	年末数	本年数或平均数
存货	7200	9600	
流动负债	6000	8000	
总资产	15 000	17 000	
流动比率		1.5	
速动比率	0.8		
权益乘数			1.5
流动资产周转次数			4
净利润			2880

要求：

（1）计算流动资产的年初余额、年末余额和平均余额（假定流动资产由速动资产与存货组成）；

（2）计算本年产品销售收入净额和总资产周转率；

（3）计算销售净利率和净资产收益率；

（4）假定该公司 2016 年的投资计划需要资金 2100 万元，公司目标资本结构是维持权益乘数为 1.5 的资本结构，公司 2015 年需按规定提取 10%的盈余公积金和 5%的公益金。请按剩余股利政策确定该公司 2015 年向投资者分红的金额。

案例分析

甲公司为一家上市公司，为了适应外部环境变化，拟对当前的财务政策进行评估和调整，董事会召开了专门会议，要求财务部对财务状况和经营成果进行分析，相关资料如下：

资料一：公司有关的财务资料如表 10-12 和表 10-13 所示。

表 10-12　财务状况有关资料　　单位：万元

项目	2015 年 12 月 31 日	2016 年 12 月 31 日
股本（每股面值 1 元）	6000	11 800
资本公积	6000	8200
留存收益	38 000	40 000
股东权益合计	50 000	60 000
负债合计	90 000	90 000
负债和股东权益合计	140 000	150 000

表 10-13　经营成果有关资料　　单位：万元

项目	2014 年	2015 年	2016 年
营业收入	120 000	94 000	112 000
息税前利润	*	7200	9000
利息费用	*	3600	3600
税前利润	*	3600	5400
所得税	*	900	1350
净利润	6000	2700	4050
现金股利	1200	1200	1200

说明："*"表示省略的数据。

资料二：该公司所在行业相关指标平均值：资产负债率为 40%，利息保障倍数（已获利息倍数）为 3 倍。

资料三：2016 年 2 月 21 日，公司根据 2015 年度股东大会决议，除分配现金股利外，还实施了股票股利分配方案，以 2015 年年末总股本为基础，每 10 股送 3 股，工商注册登记变更后公司总股本为 7800 万股，公司 2016 年 7 月 1 日发行新股 4000 万股。

资料四：为增加公司流动性，董事陈某建议发行公司债券筹资 10 000 万元，董事王某建议，改变之前的现金股利政策，公司以后不再发放现金股利。

要求：

（1）计算甲公司 2016 年的资产负债率、权益乘数、利息保障倍数、总资产周转率和基本每股收益；

（2）计算甲公司在2015年末息税前利润为7200万元时的财务杠杆系数；

（3）结合甲公司目前偿债能力状况，分析董事陈某提出的建议是否合理，并说明理由；

（4）甲公司2014、2015、2016年执行的是哪一种现金股利政策？如果采纳董事王某的建议停发现金股利，对公司股价可能会产生什么影响？

附录一 《企业财务通则》

中华人民共和国财政部令第41号

根据《国务院关于〈企业财务通则〉、〈企业会计准则〉的批复》(国函〔1992〕178号)的规定，财政部对《企业财务通则》(财政部令第4号)进行了修订，修订后的《企业财务通则》已经部务会议讨论通过，现予公布，自2007年1月1日起施行。

部长 金人庆

二〇〇六年十二月四日

第一章 总则

第一条 为了加强企业财务管理，规范企业财务行为，保护企业及其相关方的合法权益，推进现代企业制度建设，根据有关法律、行政法规的规定，制定本通则。

第二条 在中华人民共和国境内依法设立的具备法人资格的国有及国有控股企业适用本通则。金融企业除外，其他企业参照执行。

第三条 国有及国有控股企业(以下简称企业)应当确定内部财务管理体制，建立健全财务管理制度，控制财务风险。

企业财务管理应当按照制定的财务战略，合理筹集资金，有效营运资产，控制成本费用，规范收益分配及重组清算财务行为，加强财务监督和财务信息管理。

第四条 财政部负责制定企业财务规章制度。

各级财政部门(以下通称主管财政机关)应当加强对企业财务的指导、管理、监督，其主要职责包括：

(一)监督执行企业财务规章制度，按照财务关系指导企业建立健全内部财务制度。

(二)制定促进企业改革发展的财政财务政策，建立健全支持企业发展的财政资金管理制度。

(三)建立健全企业年度财务会计报告审计制度，检查企业财务会计报告质量。

(四)实施企业财务评价，监测企业财务运行状况。

(五)研究、拟订企业国有资本收益分配和国有资本经营预算的制度。

(六)参与审核属于本级人民政府及其有关部门、机构出资的企业重要改革、改制方案。

(七)根据企业财务管理的需要提供必要的帮助、服务。

第五条 各级人民政府及其部门、机构，企业法人、其他组织或者自然人等企业投资者(以下通称投资者)，企业经理、厂长或者实际负责经营管理的其他领导成员(以下通称经营者)，依照法律、法规、本通则和企业章程的规定，履行企业内部财务管理职责。

第六条 企业应当依法纳税。企业财务处理与税收法律、行政法规规定不一致的，纳税时应当依法进行调整。

第七条 各级人民政府及其部门、机构出资的企业，其财务关系隶属同级财政机关。

第二章　企业财务管理体制

第八条　企业实行资本权属清晰、财务关系明确、符合法人治理结构要求的财务管理体制。

企业应当按照国家有关规定建立有效的内部财务管理级次。企业集团公司自行决定集团内部财务管理体制。

第九条　企业应当建立财务决策制度，明确决策规则、程序、权限和责任等。法律、行政法规规定应当通过职工（代表）大会审议或者听取职工、相关组织意见的财务事项，依照其规定执行。

企业应当建立财务决策回避制度。对投资者、经营者个人与企业利益有冲突的财务决策事项，相关投资者、经营者应当回避。

第十条　企业应当建立财务风险管理制度，明确经营者、投资者及其他相关人员的管理权限和责任，按照风险与收益均衡、不相容职务分离等原则，控制财务风险。

第十一条　企业应当建立财务预算管理制度，以现金流为核心，按照实现企业价值最大化等财务目标的要求，对资金筹集、资产营运、成本控制、收益分配、重组清算等财务活动，实施全面预算管理。

第十二条　投资者的财务管理职责主要包括：

（一）审议批准企业内部财务管理制度、企业财务战略、财务规划和财务预算。

（二）决定企业的筹资、投资、担保、捐赠、重组、经营者报酬、利润分配等重大财务事项。

（三）决定企业聘请或者解聘会计师事务所、资产评估机构等中介机构事项。

（四）对经营者实施财务监督和财务考核。

（五）按照规定向全资或者控股企业委派或者推荐财务总监。

投资者应当通过股东（大）会、董事会或者其他形式的内部机构履行财务管理职责，可以通过企业章程、内部制度、合同约定等方式将部分财务管理职责授予经营者。

第十三条　经营者的财务管理职责主要包括：

（一）拟订企业内部财务管理制度、财务战略、财务规划，编制财务预算。

（二）组织实施企业筹资、投资、担保、捐赠、重组和利润分配等财务方案，诚信履行企业偿债义务。

（三）执行国家有关职工劳动报酬和劳动保护的规定，依法缴纳社会保险费、住房公积金等，保障职工合法权益。

（四）组织财务预测和财务分析，实施财务控制。

（五）编制并提供企业财务会计报告，如实反映财务信息和有关情况。

（六）配合有关机构依法进行审计、评估、财务监督等工作。

第三章　资金筹集

第十四条　企业可以接受投资者以货币资金、实物、无形资产、股权、特定债权等形式的出资。其中，特定债权是指企业依法发行的可转换债券、符合有关规定转作股权的债权等。

企业接受投资者非货币资产出资时，法律、行政法规对出资形式、程序和评估作价等有规定的，依照其规定执行。

企业接受投资者商标权、著作权、专利权及其他专有技术等无形资产出资的，应当符合法律、行政法规规定的比例。

第十五条　企业依法以吸收直接投资、发行股份等方式筹集权益资金的，应当拟订筹资方案，确定筹资规模，履行内部决策程序和必要的报批手续，控制筹资成本。

企业筹集的实收资本，应当依法委托法定验资机构验资并出具验资报告。

第十六　条企业应当执行国家有关资本管理制度，在获准工商登记后 30 日内，依据验资报告等向投资者出具出资证明书，确定投资者的合法权益。

企业筹集的实收资本，在持续经营期间可以由投资者依照法律、行政法规以及企业章程的规定转让或者减少，投资者不得抽逃或者变相抽回出资。

除《公司法》等有关法律、行政法规另有规定外，企业不得回购本企业发行的股份。企业依法回购股份，应当符合有关条件和财务处理办法，并经投资者决议。

第十七条　对投资者实际缴付的出资超出注册资本的差额（包括股票溢价），企业应当作为资本公积管理。

经投资者审议决定后，资本公积用于转增资本。国家另有规定的，从其规定。

第十八条　企业从税后利润中提取的盈余公积包括法定公积金和任意公积金，可以用于弥补企业亏损或者转增资本。法定公积金转增资本后留存企业的部分，以不少于转增前注册资本的 25%为限。

第十九　条企业增加实收资本或者以资本公积、盈余公积转增实收资本，由投资者履行财务决策程序后，办理相关财务事项和工商变更登记。

第二十条　企业取得的各类财政资金，区分以下情况处理：

（一）属于国家直接投资、资本注入的，按照国家有关规定增加国家资本或者国有资本公积。

（二）属于投资补助的，增加资本公积或者实收资本。国家拨款时对权属有规定的，按规定执行；没有规定的，由全体投资者共同享有。

（三）属于贷款贴息、专项经费补助的，作为企业收益处理。

（四）属于政府转贷、偿还性资助的，作为企业负债管理。

（五）属于弥补亏损、救助损失或者其他用途的，作为企业收益处理。

第二十一条　企业依法以借款、发行债券、融资租赁等方式筹集债务资金的，应当明确筹资目的，根据资金成本、债务风险和合理的资金需求，进行必要的资本结构决策，并签订书面合同。

企业筹集资金用于固定资产投资项目的，应当遵守国家产业政策、行业规划、自有资本比例及其他规定。

企业筹集资金，应当按规定核算和使用，并诚信履行合同，依法接受监督。

第四章　资产营运

第二十二条　企业应当根据风险与收益均衡等原则和经营需要，确定合理的资产结构，并实施资产结构动态管理。

第二十三条　企业应当建立内部资金调度控制制度，明确资金调度的条件、权限和程序，统一筹集、使用和管理资金。企业支付、调度资金，应当按照内部财务管理制度的规定，依据有效合同、合法凭证，办理相关手续。

企业向境外支付、调度资金应当符合国家有关外汇管理的规定。

企业集团可以实行内部资金集中统一管理，但应当符合国家有关金融管理等法律、行政法规规定，并不得损害成员企业的利益。

第二十四条　企业应当建立合同的财务审核制度，明确业务流程和审批权限，实行财务监控。

企业应当加强应收款项的管理，评估客户信用风险，跟踪客户履约情况，落实收账责任，减少坏账损失。

第二十五条　企业应当建立健全存货管理制度，规范存货采购审批、执行程序，根据合同的约定以及内部审批制度支付货款。

企业选择供货商以及实施大宗采购，可以采取招标等方式进行。

第二十六条　企业应当建立固定资产购建、使用、处置制度。

企业自行选择、确定固定资产折旧办法，可以征询中介机构、有关专家的意见，并由投资者审议批准。固定资产折旧办法一经选用，不得随意变更。确需变更的，应当说明理由，经投资者审议批准。

企业购建重要的固定资产、进行重大技术改造，应当经过可行性研究，按照内部审批制度履行财务决策程序，落实决策和执行责任。

企业在建工程项目交付使用后，应当在一个年度内办理竣工决算。

第二十七条　企业对外投资应当遵守法律、行政法规和国家有关政策的规定，符合企业发展战略的要求，进行可行性研究，按照内部审批制度履行批准程序，落实决策和执行的责任。

企业对外投资应当签订书面合同，明确企业投资权益，实施财务监管。依据合同支付投资款项，应当按照企业内部审批制度执行。

企业向境外投资的，还应当经投资者审议批准，并遵守国家境外投资项目核准和外汇管理等相关规定。

第二十八条　企业通过自创、购买、接受投资等方式取得的无形资产，应当依法明确权属，落实有关经营、管理的财务责任。

无形资产出现转让、租赁、质押、授权经营、连锁经营、对外投资等情形时，企业应当签订书面合同，明确双方的权利义务，合理确定交易价格。

第二十九条　企业对外担保应当符合法律、行政法规及有关规定，根据被担保单位的资信及偿债能力，按照内部审批制度采取相应的风险控制措施，并设立备查账簿登记，实行跟踪监督。

企业对外捐赠应当符合法律、行政法规及有关财务规定，制定实施方案，明确捐赠的范围和条件，落实执行责任，严格办理捐赠资产的交接手续。

第三十条　企业从事期货、期权、证券、外汇交易等业务或者委托其他机构理财，不得影响主营业务的正常开展，并应当签订书面合同，建立交易报告制度，定期对账，控制风险。

第三十一条　企业从事代理业务，应当严格履行合同，实行代理业务与自营业务分账管理，不得挪用客户资金、互相转嫁经营风险。

第三十二条　企业应当建立各项资产损失或者减值准备管理制度。各项资产损失或者减值准备的计提标准，一经选用，不得随意变更。企业在制订计提标准时可以征询中介机构、有关专家的意见。

对计提损失或者减值准备后的资产，企业应当落实监管责任。能够收回或者继续使用以及没有证据证明实际损失的资产，不得核销。

第三十三条　企业发生的资产损失，应当及时予以核实、查清责任，追偿损失，按照规定程序处理。

企业重组中清查出的资产损失，经批准后依次冲减未分配利润、盈余公积、资本公积和实收资本。

第三十四条　企业以出售、抵押、置换、报废等方式处理资产时，应当按照国家有关规定和企业内部财务管理制度规定的权限和程序进行。其中，处理主要固定资产涉及企业经营业务调整或者资产重组的，应当根据投资者审议通过的业务调整或者资产重组方案实施。

第三十五条　企业发生关联交易的，应当遵守国家有关规定，按照独立企业之间的交易计价结算。投资者或者经营者不得利用关联交易非法转移企业经济利益或者操纵关联企业的利润。

第五章　成本控制

第三十六条　企业应当建立成本控制系统，强化成本预算约束，推行质量成本控制办法，实行成本定额管理、全员管理和全过程控制。

第三十七条　企业实行费用归口、分级管理和预算控制，应当建立必要的费用开支范围、标准和报销审批制度。

第三十八条　企业技术研发和科技成果转化项目所需经费，可以通过建立研发准备金筹措，据实列入相关资产成本或者当期费用。

符合国家规定条件的企业集团，可以集中使用研发费用，用于企业主导产品和核心技术的自主研发。

第三十九条　企业依法实施安全生产、清洁生产、污染治理、地质灾害防治、生态恢复和环境保护等所需经费，按照国家有关标准列入相关资产成本或者当期费用。

第四十条　企业发生销售折扣、折让以及支付必要的佣金、回扣、手续费、劳务费、提成、返利、进场费、业务奖励等支出的，应当签订相关合同，履行内部审批手续。

企业开展进出口业务收取或者支付的佣金、保险费、运费，按照合同规定的价格条件处理。

企业向个人以及非经营单位支付费用的，应当严格履行内部审批及支付的手续。

第四十一条　企业可以根据法律、法规和国家有关规定，对经营者和核心技术人员实行与其他职工不同的薪酬办法，属于本级人民政府及其部门、机构出资的企业，应当将薪酬办法报主管财政机关备案。

第四十二条　企业应当按照劳动合同及国家有关规定支付职工报酬，并为从事高危作业的职工缴纳团体人身意外伤害保险费，所需费用直接作为成本（费用）列支。

经营者可以在工资计划中安排一定数额，对企业技术研发、降低能源消耗、治理“三废”、促进安全生产、开拓市场等作出突出贡献的职工给予奖励。

第四十三条　企业应当依法为职工支付基本医疗、基本养老、失业、工伤等社会保险费，所需费用直接作为成本（费用）列支。

已参加基本医疗、基本养老保险的企业，具有持续盈利能力和支付能力的，可以为职工建立补充医疗保险和补充养老保险，所需费用按照省级以上人民政府规定的比例从成本（费用）中提取。超出规定比例的部分，由职工个人负担。

第四十四条　企业为职工缴纳住房公积金以及职工住房货币化分配的财务处理，按照国家有关规定执行。

职工教育经费按照国家规定的比例提取，专项用于企业职工后续职业教育和职业培训。

工会经费按照国家规定比例提取并拨缴工会。

第四十五条企业应当依法缴纳行政事业性收费、政府性基金以及使用或者占用国有资源的费用等。

企业对没有法律法规依据或者超过法律法规规定范围和标准的各种摊派、收费、集资，有权拒绝。

第四十六条　企业不得承担属于个人的下列支出：

（一）娱乐、健身、旅游、招待、购物、馈赠等支出。

（二）购买商业保险、证券、股权、收藏品等支出。

（三）个人行为导致的罚款、赔偿等支出。

（四）购买住房、支付物业管理费等支出。

（五）应由个人承担的其他支出。

第六章　收益分配

第四十七条　投资者、经营者及其他职工履行本企业职务或者以企业名义开展业务所得的收入，包括销售收入以及对方给予的销售折扣、折让、佣金、回扣、手续费、劳务费、提成、返利、进场费、业务奖励等收入，全部属于企业。

企业应当建立销售价格管理制度，明确产品或者劳务的定价和销售价格调整的权限、程序与方法，根据预期收益、资金周转、市场竞争、法律规范约束等要求，采取相应的价格策略，防范销售风险。

第四十八条　企业出售股权投资，应当按照规定的程序和方式进行。股权投资出售底价，参照资产评估结果确定，并按照合同约定收取所得价款。在履行交割时，对尚未收款部分的股权投资，应当按照合同的约定结算，取得受让方提供的有效担保。

上市公司国有股减持所得收益，按照国务院的规定处理。

第四十九条　企业发生的年度经营亏损，依照税法的规定弥补。税法规定年限内的税前利润不足弥补的，用以后年度的税后利润弥补，或者经投资者审议后用盈余公积弥补。

第五十条企业年度净利润，除法律、行政法规另有规定外，按照以下顺序分配：

（一）弥补以前年度亏损。

（二）提取10%法定公积金。法定公积金累计额达到注册资本50%以后，可以不再提取。

（三）提取任意公积金。任意公积金提取比例由投资者决议。

（四）向投资者分配利润。企业以前年度未分配的利润，并入本年度利润，在充分考虑现金流量状况后，向投资者分配。属于各级人民政府及其部门、机构出资的企业，应当将应付国有利润上缴财政。

国有企业可以将任意公积金与法定公积金合并提取。股份有限公司依法回购后暂未转让或者注销的股份，不得参与利润分配；以回购股份对经营者及其他职工实施股权激励的，在拟订利润分配方案时，应当预留回购股份所需利润。

第五十一条　企业弥补以前年度亏损和提取盈余公积后，当年没有可供分配的利润时，不得向投资者分配利润，但法律、行政法规另有规定的除外。

第五十二条　企业经营者和其他职工以管理、技术等要素参与企业收益分配的，应当按照国家有关规定在企业章程或者有关合同中对分配办法作出规定，并区别以下情况处理：

（一）取得企业股权的，与其他投资者一同进行企业利润分配。

（二）没有取得企业股权的，在相关业务实现的利润限额和分配标准内，从当期费用中列支。

第七章　重组清算

第五十三条　企业通过改制、产权转让、合并、分立、托管等方式实施重组，对涉及资本权益的事项，应当由投资者或者授权机构进行可行性研究，履行内部财务决策程序，并组织开展以下工作：

（一）清查财产，核实债务，委托会计师事务所审计。

（二）制订职工安置方案，听取重组企业的职工、职工代表大会的意见或者提交职工代表大会审议。

（三）与债权人协商，制订债务处置或者承继方案。

（四）委托评估机构进行资产评估，并以评估价值作为净资产作价或者折股的参考依据。

（五）拟订股权设置方案和资本重组实施方案，经过审议后履行报批手续。

第五十四条　企业采取分立方式进行重组，应当明晰分立后的企业产权关系。企业划分各项资产、债务以及经营业务，应当按照业务相关性或者资产相关性原则制订分割方案。对不能分割的整体资产，在评估机构评估价值的基础上，经分立各方协商，由拥有整体资产的一方给予他方适当经济补偿。

第五十五条　企业可以采取新设或者吸收方式进行合并重组。企业合并前的各项资产、债务以及经营业务，由合并后的企业承继，并应当明确合并后企业的产权关系以及各投资者的出资比例。

企业合并的资产税收处理应当符合国家有关税法的规定，合并后净资产超出注册资本的部分，作为资本公积；少于注册资本的部分，应当变更注册资本或者由投资者补足出资。

对资不抵债的企业以承担债务方式合并的，合并方应当制定企业重整措施，按照合并方案履行偿还债务责任，整合财务资源。

第五十六条　企业实行托管经营，应当由投资者决定，并签订托管协议，明确托管经营的资产负债状况、托管经营目标、托管资产处置权限以及收益分配办法等，并落实财务监管措施。

受托企业应当根据托管协议制订相关方案，重组托管企业的资产与债务。未经托管企业投资者同意，不得改组、改制托管企业，不得转让托管企业及转移托管资产、经营业务，不得以托管企业名义或者以托管资产对外担保。

第五十七条　企业进行重组时，对已占用的国有划拨土地应当按照有关规定进行评估，履行相关手续，并区别以下情况处理：

（一）继续采取划拨方式的，可以不纳入企业资产管理，但企业应当明确划拨土地使用权权益，并按规定用途使用，设立备查账簿登记。国家另有规定的除外。

（二）采取作价入股方式的，将应缴纳的土地出让金转作国家资本，形成的国有股权由企业重组前的国有资本持有单位或者主管财政机关确认的单位持有。

（三）采取出让方式的，由企业购买土地使用权，支付出让费用。

（四）采取租赁方式的，由企业租赁使用，租金水平参照银行同期贷款利率确定，并在租赁合同中约定。

企业进行重组时，对已占用的水域、探矿权、采矿权、特许经营权等国有资源，依法可以转让的，比照前款处理。

第五十八条　企业重组过程中，对拖欠职工的工资和医疗、伤残补助、抚恤费用以及欠缴的基本社会保险费、住房公积金，应当以企业现有资产优先清偿。

第五十九条　企业被责令关闭、依法破产、经营期限届满而终止经营的，或者经投资者决议解散的，应当按照法律、法规和企业章程的规定实施清算。清算财产变卖底价，参照资产评估结果确定。国家另有规定的，从其规定。

企业清算结束，应当编制清算报告，委托会计师事务所审计，报投资者或者人民法院确认后，向相关部门、债权人以及其他的利益相关人通告。其中，属于各级人民政府及其部门、机构出资的企业，其清算报告应当报送主管财政机关。

第六十条　企业解除职工劳动关系，按照国家有关规定支付的经济补偿金或者安置费，除正常经营期间发生的列入当期费用以外，应当区别以下情况处理：

（一）企业重组中发生的，依次从未分配利润、盈余公积、资本公积、实收资本中支付。

（二）企业清算时发生的，以企业扣除清算费用后的清算财产优先清偿。

第八章　信息管理

第六十一条　企业可以结合经营特点，优化业务流程，建立财务和业务一体化的信息处理系统，逐步实现财务、业务相关信息一次性处理和实时共享。

第六十二条　企业应当逐步创造条件，实行统筹企业资源计划，全面整合和规范财务、业务流程，对企业物流、资金流、信息流进行一体化管理和集成运作。

第六十三条　企业应当建立财务预警机制，自行确定财务危机警戒标准，重点监测经营性净现金流量与到期债务、企业资产与负债的适配性，及时沟通企业有关财务危机预警的信息，提出解决财务危机的措施和方案。

第六十四条　企业应当按照有关法律、行政法规和国家统一的会计制度的规定，按时编制财务会计报告，经营者或者投资者不得拖延、阻挠。

第六十五条　企业应当按照规定向主管财政机关报送月份、季度、年度财务会计报告等材料，不得在报送的财务会计报告等材料上作虚假记载或者隐瞒重要事实。主管财政机关应当根据企业的需要提供必要的培训和技术支持。

企业对外提供的年度财务会计报告，应当依法经过会计师事务所审计。国家另有规定的，从其规定。

第六十六条　企业应当在年度内定期向职工公开以下信息：

（一）职工劳动报酬、养老、医疗、工伤、住房、培训、休假等信息。

（二）经营者报酬实施方案。

（三）年度财务会计报告审计情况。

（四）企业重组涉及的资产评估及处置情况。

（五）其他依法应当公开的信息。

第六十七条　主管财政机关应当建立健全企业财务评价体系，主要评估企业内部财务控制的有效性，评价企业的偿债能力、盈利能力、资产营运能力、发展能力和社会贡献。评估和评价的结果可以通过适当方式向社会发布。

第六十八条　主管财政机关及其工作人员应当恰当使用所掌握的企业财务信息，并依法履行保密义务，不得利用企业的财务信息谋取私利或者损害企业利益。

第九章　财务监督

第六十九条　企业应当依法接受主管财政机关的财务监督和国家审计机关的财务审计。

第七十条　经营者在经营过程中违反本通则有关规定的，投资者可以依法追究经营者的责任。

第七十一条　企业应当建立、健全内部财务监督制度。

企业设立监事会或者监事人员的，监事会或者监事人员依照法律、行政法规、本通则和企业章程的规定，履行企业内部财务监督职责。

经营者应当实施内部财务控制，配合投资者或者企业监事会以及中介机构的检查、审计工作。

第七十二条　企业和企业负有直接责任的主管人员和其他人员有以下行为之一的，县级以上主管财政机关可以责令限期改正、予以警告，有违法所得的，没收违法所得，并可以处以不超过违法所得 3 倍、但最高不超过 3 万元的罚款；没有违法所得的，可以处以 1 万元以下的罚款。

（一）违反本通则第三十九条、四十条、四十二条第一款、四十三条、四十六条规定列支成本费用的。

（二）违反本通则第四十七条第一款规定截留、隐瞒、侵占企业收入的。

（三）违反本通则第五十条、五十一条、五十二条规定进行利润分配的。但依照《公司法》设立的企业不按本通则第五十条第一款第二项规定提取法定公积金的，依照《公司法》的规定予以处罚。

（四）违反本通则第五十七条规定处理国有资源的。

（五）不按本通则第五十八条规定清偿职工债务的。

第七十三条　企业和企业负有直接责任的主管人员和其他人员有以下行为之一的，县级以上主管财政机关可以责令限期改正、予以警告。

（一）未按本通则规定建立健全各项内部财务管理制度的。

（二）内部财务管理制度明显与法律、行政法规和通用的企业财务规章制度相抵触，且不按主管财政机关要求修正的。

第七十四条　企业和企业负有直接责任的主管人员和其他人员不按本通则第六十四条、第六十五条规定编制、报送财务会计报告等材料的，县级以上主管财政机关可以依照《公司法》、《企业财务会计报告条例》的规定予以处罚。

第七十五条　企业在财务活动中违反财政、税收等法律、行政法规的，依照《财政违法行为处罚处分条例》（国务院令第427号）及有关税收法律、行政法规的规定予以处理、处罚。

第七十六条　主管财政机关以及政府其他部门、机构有关工作人员，在企业财务管理中滥用职权、玩忽职守、徇私舞弊或者泄露国家机密、企业商业秘密的，依法进行处理。

第十章　附则

第七十七条　实行企业化管理的事业单位比照适用本通则。

第七十八条　本通则自2007年1月1日起施行。

附录二　财务速查表

附表 1　复利终值系数表

期数	1%	2%	3%	4%	5%	6%	7%	8%	9%	10%
1	1.0100	1.0200	1.0300	1.0400	1.0500	1.0600	1.0700	1.0800	1.0900	1.1000
2	1.0201	1.0404	1.0609	1.0816	1.1025	1.1236	1.1449	1.1664	1.1881	1.2100
3	1.0303	1.0612	1.0927	1.1249	1.1576	1.1910	1.2250	1.2597	1.2950	1.3310
4	1.0406	1.0824	1.1255	1.1699	1.2155	1.2625	1.3108	1.3605	1.4116	1.4641
5	1.0510	1.1041	1.1593	1.2167	1.2763	1.3382	1.4026	1.4693	1.5386	1.6105
6	1.0615	1.1262	1.1941	1.2653	1.3401	1.4185	1.5007	1.5869	1.6771	1.7716
7	1.0721	1.1487	1.2299	1.3159	1.4071	1.5036	1.6058	1.7138	1.8280	1.9487
8	1.0829	1.1717	1.2668	1.3686	1.4775	1.5938	1.7182	1.8509	1.9926	2.1436
9	1.0937	1.1951	1.3048	1.4233	1.5513	1.6895	1.8385	1.9990	2.1719	2.3579
10	1.1046	1.2190	1.3439	1.4802	1.6289	1.7908	1.9672	2.1589	2.3674	2.5937
11	1.1157	1.2434	1.3842	1.5395	1.7103	1.8983	2.1049	2.3316	2.5804	2.8531
12	1.1268	1.2682	1.4258	1.6010	1.7959	2.0122	2.2522	2.5182	2.8127	3.1384
13	1.1381	1.2936	1.4685	1.6651	1.8856	2.1329	2.4098	2.7196	3.0658	3.4523
14	1.1495	1.3195	1.5126	1.7317	1.9799	2.2609	2.5785	2.9372	3.3417	3.7975
15	1.1610	1.3459	1.5580	1.8009	2.0789	2.3966	2.7590	3.1722	3.6425	4.1772
16	1.1726	1.3728	1.6047	1.8730	2.1829	2.5404	2.9522	3.4259	3.9703	4.5950
17	1.1843	1.4002	1.6528	1.9479	2.2920	2.6928	3.1588	3.7000	4.3276	5.0545
18	1.1961	1.4282	1.7024	2.0258	2.4066	2.8543	3.3799	3.9960	4.7171	5.5599
19	1.2081	1.4568	1.7535	2.1068	2.5270	3.0256	3.6165	4.3157	5.1417	6.1159
20	1.2202	1.4859	1.8061	2.1911	2.6533	3.2071	3.8697	4.6610	5.6044	6.7275
21	1.2324	1.5157	1.8603	2.2788	2.7860	3.3996	4.1406	5.0338	6.1088	7.4002
22	1.2447	1.5460	1.9161	2.3699	2.9253	3.6035	4.4304	5.4365	6.6586	8.1403
23	1.2572	1.5769	1.9736	2.4647	3.0715	3.8197	4.7405	5.8715	7.2579	8.9543
24	1.2697	1.6084	2.0328	2.5633	3.2251	4.0489	5.0724	6.3412	7.9111	9.8497
25	1.2824	1.6406	2.0938	2.6658	3.3864	4.2919	5.4274	6.8485	8.6231	10.835
26	1.2953	1.6734	2.1566	2.7725	3.5557	4.5494	5.8074	7.3964	9.3992	11.918
27	1.3082	1.7069	2.2213	2.8834	3.7335	4.8223	6.2139	7.9881	10.245	13.110
28	1.3213	1.7410	2.2879	2.9987	3.9201	5.1117	6.6488	8.6271	11.167	14.421
29	1.3345	1.7758	2.3566	3.1187	4.1161	5.4184	7.1143	9.3173	12.172	15.863
30	1.3478	1.8114	2.4273	3.2434	4.3219	5.7435	7.6123	10.063	13.268	17.449
40	1.4889	2.2080	3.2620	4.8010	7.0400	10.286	14.975	21.725	31.409	45.259
50	1.6446	2.6916	4.3839	7.1067	11.467	18.420	29.457	46.902	74.358	117.39
60	1.8167	3.2810	5.8916	10.520	18.679	32.988	57.946	101.26	176.03	304.48

续表

期数	11%	12%	13%	14%	15%	16%	17%	18%	19%	20%
1	1.1100	1.1200	1.1300	1.1400	1.1500	1.1600	1.1700	1.1800	1.1900	1.2000
2	1.2321	1.2544	1.2769	1.2996	1.3225	1.3456	1.3689	1.3924	1.4161	1.4400
3	1.3676	1.4049	1.4429	1.4815	1.5209	1.5609	1.6016	1.6430	1.6852	1.7280
4	1.5181	1.5735	1.6305	1.6890	1.7490	1.8106	1.8739	1.9388	2.0053	2.0736
5	1.6851	1.7623	1.8424	1.9254	2.0114	2.1003	2.1924	2.2878	2.3864	2.4883
6	1.8704	1.9738	2.0820	2.1950	2.3131	2.4364	2.5652	2.6996	2.8398	2.9860
7	2.0762	2.2107	2.3526	2.5023	2.6600	2.8262	3.0012	3.1855	3.3793	3.5832
8	2.3045	2.4760	2.6584	2.8526	3.0590	3.2784	3.5115	3.7589	4.0214	4.2998
9	2.5580	2.7731	3.0040	3.2519	3.5179	3.8030	4.1084	4.4355	4.7854	5.1598
10	2.8394	3.1058	3.3946	3.7072	4.0456	4.4114	4.8068	5.2338	5.6947	6.1917
11	3.1518	3.4785	3.8359	4.2262	4.6524	5.1173	5.6240	6.1759	6.7767	7.4301
12	3.4985	3.8960	4.3345	4.8179	5.3503	5.9360	6.5801	7.2876	8.0642	8.9161
13	3.8833	4.3635	4.8980	5.4924	6.1528	6.8858	7.6987	8.5994	9.5964	10.699
14	4.3104	4.8871	5.5348	6.2613	7.0757	7.9875	9.0075	10.147	11.420	12.839
15	4.7846	5.4736	6.2543	7.1379	8.1371	9.2655	10.539	11.974	13.590	15.407
16	5.3109	6.1304	7.0673	8.1372	9.3576	10.748	12.330	14.129	16.172	18.488
17	5.8951	6.8660	7.9861	9.2765	10.761	12.468	14.427	16.672	19.244	22.186
18	6.5436	7.6900	9.0243	10.575	12.376	14.463	16.879	19.673	22.901	26.623
19	7.2633	8.6128	10.197	12.056	14.232	16.777	19.748	23.214	27.252	31.948
20	8.0623	9.6463	11.523	13.744	16.367	19.461	23.106	27.393	32.429	38.338
21	8.949	10.804	13.021	15.668	18.822	22.575	27.034	32.324	38.591	46.005
22	9.934	12.100	14.714	17.861	21.645	26.186	31.629	38.142	45.923	55.206
23	11.026	13.552	16.627	20.362	24.892	30.376	37.006	45.008	54.649	66.247
24	12.239	15.179	18.788	23.212	28.625	35.236	43.297	53.109	65.032	79.497
25	13.586	17.000	21.231	26.462	32.919	40.874	50.658	62.669	77.388	95.396
26	15.080	19.040	23.991	30.167	37.857	47.414	59.270	73.949	92.092	114.48
27	16.739	21.325	27.109	34.390	43.535	55.000	69.346	87.260	109.59	137.37
28	18.580	23.884	30.634	39.205	50.066	63.800	81.134	102.97	130.41	164.84
29	20.624	26.750	34.616	44.693	57.576	74.009	94.927	121.50	155.19	197.81
30	22.892	29.960	39.116	50.950	66.212	85.850	111.06	143.37	184.68	237.38
40	65.001	93.051	132.78	188.88	267.86	378.72	533.87	750.38	1051.7	1469.8
50	184.56	289.00	450.74	700.23	1083.7	1670.7	2566.2	3927.4	5988.9	9100.4
60	524.06	897.60	1530.1	2595.9	4384.0	7370.2	12335	20555	34105	56348

续表

期数	21%	22%	23%	24%	25%	26%	27%	28%	29%	30%
1	1.2100	1.2200	1.2300	1.2400	1.2500	1.2600	1.2700	1.2800	1.2900	1.3000
2	1.4641	1.4884	1.5129	1.5376	1.5625	1.5876	1.6129	1.6384	1.6641	1.6900
3	1.7716	1.8158	1.8609	1.9066	1.9531	2.0004	2.0484	2.0972	2.1467	2.1970
4	2.1436	2.2153	2.2889	2.3642	2.4414	2.5205	2.6014	2.6844	2.7692	2.8561
5	2.5937	2.7027	2.8153	2.9316	3.0518	3.1758	3.3038	3.4360	3.5723	3.7129
6	3.1384	3.2973	3.4628	3.6352	3.8147	4.0015	4.1959	4.3980	4.6083	4.8268
7	3.7975	4.0227	4.2593	4.5077	4.7684	5.0419	5.3288	5.6295	5.9447	6.2749
8	4.5950	4.9077	5.2389	5.5895	5.9605	6.3528	6.7675	7.2058	7.6686	8.1573
9	5.5599	5.9874	6.4439	6.9310	7.4506	8.0045	8.5948	9.2234	9.8925	10.605
10	6.7275	7.3046	7.9259	8.5944	9.3132	10.086	10.915	11.806	12.761	13.786
11	8.1403	8.9117	9.7489	10.657	11.642	12.708	13.863	15.112	16.462	17.922
12	9.8497	10.872	11.991	13.215	14.552	16.012	17.605	19.343	21.236	23.298
13	11.918	13.264	14.749	16.386	18.190	20.175	22.359	24.759	27.395	30.288
14	14.421	16.182	18.141	20.319	22.737	25.421	28.396	31.691	35.339	39.374
15	17.449	19.742	22.314	25.196	28.422	32.030	36.063	40.565	45.588	51.186
16	21.114	24.086	27.446	31.243	35.527	40.358	45.799	51.923	58.808	66.542
17	25.548	29.384	33.759	38.741	44.409	50.851	58.165	66.461	75.862	86.504
18	30.913	35.849	41.523	48.039	55.511	64.072	73.870	85.071	97.862	112.46
19	37.404	43.736	51.074	59.568	69.389	80.731	93.815	108.89	126.24	146.19
20	45.259	53.358	62.821	73.864	86.736	101.72	119.14	139.38	162.85	190.05
21	54.764	65.096	77.269	91.592	108.42	128.17	151.31	178.41	210.08	247.06
22	66.264	79.418	95.041	113.57	135.53	161.49	192.17	228.36	271.00	321.18
23	80.180	96.889	116.90	140.83	169.41	203.48	244.05	292.30	349.59	417.54
24	97.017	118.21	143.79	174.63	211.76	256.39	309.95	374.14	450.98	542.80
25	117.39	144.21	176.86	216.54	264.70	323.05	393.63	478.90	581.76	705.64
26	142.04	175.94	217.54	268.51	330.87	407.04	499.92	613.00	750.47	917.33
27	171.87	214.64	267.57	332.96	413.59	512.87	634.89	784.64	968.10	1192.5
28	207.97	261.86	329.11	412.86	516.99	646.21	806.31	1004.3	1248.9	1550.3
29	251.64	319.47	404.81	511.95	646.23	814.23	1024.0	1285.6	1611.0	2015.4
30	304.48	389.76	497.91	634.82	807.79	1025.9	1300.5	1645.5	2078.2	2620.0
40	2048.4	2847.0	3946.4	5455.9	7523.2	10347	14195	19427	26521	36119
50	13781	20797	31279	46890	70065	104358	154948	229350	338443	497929
60	92709	151911	247917	402996	652530	*	*	*	*	*

附表 2 复利现值系数表

期数	1%	2%	3%	4%	5%	6%	7%	8%	9%	10%
1	0.9901	0.9804	0.9709	0.9615	0.9524	0.9434	0.9346	0.9259	0.9174	0.9091
2	0.9803	0.9612	0.9426	0.9246	0.9070	0.8900	0.8734	0.8573	0.8417	0.8264
3	0.9706	0.9423	0.9151	0.8890	0.8638	0.8396	0.8163	0.7938	0.7722	0.7513
4	0.9610	0.9238	0.8885	0.8548	0.8227	0.7921	0.7629	0.7350	0.7084	0.6830
5	0.9515	0.9057	0.8626	0.8219	0.7835	0.7473	0.7130	0.6806	0.6499	0.6209
6	0.9420	0.8880	0.8375	0.7903	0.7462	0.7050	0.6663	0.6302	0.5963	0.5645
7	0.9327	0.8706	0.8131	0.7599	0.7107	0.6651	0.6227	0.5835	0.5470	0.5132
8	0.9235	0.8535	0.7894	0.7307	0.6768	0.6274	0.5820	0.5403	0.5019	0.4665
9	0.9143	0.8368	0.7664	0.7026	0.6446	0.5919	0.5439	0.5002	0.4604	0.4241
10	0.9053	0.8203	0.7441	0.6756	0.6139	0.5584	0.5083	0.4632	0.4224	0.3855
11	0.8963	0.8043	0.7224	0.6496	0.5847	0.5268	0.4751	0.4289	0.3875	0.3505
12	0.8874	0.7885	0.7014	0.6246	0.5568	0.4970	0.4440	0.3971	0.3555	0.3186
13	0.8787	0.7730	0.6810	0.6006	0.5303	0.4688	0.4150	0.3677	0.3262	0.2897
14	0.8700	0.7579	0.6611	0.5775	0.5051	0.4423	0.3878	0.3405	0.2992	0.2633
15	0.8613	0.7430	0.6419	0.5553	0.4810	0.4173	0.3624	0.3152	0.2745	0.2394
16	0.8528	0.7284	0.6232	0.5339	0.4581	0.3936	0.3387	0.2919	0.2519	0.2176
17	0.8444	0.7142	0.6050	0.5134	0.4363	0.3714	0.3166	0.2703	0.2311	0.1978
18	0.8360	0.7002	0.5874	0.4936	0.4155	0.3503	0.2959	0.2502	0.2120	0.1799
19	0.8277	0.6864	0.5703	0.4746	0.3957	0.3305	0.2765	0.2317	0.1945	0.1635
20	0.8195	0.6730	0.5537	0.4564	0.3769	0.3118	0.2584	0.2145	0.1784	0.1486
21	0.8114	0.6598	0.5375	0.4388	0.3589	0.2942	0.2415	0.1987	0.1637	0.1351
22	0.8034	0.6468	0.5219	0.4220	0.3418	0.2775	0.2257	0.1839	0.1502	0.1228
23	0.7954	0.6342	0.5067	0.4057	0.3256	0.2618	0.2109	0.1703	0.1378	0.1117
24	0.7876	0.6217	0.4919	0.3901	0.3101	0.2470	0.1971	0.1577	0.1264	0.1015
25	0.7798	0.6095	0.4776	0.3751	0.2953	0.2330	0.1842	0.1460	0.1160	0.0923
26	0.7720	0.5976	0.4637	0.3607	0.2812	0.2198	0.1722	0.1352	0.1064	0.0839
27	0.7644	0.5859	0.4502	0.3468	0.2678	0.2074	0.1609	0.1252	0.0976	0.0763
28	0.7568	0.5744	0.4371	0.3335	0.2551	0.1956	0.1504	0.1159	0.0895	0.0693
29	0.7493	0.5631	0.4243	0.3207	0.2429	0.1846	0.1406	0.1073	0.0822	0.0630
30	0.7419	0.5521	0.4120	0.3083	0.2314	0.1741	0.1314	0.0994	0.0754	0.0573
40	0.6717	0.4529	0.3066	0.2083	0.1420	0.0972	0.0668	0.0460	0.0318	0.0221
50	0.6080	0.3715	0.2281	0.1407	0.0872	0.0543	0.0339	0.0213	0.0134	0.0085
60	0.5504	0.3048	0.1697	0.0951	0.0535	0.0303	0.0173	0.0099	0.0057	0.0033

续表

期数	11%	12%	13%	14%	15%	16%	17%	18%	19%	20%
1	0.9009	0.8929	0.8850	0.8772	0.8696	0.8621	0.8547	0.8475	0.8403	0.8333
2	0.8116	0.7972	0.7831	0.7695	0.7561	0.7432	0.7305	0.7182	0.7062	0.6944
3	0.7312	0.7118	0.6931	0.6750	0.6575	0.6407	0.6244	0.6086	0.5934	0.5787
4	0.6587	0.6355	0.6133	0.5921	0.5718	0.5523	0.5337	0.5158	0.4987	0.4823
5	0.5935	0.5674	0.5428	0.5194	0.4972	0.4761	0.4561	0.4371	0.4190	0.4019
6	0.5346	0.5066	0.4803	0.4556	0.4323	0.4104	0.3898	0.3704	0.3521	0.3349
7	0.4817	0.4523	0.4251	0.3996	0.3759	0.3538	0.3332	0.3139	0.2959	0.2791
8	0.4339	0.4039	0.3762	0.3506	0.3269	0.3050	0.2848	0.2660	0.2487	0.2326
9	0.3909	0.3606	0.3329	0.3075	0.2843	0.2630	0.2434	0.2255	0.2090	0.1938
10	0.3522	0.3220	0.2946	0.2697	0.2472	0.2267	0.2080	0.1911	0.1756	0.1615
11	0.3173	0.2875	0.2607	0.2366	0.2149	0.1954	0.1778	0.1619	0.1476	0.1346
12	0.2858	0.2567	0.2307	0.2076	0.1869	0.1685	0.1520	0.1372	0.1240	0.1122
13	0.2575	0.2292	0.2042	0.1821	0.1625	0.1452	0.1299	0.1163	0.1042	0.0935
14	0.2320	0.2046	0.1807	0.1597	0.1413	0.1252	0.1110	0.0985	0.0876	0.0779
15	0.2090	0.1827	0.1599	0.1401	0.1229	0.1079	0.0949	0.0835	0.0736	0.0649
16	0.1883	0.1631	0.1415	0.1229	0.1069	0.0930	0.0811	0.0708	0.0618	0.0541
17	0.1696	0.1456	0.1252	0.1078	0.0929	0.0802	0.0693	0.0600	0.0520	0.0451
18	0.1528	0.1300	0.1108	0.0946	0.0808	0.0691	0.0592	0.0508	0.0437	0.0376
19	0.1377	0.1161	0.0981	0.0829	0.0703	0.0596	0.0506	0.0431	0.0367	0.0313
20	0.1240	0.1037	0.0868	0.0728	0.0611	0.0514	0.0433	0.0365	0.0308	0.0261
21	0.1117	0.0926	0.0768	0.0638	0.0531	0.0443	0.0370	0.0309	0.0259	0.0217
22	0.1007	0.0826	0.0680	0.0560	0.0462	0.0382	0.0316	0.0262	0.0218	0.0181
23	0.0907	0.0738	0.0601	0.0491	0.0402	0.0329	0.0270	0.0222	0.0183	0.0151
24	0.0817	0.0659	0.0532	0.0431	0.0349	0.0284	0.0231	0.0188	0.0154	0.0126
25	0.0736	0.0588	0.0471	0.0378	0.0304	0.0245	0.0197	0.0160	0.0129	0.0105
26	0.0663	0.0525	0.0417	0.0331	0.0264	0.0211	0.0169	0.0135	0.0109	0.0087
27	0.0597	0.0469	0.0369	0.0291	0.0230	0.0182	0.0144	0.0115	0.0091	0.0073
28	0.0538	0.0419	0.0326	0.0255	0.0200	0.0157	0.0123	0.0097	0.0077	0.0061
29	0.0485	0.0374	0.0289	0.0224	0.0174	0.0135	0.0105	0.0082	0.0064	0.0051
30	0.0437	0.0334	0.0256	0.0196	0.0151	0.0116	0.0090	0.0070	0.0054	0.0042
40	0.0154	0.0107	0.0075	0.0053	0.0037	0.0026	0.0019	0.0013	0.0010	0.0007
50	0.0054	0.0035	0.0022	0.0014	0.0009	0.0006	0.0004	0.0003	0.0002	0.0001
60	0.0019	0.0011	0.0007	0.0004	0.0002	0.0001	0.0001	*	*	*

续表

期数	21%	22%	23%	24%	25%	26%	27%	28%	29%	30%
1	0.8264	0.8197	0.8130	0.8065	0.8000	0.7937	0.7874	0.7813	0.7752	0.7692
2	0.6830	0.6719	0.6610	0.6504	0.6400	0.6299	0.6200	0.6104	0.6009	0.5917
3	0.5645	0.5507	0.5374	0.5245	0.5120	0.4999	0.4882	0.4768	0.4658	0.4552
4	0.4665	0.4514	0.4369	0.4230	0.4096	0.3968	0.3844	0.3725	0.3611	0.3501
5	0.3855	0.3700	0.3552	0.3411	0.3277	0.3149	0.3027	0.2910	0.2799	0.2693
6	0.3186	0.3033	0.2888	0.2751	0.2621	0.2499	0.2383	0.2274	0.2170	0.2072
7	0.2633	0.2486	0.2348	0.2218	0.2097	0.1983	0.1877	0.1776	0.1682	0.1594
8	0.2176	0.2038	0.1909	0.1789	0.1678	0.1574	0.1478	0.1388	0.1304	0.1226
9	0.1799	0.1670	0.1552	0.1443	0.1342	0.1249	0.1164	0.1084	0.1011	0.0943
10	0.1486	0.1369	0.1262	0.1164	0.1074	0.0992	0.0916	0.0847	0.0784	0.0725
11	0.1228	0.1122	0.1026	0.0938	0.0859	0.0787	0.0721	0.0662	0.0607	0.0558
12	0.1015	0.0920	0.0834	0.0757	0.0687	0.0625	0.0568	0.0517	0.0471	0.0429
13	0.0839	0.0754	0.0678	0.0610	0.0550	0.0496	0.0447	0.0404	0.0365	0.0330
14	0.0693	0.0618	0.0551	0.0492	0.0440	0.0393	0.0352	0.0316	0.0283	0.0254
15	0.0573	0.0507	0.0448	0.0397	0.0352	0.0312	0.0277	0.0247	0.0219	0.0195
16	0.0474	0.0415	0.0364	0.0320	0.0281	0.0248	0.0218	0.0193	0.0170	0.0150
17	0.0391	0.0340	0.0296	0.0258	0.0225	0.0197	0.0172	0.0150	0.0132	0.0116
18	0.0323	0.0279	0.0241	0.0208	0.0180	0.0156	0.0135	0.0118	0.0102	0.0089
19	0.0267	0.0229	0.0196	0.0168	0.0144	0.0124	0.0107	0.0092	0.0079	0.0068
20	0.0221	0.0187	0.0159	0.0135	0.0115	0.0098	0.0084	0.0072	0.0061	0.0053
21	0.0183	0.0154	0.0129	0.0109	0.0092	0.0078	0.0066	0.0056	0.0048	0.0040
22	0.0151	0.0126	0.0105	0.0088	0.0074	0.0062	0.0052	0.0044	0.0037	0.0031
23	0.0125	0.0103	0.0086	0.0071	0.0059	0.0049	0.0041	0.0034	0.0029	0.0024
24	0.0103	0.0085	0.0070	0.0057	0.0047	0.0039	0.0032	0.0027	0.0022	0.0018
25	0.0085	0.0069	0.0057	0.0046	0.0038	0.0031	0.0025	0.0021	0.0017	0.0014
26	0.0070	0.0057	0.0046	0.0037	0.0030	0.0025	0.0020	0.0016	0.0013	0.0011
27	0.0058	0.0047	0.0037	0.0030	0.0024	0.0019	0.0016	0.0013	0.0010	0.0008
28	0.0048	0.0038	0.0030	0.0024	0.0019	0.0015	0.0012	0.0010	0.0008	0.0006
29	0.0040	0.0031	0.0025	0.0020	0.0015	0.0012	0.0010	0.0008	0.0006	0.0005
30	0.0033	0.0026	0.0020	0.0016	0.0012	0.0010	0.0008	0.0006	0.0005	0.0004
40	0.0005	0.0004	0.0003	0.0002	0.0001	0.0001	0.0001	0.0001	*	*
50	0.0001	*	*	*	*	*	*	*	*	*
60	*	*	*	*	*	*	*	*	*	*

附表 3　年金终值系数表

期数	1%	2%	3%	4%	5%	6%	7%	8%	9%	10%
1	1.0000	1.0000	1.0000	1.0000	1.0000	1.0000	1.0000	1.0000	1.0000	1.0000
2	2.0100	2.0200	2.0300	2.0400	2.0500	2.0600	2.0700	2.0800	2.0900	2.1000
3	3.0301	3.0604	3.0909	3.1216	3.1525	3.1836	3.2149	3.2464	3.2781	3.3100
4	4.0604	4.1216	4.1836	4.2465	4.3101	4.3746	4.4399	4.5061	4.5731	4.6410
5	5.1010	5.2040	5.3091	5.4163	5.5256	5.6371	5.7507	5.8666	5.9847	6.1051
6	6.1520	6.3081	6.4684	6.6330	6.8019	6.9753	7.1533	7.3359	7.5233	7.7156
7	7.2135	7.4343	7.6625	7.8983	8.1420	8.3938	8.6540	8.9228	9.2004	9.4872
8	8.2857	8.5830	8.8923	9.2142	9.5491	9.8975	10.260	10.637	11.029	11.436
9	9.3685	9.7546	10.159	10.583	11.027	11.491	11.978	12.488	13.021	13.580
10	10.462	10.950	11.464	12.006	12.578	13.181	13.816	14.487	15.193	15.937
11	11.567	12.169	12.808	13.486	14.207	14.972	15.784	16.646	17.560	18.531
12	12.683	13.412	14.192	15.026	15.917	16.870	17.889	18.977	20.141	21.384
13	13.809	14.680	15.618	16.627	17.713	18.882	20.141	21.495	22.953	24.523
14	14.947	15.974	17.086	18.292	19.599	21.015	22.551	24.215	26.019	27.975
15	16.097	17.293	18.599	20.024	21.579	23.276	25.129	27.152	29.361	31.773
16	17.258	18.639	20.157	21.825	23.658	25.673	27.888	30.324	33.003	35.950
17	18.430	20.012	21.762	23.698	25.840	28.213	30.840	33.750	36.974	40.545
18	19.615	21.412	23.414	25.645	28.132	30.906	33.999	37.450	41.301	45.599
19	20.811	22.841	25.117	27.671	30.539	33.760	37.379	41.446	46.019	51.159
20	22.019	24.297	26.870	29.778	33.066	36.786	40.996	45.762	51.160	57.275
21	23.239	25.783	28.677	31.969	35.719	39.993	44.865	50.423	56.765	64.003
22	24.472	27.299	30.537	34.248	38.505	43.392	49.006	55.457	62.873	71.403
23	25.716	28.845	32.453	36.618	41.431	46.996	53.436	60.893	69.532	79.543
24	26.974	30.422	34.427	39.083	44.502	50.816	58.177	66.765	76.790	88.497
25	28.243	32.030	36.459	41.646	47.727	54.865	63.249	73.106	84.701	98.347
26	29.526	33.671	38.553	44.312	51.114	59.156	68.677	79.954	93.324	109.18
27	30.821	35.344	40.710	47.084	54.669	63.706	74.484	87.351	102.72	121.10
28	32.129	37.051	42.931	49.968	58.403	68.528	80.698	95.339	112.97	134.21
29	33.450	38.792	45.219	52.966	62.323	73.640	87.347	103.97	124.14	148.63
30	34.785	40.568	47.575	56.085	66.439	79.058	94.461	113.28	136.31	164.49
40	48.886	60.402	75.401	95.026	120.80	154.76	199.64	259.06	337.88	442.59
50	64.463	84.579	112.80	152.67	209.35	290.34	406.53	573.77	815.08	1163.9
60	81.670	114.05	163.05	237.99	353.58	533.13	813.52	1253.2	1944.8	3034.8

续表

期数	11%	12%	13%	14%	15%	16%	17%	18%	19%	20%
1	1.0000	1.0000	1.0000	1.0000	1.0000	1.0000	1.0000	1.0000	1.0000	1.0000
2	2.1100	2.1200	2.1300	2.1400	2.1500	2.1600	2.1700	2.1800	2.1900	2.2000
3	3.3421	3.3744	3.4069	3.4396	3.4725	3.5056	3.5389	3.5724	3.6061	3.6400
4	4.7097	4.7793	4.8498	4.9211	4.9934	5.0665	5.1405	5.2154	5.2913	5.3680
5	6.2278	6.3528	6.4803	6.6101	6.7424	6.8771	7.0144	7.1542	7.2966	7.4416
6	7.9129	8.1152	8.3227	8.5355	8.7537	8.9775	9.2068	9.4420	9.6830	9.9299
7	9.7833	10.089	10.405	10.731	11.067	11.414	11.772	12.142	12.523	12.916
8	11.859	12.300	12.757	13.233	13.727	14.240	14.773	15.327	15.902	16.499
9	14.164	14.776	15.416	16.085	16.786	17.519	18.285	19.086	19.923	20.799
10	16.722	17.549	18.420	19.337	20.304	21.322	22.393	23.521	24.709	25.959
11	19.561	20.655	21.814	23.045	24.349	25.733	27.200	28.755	30.404	32.150
12	22.713	24.133	25.650	27.271	29.002	30.850	32.824	34.931	37.180	39.581
13	26.212	28.029	29.985	32.089	34.352	36.786	39.404	42.219	45.245	48.497
14	30.095	32.393	34.883	37.581	40.505	43.672	47.103	50.818	54.841	59.196
15	34.405	37.280	40.418	43.842	47.580	51.660	56.110	60.965	66.261	72.035
16	39.190	42.753	46.672	50.980	55.718	60.925	66.649	72.939	79.850	87.442
17	44.501	48.884	53.739	59.118	65.075	71.673	78.979	87.068	96.022	105.93
18	50.396	55.750	61.725	68.394	75.836	84.141	93.406	103.74	115.27	128.12
19	56.940	63.440	70.749	78.969	88.212	98.603	110.28	123.41	138.17	154.74
20	64.203	72.052	80.947	91.025	102.44	115.38	130.03	146.63	165.42	186.69
21	72.265	81.699	92.470	104.77	118.81	134.84	153.14	174.02	197.85	225.03
22	81.214	92.503	105.49	120.44	137.63	157.42	180.17	206.34	236.44	271.03
23	91.148	104.60	120.20	138.30	159.28	183.60	211.80	244.49	282.36	326.24
24	102.17	118.16	136.83	158.66	184.17	213.98	248.81	289.49	337.01	392.48
25	114.41	133.33	155.62	181.87	212.79	249.21	292.10	342.60	402.04	471.98
26	128.00	150.33	176.85	208.33	245.71	290.09	342.76	405.27	479.43	567.38
27	143.08	169.37	200.84	238.50	283.57	337.50	402.03	479.22	571.52	681.85
28	159.82	190.70	227.95	272.89	327.10	392.50	471.38	566.48	681.11	819.22
29	178.40	214.58	258.58	312.09	377.17	456.30	552.51	669.45	811.52	984.07
30	199.02	241.33	293.20	356.79	434.75	530.31	647.44	790.95	966.71	1181.9
40	581.83	767.09	1013.7	1342.0	1779.1	2360.8	3134.5	4163.2	5529.8	7343.9
50	1668.8	2400.0	3459.5	4994.5	7217.7	10436	15090	21813	31515	45497
60	4755.1	7471.6	11762	18535	29220	46058	72555	114190	179495	281733

续表

期数	21%	22%	23%	24%	25%	26%	27%	28%	29%	30%
1	1.0000	1.0000	1.0000	1.0000	1.0000	1.0000	1.0000	1.0000	1.0000	1.0000
2	2.2100	2.2200	2.2300	2.2400	2.2500	2.2600	2.2700	2.2800	2.2900	2.3000
3	3.6741	3.7084	3.7429	3.7776	3.8125	3.8476	3.8829	3.9184	3.9541	3.9900
4	5.4457	5.5242	5.6038	5.6842	5.7656	5.8480	5.9313	6.0156	6.1008	6.1870
5	7.5892	7.7396	7.8926	8.0484	8.2070	8.3684	8.5327	8.6999	8.8700	9.0431
6	10.183	10.442	10.708	10.980	11.259	11.544	11.837	12.136	12.442	12.756
7	13.321	13.740	14.171	14.615	15.074	15.546	16.032	16.534	17.051	17.583
8	17.119	17.762	18.430	19.123	19.842	20.588	21.361	22.163	22.995	23.858
9	21.714	22.670	23.669	24.713	25.802	26.940	28.129	29.369	30.664	32.015
10	27.274	28.657	30.113	31.643	33.253	34.945	36.724	38.593	40.556	42.620
11	34.001	35.962	38.039	40.238	42.566	45.031	47.639	50.399	53.318	56.405
12	42.142	44.874	47.788	50.895	54.208	57.739	61.501	65.510	69.780	74.327
13	51.991	55.746	59.779	64.110	68.760	73.751	79.107	84.853	91.016	97.625
14	63.910	69.010	74.528	80.496	86.950	93.926	101.47	109.61	118.41	127.91
15	78.331	85.192	92.669	100.82	109.69	119.35	129.86	141.30	153.75	167.29
16	95.780	104.93	114.98	126.01	138.11	151.38	165.92	181.87	199.34	218.47
17	116.89	129.02	142.43	157.25	173.64	191.73	211.72	233.79	258.15	285.01
18	142.44	158.40	176.19	195.99	218.04	242.59	269.89	300.25	334.01	371.52
19	173.35	194.25	217.71	244.03	273.56	306.66	343.76	385.32	431.87	483.97
20	210.76	237.99	268.79	303.60	342.94	387.39	437.57	494.21	558.11	630.17
21	256.02	291.35	331.61	377.46	429.68	489.11	556.72	633.59	720.96	820.22
22	310.78	356.44	408.88	469.06	538.10	617.28	708.03	812.00	931.04	1067.3
23	377.05	435.86	503.92	582.63	673.63	778.77	900.20	1040.4	1202.0	1388.5
24	457.22	532.75	620.82	723.46	843.03	982.25	1144.3	1332.7	1551.6	1806.0
25	554.24	650.96	764.61	898.09	1054.8	1238.6	1454.2	1706.8	2002.6	2348.8
26	671.63	795.17	941.46	1114.6	1319.5	1561.7	1847.8	2185.7	2584.4	3054.4
27	813.68	971.10	1159.0	1383.1	1650.4	1968.7	2347.8	2798.7	3334.8	3971.8
28	985.55	1185.7	1426.6	1716.1	2064.0	2481.6	2982.6	3583.3	4302.9	5164.3
29	1193.5	1447.6	1755.7	2129.0	2580.9	3127.8	3789.0	4587.7	5551.8	6714.6
30	1445.2	1767.1	2160.5	2640.9	3227.2	3942.0	4813.0	5873.2	7162.8	8730.0
40	9749.5	12937	17154	22729	30089	39793	52572	69377	91448	120393
50	65617	94525	135992	195373	280256	401374	573878	819103	*	*
60	441467	690501	*	*	*	*	*	*	*	*

附表 4 年金现值系数表

期数	1%	2%	3%	4%	5%	6%	7%	8%	9%	10%
1	0.9901	0.9804	0.9709	0.9615	0.9524	0.9434	0.9346	0.9259	0.9174	0.9091
2	1.9704	1.9416	1.9135	1.8861	1.8594	1.8334	1.8080	1.7833	1.7591	1.7355
3	2.9410	2.8839	2.8286	2.7751	2.7232	2.6730	2.6243	2.5771	2.5313	2.4869
4	3.9020	3.8077	3.7171	3.6299	3.5460	3.4651	3.3872	3.3121	3.2397	3.1699
5	4.8534	4.7135	4.5797	4.4518	4.3295	4.2124	4.1002	3.9927	3.8897	3.7908
6	5.7955	5.6014	5.4172	5.2421	5.0757	4.9173	4.7665	4.6229	4.4859	4.3553
7	6.7282	6.4720	6.2303	6.0021	5.7864	5.5824	5.3893	5.2064	5.0330	4.8684
8	7.6517	7.3255	7.0197	6.7327	6.4632	6.2098	5.9713	5.7466	5.5348	5.3349
9	8.5660	8.1622	7.7861	7.4353	7.1078	6.8017	6.5152	6.2469	5.9952	5.7590
10	9.4713	8.9826	8.5302	8.1109	7.7217	7.3601	7.0236	6.7101	6.4177	6.1446
11	10.3676	9.7868	9.2526	8.7605	8.3064	7.8869	7.4987	7.1390	6.8052	6.4951
12	11.2551	10.5753	9.9540	9.3851	8.8633	8.3838	7.9427	7.5361	7.1607	6.8137
13	12.1337	11.3484	10.6350	9.9856	9.3936	8.8527	8.3577	7.9038	7.4869	7.1034
14	13.0037	12.1062	11.2961	10.5631	9.8986	9.2950	8.7455	8.2442	7.7862	7.3667
15	13.8651	12.8493	11.9379	11.1184	10.3797	9.7122	9.1079	8.5595	8.0607	7.6061
16	14.7179	13.5777	12.5611	11.6523	10.8378	10.1059	9.4466	8.8514	8.3126	7.8237
17	15.5623	14.2919	13.1661	12.1657	11.2741	10.4773	9.7632	9.1216	8.5436	8.0216
18	16.398	14.992	13.754	12.659	11.690	10.828	10.059	9.372	8.756	8.201
19	17.226	15.679	14.324	13.134	12.085	11.158	10.336	9.604	8.950	8.365
20	18.046	16.351	14.878	13.590	12.462	11.470	10.594	9.818	9.129	8.514
21	18.857	17.011	15.415	14.029	12.821	11.764	10.836	10.017	9.292	8.649
22	19.660	17.658	15.937	14.451	13.163	12.042	11.061	10.201	9.442	8.772
23	20.456	18.292	16.444	14.857	13.489	12.303	11.272	10.371	9.580	8.883
24	21.243	18.914	16.936	15.247	13.799	12.550	11.469	10.529	9.707	8.985
25	22.023	19.524	17.413	15.622	14.094	12.783	11.654	10.675	9.823	9.077
26	22.795	20.121	17.877	15.983	14.375	13.003	11.826	10.810	9.929	9.161
27	23.560	20.707	18.327	16.330	14.643	13.211	11.987	10.935	10.027	9.237
28	24.316	21.281	18.764	16.663	14.898	13.406	12.137	11.051	10.116	9.307
29	25.066	21.844	19.189	16.984	15.141	13.591	12.278	11.158	10.198	9.370
30	25.808	22.397	19.600	17.292	15.373	13.765	12.409	11.258	10.274	9.427
40	32.835	27.356	23.115	19.793	17.159	15.046	13.332	11.925	10.757	9.779
50	39.196	31.424	25.730	21.482	18.256	15.762	13.801	12.234	10.962	9.915
60	44.955	34.761	27.676	22.624	18.929	16.161	14.039	12.377	11.048	9.967

续表

期数	11%	12%	13%	14%	15%	16%	17%	18%	19%	20%
1	0.9009	0.8929	0.8850	0.8772	0.8696	0.8621	0.8547	0.8475	0.8403	0.8333
2	1.7125	1.6901	1.6681	1.6467	1.6257	1.6052	1.5852	1.5656	1.5465	1.5278
3	2.4437	2.4018	2.3612	2.3216	2.2832	2.2459	2.2096	2.1743	2.1399	2.1065
4	3.1024	3.0373	2.9745	2.9137	2.8550	2.7982	2.7432	2.6901	2.6386	2.5887
5	3.6959	3.6048	3.5172	3.4331	3.3522	3.2743	3.1993	3.1272	3.0576	2.9906
6	4.2305	4.1114	3.9975	3.8887	3.7845	3.6847	3.5892	3.4976	3.4098	3.3255
7	4.7122	4.5638	4.4226	4.2883	4.1604	4.0386	3.9224	3.8115	3.7057	3.6046
8	5.1461	4.9676	4.7988	4.6389	4.4873	4.3436	4.2072	4.0776	3.9544	3.8372
9	5.5370	5.3282	5.1317	4.9464	4.7716	4.6065	4.4506	4.3030	4.1633	4.0310
10	5.8892	5.6502	5.4262	5.2161	5.0188	4.8332	4.6586	4.4941	4.3389	4.1925
11	6.2065	5.9377	5.6869	5.4527	5.2337	5.0286	4.8364	4.6560	4.4865	4.3271
12	6.4924	6.1944	5.9176	5.6603	5.4206	5.1971	4.9884	4.7932	4.6105	4.4392
13	6.7499	6.4235	6.1218	5.8424	5.5831	5.3423	5.1183	4.9095	4.7147	4.5327
14	6.9819	6.6282	6.3025	6.0021	5.7245	5.4675	5.2293	5.0081	4.8023	4.6106
15	7.1909	6.8109	6.4624	6.1422	5.8474	5.5755	5.3242	5.0916	4.8759	4.6755
16	7.3792	6.9740	6.6039	6.2651	5.9542	5.6685	5.4053	5.1624	4.9377	4.7296
17	7.5488	7.1196	6.7291	6.3729	6.0472	5.7487	5.4746	5.2223	4.9897	4.7746
18	7.7016	7.2497	6.8399	6.4674	6.1280	5.8178	5.5339	5.2732	5.0333	4.8122
19	7.8393	7.3658	6.9380	6.5504	6.1982	5.8775	5.5845	5.3162	5.0700	4.8435
20	7.9633	7.4694	7.0248	6.6231	6.2593	5.9288	5.6278	5.3527	5.1009	4.8696
21	8.0751	7.5620	7.1016	6.6870	6.3125	5.9731	5.6648	5.3837	5.1268	4.8913
22	8.1757	7.6446	7.1695	6.7429	6.3587	6.0113	5.6964	5.4099	5.1486	4.9094
23	8.2664	7.7184	7.2297	6.7921	6.3988	6.0442	5.7234	5.4321	5.1668	4.9245
24	8.3481	7.7843	7.2829	6.8351	6.4338	6.0726	5.7465	5.4509	5.1822	4.9371
25	8.4217	7.8431	7.3300	6.8729	6.4641	6.0971	5.7662	5.4669	5.1951	4.9476
26	8.4881	7.8957	7.3717	6.9061	6.4906	6.1182	5.7831	5.4804	5.2060	4.9563
27	8.5478	7.9426	7.4086	6.9352	6.5135	6.1364	5.7975	5.4919	5.2151	4.9636
28	8.6016	7.9844	7.4412	6.9607	6.5335	6.1520	5.8099	5.5016	5.2228	4.9697
29	8.6501	8.0218	7.4701	6.9830	6.5509	6.1656	5.8204	5.5098	5.2292	4.9747
30	8.6938	8.0552	7.4957	7.0027	6.5660	6.1772	5.8294	5.5168	5.2347	4.9789
40	8.9511	8.2438	7.6344	7.1050	6.6418	6.2335	5.8713	5.5482	5.2582	4.9966
50	9.0417	8.3045	7.6752	7.1327	6.6605	6.2463	5.8801	5.5541	5.2623	4.9995
60	9.0736	8.3240	7.6873	7.1401	6.6651	6.2492	5.8819	5.5553	5.2630	4.9999

续表

期数	21%	22%	23%	24%	25%	26%	27%	28%	29%	30%
1	0.8264	0.8197	0.8130	0.8065	0.8000	0.7937	0.7874	0.7813	0.7752	0.7692
2	1.5095	1.4915	1.4740	1.4568	1.4400	1.4235	1.4074	1.3916	1.3761	1.3609
3	2.0739	2.0422	2.0114	1.9813	1.9520	1.9234	1.8956	1.8684	1.8420	1.8161
4	2.5404	2.4936	2.4483	2.4043	2.3616	2.3202	2.2800	2.2410	2.2031	2.1662
5	2.9260	2.8636	2.8035	2.7454	2.6893	2.6351	2.5827	2.5320	2.4830	2.4356
6	3.2446	3.1669	3.0923	3.0205	2.9514	2.8850	2.8210	2.7594	2.7000	2.6427
7	3.5079	3.4155	3.3270	3.2423	3.1611	3.0833	3.0087	2.9370	2.8682	2.8021
8	3.7256	3.6193	3.5179	3.4212	3.3289	3.2407	3.1564	3.0758	2.9986	2.9247
9	3.9054	3.7863	3.6731	3.5655	3.4631	3.3657	3.2728	3.1842	3.0997	3.0190
10	4.0541	3.9232	3.7993	3.6819	3.5705	3.4648	3.3644	3.2689	3.1781	3.0915
11	4.1769	4.0354	3.9018	3.7757	3.6564	3.5435	3.4365	3.3351	3.2388	3.1473
12	4.2784	4.1274	3.9852	3.8514	3.7251	3.6059	3.4933	3.3868	3.2859	3.1903
13	4.3624	4.2028	4.0530	3.9124	3.7801	3.6555	3.5381	3.4272	3.3224	3.2233
14	4.4317	4.2646	4.1082	3.9616	3.8241	3.6949	3.5733	3.4587	3.3507	3.2487
15	4.4890	4.3152	4.1530	4.0013	3.8593	3.7261	3.6010	3.4834	3.3726	3.2682
16	4.5364	4.3567	4.1894	4.0333	3.8874	3.7509	3.6228	3.5026	3.3896	3.2832
17	4.5755	4.3908	4.2190	4.0591	3.9099	3.7705	3.6400	3.5177	3.4028	3.2948
18	4.6079	4.4187	4.2431	4.0799	3.9279	3.7861	3.6536	3.5294	3.4130	3.3037
19	4.6346	4.4415	4.2627	4.0967	3.9424	3.7985	3.6642	3.5386	3.4210	3.3105
20	4.6567	4.4603	4.2786	4.1103	3.9539	3.8083	3.6726	3.5458	3.4271	3.3158
21	4.6750	4.4756	4.2916	4.1212	3.9631	3.8161	3.6792	3.5514	3.4319	3.3198
22	4.6900	4.4882	4.3021	4.1300	3.9705	3.8223	3.6844	3.5558	3.4356	3.3230
23	4.7025	4.4985	4.3106	4.1371	3.9764	3.8273	3.6885	3.5592	3.4384	3.3254
24	4.7128	4.5070	4.3176	4.1428	3.9811	3.8312	3.6918	3.5619	3.4406	3.3272
25	4.7213	4.5139	4.3232	4.1474	3.9849	3.8342	3.6943	3.5640	3.4423	3.3286
26	4.7284	4.5196	4.3278	4.1511	3.9879	3.8367	3.6963	3.5656	3.4437	3.3297
27	4.7342	4.5243	4.3316	4.1542	3.9903	3.8387	3.6979	3.5669	3.4447	3.3305
28	4.7390	4.5281	4.3346	4.1566	3.9923	3.8402	3.6991	3.5679	3.4455	3.3312
29	4.7430	4.5312	4.3371	4.1585	3.9938	3.8414	3.7001	3.5687	3.4461	3.3317
30	4.7463	4.5338	4.3391	4.1601	3.9950	3.8424	3.7009	3.5693	3.4466	3.3321
40	4.7596	4.5439	4.3467	4.1659	3.9995	3.8458	3.7034	3.5712	3.4481	3.3332
50	4.7616	4.5452	4.3477	4.1666	3.9999	3.8461	3.7037	3.5714	3.4483	3.3333
60	4.7619	4.5454	4.3478	4.1667	4.0000	3.8462	3.7037	3.5714	3.4483	3.3333

参考文献

[1] 财政部会计资格评价中心. 中级会计资格财务管理[M]. 北京：中国财政经济出版社，2015.
[2] 中国注册会计师协会. 财务成本管理[M]. 北京：经济科学出版社，2015.
[3] 荆新，王化成，刘俊彦. 财务管理[M]. 北京：中国人民大学出版社，2012.
[4] 刘淑莲. 财务管理[M]. 大连：东北财经大学出版社，2013.
[5] 马忠. 公司财务管理[M]. 2版. 北京：机械工业出版社，2015.
[6] 田中禾，张涛. 财务管理：理论与实务[M]. 兰州：兰州大学出版社，2011.
[7] 杜勇，鄢波. 企业财务管理[M]. 重庆：西南师范大学出版社，2011.
[8] 程宏伟，张霞. 财务管理学[M]. 成都：西南财经大学出版社，2010.
[9] 李飞，宋英邦. 财务管理[M]. 北京：北京师范大学出版社，2011.
[10] 常叶青. 财务管理[M]. 成都：西南交通大学出版社，2014.
[11] 赵伟，吴智勇. 财务管理模拟实训教程[M]. 北京：电子工业出版社，2010.
[12] 袁淳，吕兆德. 财务报表分析[M]. 北京：中国财政经济出版社，2008.
[13] 王德发. 财务报表分析[M]. 3版. 北京：中国人民大学出版社，2011.
[14] 黄佑军. 财务管理实务[M]. 2版. 北京：人民邮电出版社，2016.
[15] 张庆程，朱泉中. 财务管理[M]. 北京：经济管理出版社，2014.
[16] 王梅. 财务管理[M]. 重庆：重庆大学出版社，2015.
[17] 吴秋霜，王莺飞. 财务管理[M]. 北京：中国电力出版社，2010.
[18] 倪明辉，阎成武. 财务管理[M]. 北京：机械工业出版社，2013.
[19] 周丽萍，王利敏，李德满. 财务管理[M]. 南京：东南大学出版社，2014.
[20] 李淑萍，蒋葵. 中级财务管理[M]. 武汉：武汉理工大学出版社，2013.
[21] 刘静中. 财务管理[M]. 河南：河南大学出版社，2010.
[22] 王一平. 财务管理[M]. 杭州：浙江大学出版社，2011.
[23] 杨春甫，李光富. 财务管理[M]. 3版. 武汉：华中科技大学出版社，2013.
[24] 李立新. 财务管理学[M]. 北京：机械工业出版社，2009.
[25] 陈玉菁. 财务管理实务与案例[M]. 北京：中国人民大学出版社，2011.